Seit seiner Jugend versteht es Colin Angus, sich die abenteuerlichsten Ziele zu setzen und sie zu verwirklichen. Mit 19 kauft er sich von dem Geld, das er als Zeitungsausträger und Tellerwäscher verdient hat, ein Segelboot, mit dem er die folgenden fünf Jahre auf den Weltmeeren unterwegs ist, die meiste Zeit allein. Kaum wieder zu Hause in Kanada, plant er schon sein Amazonas-Abenteuer. Heute lebt Colin Angus in Victoria, British Columbia, bereitet weitere Extremtouren vor und schreibt Artikel für Abenteuer- und Reisemagazine.

www.colinangus.com

COLIN ANGUS

unter Mitarbeit
von Ian Mulgrew

AMAZONAS EXTREM

*Drei Männer,
ein Boot, ein Abenteuer*

*Aus dem Amerikanischen
von Thomas Bauer*

NATIONAL GEOGRAPHIC

*Ein Buch der Partner
Goldmann und National Geographic Deutschland*

Die kanadische Originalausgabe erschien 2001 unter dem Titel
»Amazon Extreme. Three Men, a Raft, and the
World's Most Dangerous River«
bei Stoddart Publishing Co. Limited.

Sämtliche Fotografien stammen von Colin Angus.

SO SPANNEND WIE DIE WELT.

Dieses Werk erscheint in der Taschenbuchreihe
National Geographic Adventure Press
im Goldmann Verlag, München.

1. Auflage Januar 2003, deutsche Erstausgabe

Lektorat: Gudrun Honke, Bochum
Umschlaggestaltung: Petra Dorkenwald, München
Herstellung: Sebastian Strohmaier, München
Satz: Uhl + Massopust, Aalen
Druck und Bindung: Clausen & Bosse, Leck
ISBN 3-442-71190-8
www.goldmann-verlag.de
Printed in Germany

Das Papier wurde aus chlorfrei gebleichtem Zellstoff hergestellt.

Für Ben Kozel und Scott Borthwick.

Wir alle brauchen Freunde,
die uns auf unseren Reisen begleiten.

Inhalt

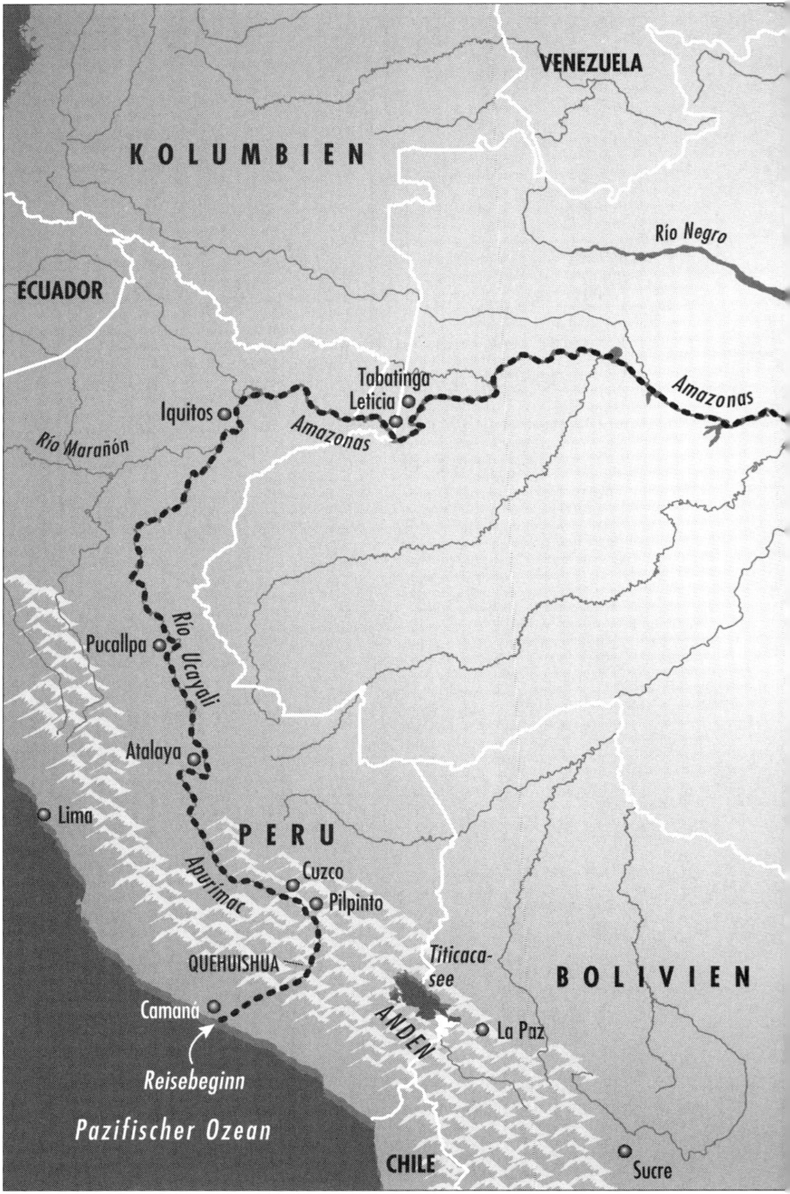
VENEZUELA
KOLUMBIEN
Río Negro
ECUADOR
Tabatinga
Leticia
Iquitos
Amazonas
Amazonas
Río Marañon
Río Ucayali
Pucallpa
Atalaya
Lima
PERU
Apurímac
Cuzco
Pilpinto
QUEHUISHUA
Titicaca-see
BOLIVIEN
Camaná
ANDEN
La Paz
Reisebeginn
Pazifischer Ozean
CHILE
Sucre

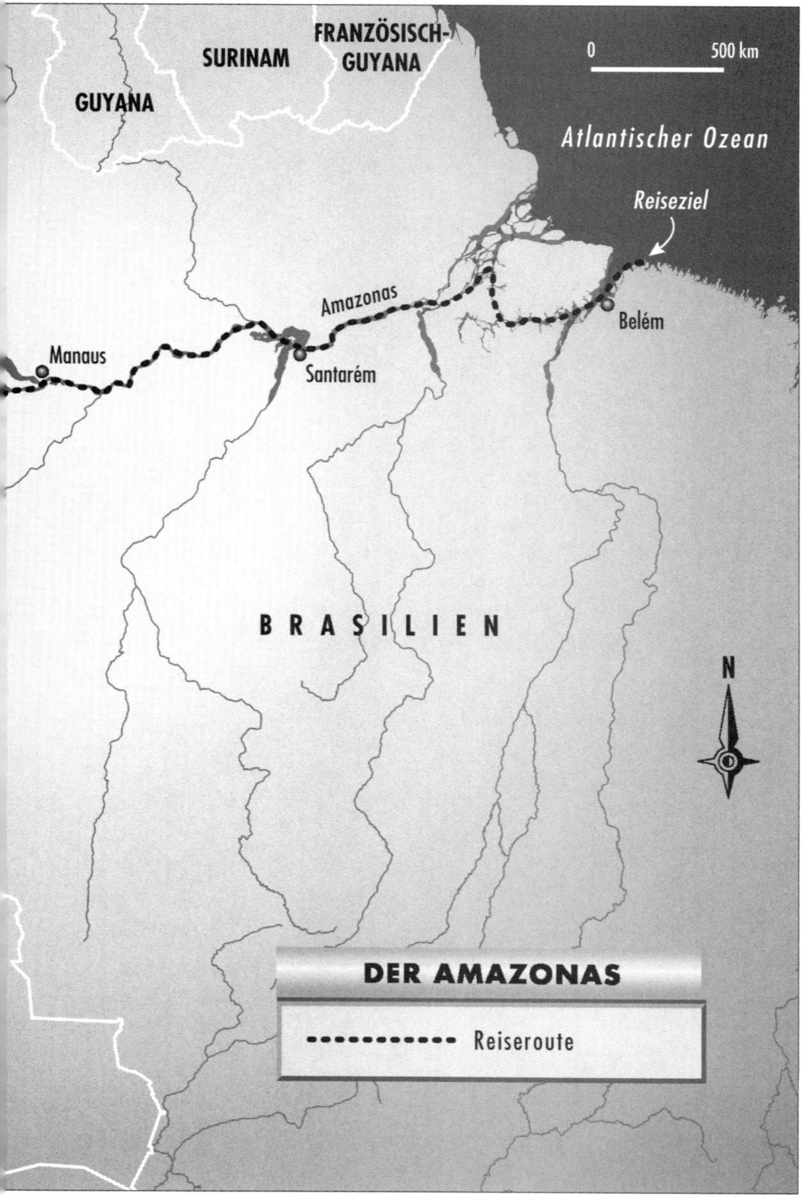
FRANZÖSISCH-
GUYANA
SURINAM
GUYANA
0
500 km
Atlantischer Ozean
Reiseziel
Amazonas
Belém
Manaus
Santarém
BRASILIEN
N
DER AMAZONAS
Reiseroute

Prolog

9. Tag: 21. September 1999

Ich hatte nicht damit gerechnet zu verdursten – und schon gar nicht mit 27. Mir war immer klar gewesen, dass diese Gefahr bei keinem Abenteuer ganz auszuschließen ist, doch ich hatte geglaubt, dass wir unser Risiko durch sorgfältige Planung, gründliche Vorbereitung und bescheiden gesteckte Ziele minimiert hätten. Jetzt war ich mir allerdings nicht mehr so sicher.

Getrockneter Schlamm, Sand und Felsen, so weit das Auge reichte. Die Umgebung glich einer Mondlandschaft, und wir hätten uns ebenso auf einem anderen Planeten befinden können. Wir hatten keine Möglichkeit, Hilfe zu rufen. Niemand wusste genau, wo wir uns in Peru aufhielten, und man würde uns erst in Wochen vermisst melden – wenn überhaupt. Für unsere Durchquerung Südamerikas waren sechs Monate veranschlagt, und unterwegs erwartete niemand unsere Ankunft. Kaum zu glauben, dass wir bereits nach weniger als zwei Wochen in einem solchen Schlamassel steckten.

Wir hatten unseren Fußmarsch an einem verschmutzten Strand am Pazifik begonnen und waren die üppig bewachsenen Täler des Río Camaná und des Río Majes so weit wir konnten hinaufgewandert. Nachdem wir diesen schmalen Streifen mit Wasser und Leben hinter uns gelassen hatten, waren wir über ein leicht geneigtes Plateau auf der Westseite der Anden weitermarschiert. Die Hochwüste hatte sich zunächst als riesige, mit tausenden von großen, ockerfarbenen Felsblöcken übersäte Fläche präsentiert. Nach und nach hatte die Zahl der Felsbrocken abgenommen, und jetzt ragten sie nur noch vereinzelt aus Senken im Boden oder balancierten auf größeren Bodenwellen. Man hatte den Eindruck, als hätte weiter oben jemand einen Sack Murmeln ausgeleert, die meist das Gefälle hinabgerollt oder aber in einer Spalte, an einer Erhebung oder an einer Bodenwelle zum Stehen gekommen waren.

Die Farben der Landschaft umfassten das gesamte Spektrum an Brauntönen, und über der gezackten Linie der Hügelketten flimmerte blassblau der Horizont. Um ein Uhr mittags stach die Sonne gleißend weiß herab. Wir marschierten durch einen Ofen unter freiem Himmel – die erbarmungslose trockene Hitze begleitete ein Wind, der unablässig über das Land fegte. Außer vereinzelten Kakteen gab es kein Anzeichen von Leben. Wir waren drei Gringos in einer fremden Wüste, und wir starben einen langsamen Tod. Wenn wir zusammenbrächen, würde uns der Sand perfekt konservieren – genau wie die vielen jahrhundertealten Mumien, die hier bereits gefunden worden waren.

Als meine Kräfte schwanden und mir mein Rucksack zu schwer wurde, beschloss ich, ihn zurückzulassen. Scott und Ben legten ihre Rucksäcke ebenfalls ab. Inzwischen war uns alles egal, denn unsere Lage war äußerst ernst. Ohne Wasser würden wir den Zweieinhalbtagesmarsch zurück zum Majes-Tal vermutlich nicht überleben. Unsere einzige Chance war, weiterzugehen und auf unsere veralteten Karten zu vertrauen.

Wir legten eine kurze Pause ein. Ich setzte mich hin. In meinen Muskeln pochte der Schmerz, und ich sehnte mich nach etwas zu trinken. Wir sprachen nicht miteinander, da es zu viel Anstrengung gekostet hätte. Außerdem hatte die Dehydration unsere Zungen anschwellen lassen. Ich dachte über unsere Aussichten nach und darüber, wie schlecht wir uns offenbar vorbereitet hatten. Es war fast schon komisch: Selbst Don Quixote sah die Realität klarer. Ich hätte lachen können. Aus Angst, dass dabei meine Lippen einreißen würden, sparte ich mir meine Heiterkeit aber für später auf.

Mehr als ein Jahr lang hatte ich mit dem Gedanken gespielt, Südamerika von einer Küste zur anderen zu durchqueren und dabei den größten Teil der Strecke in einem Raft, einem Schlauchkanadier, auf dem Amazonas zurückzulegen. Ich wohnte im Südwesten von Alberta, am Fuß der Rocky Mountains, und verdiente mir die Miete mit Holzhacken in einem abgebrannten Kiefernwald. Schnee wirbelte um meine Füße, als es mich überkam: den Amazonas erkunden! Erkunde den Amazonas. Ja, das ist es. Mitten im nordamerikanischen Winter an einen heißen, dampfenden Dschungel zu denken wärmte meine Seele, und die Aussicht, von den Anden bis zum Atlantik auf Stromschnellen zu reiten, heizte meine Fantasie auf. Yippee-yeah, Cowboy!

Je länger ich über ein Amazonas-Abenteuer nachdachte, desto verlockender wurde es. Bislang war kaum jemand dem ganzen Fluss gefolgt – ganz sicher kein Kanadier –, und niemand hatte ihn von Anfang bis Ende mit dem Schlauchboot befahren. Ich wollte der Erste sein.

Wir befanden uns auf der ersten Etappe des Trips, einem verhältnismäßig kurzen Fußmarsch vom Pazifik in die Berge. Unser Ziel waren die kontinentale Wasserscheide und die Quelle des Amazonas, der geheimnisvollsten Wasserstraße dieses Planeten. Wir hatten vor, den Amazonas von seinem Quellgebiet bis zu seiner Mündung in den Atlantik im Raft zu bezwingen.

Wie wahr es doch ist, dass der Weg zur Hölle mit guten Vorsätzen gepflastert ist. Wir befanden uns in der Hochwüste, und trotzdem schien die Aussicht, die Quelle des Amazonas wenigstens zu Gesicht zu bekommen, abwegiger als damals in Kanada. Scott, Ben und ich waren dabei zu verdursten, einer so verloren wie der andere, und begannen zu verstehen – vom glühenden Scheitel bis zu den Sohlen unserer brennenden Füße –, dass wir sehr naiv gewesen waren. Ich blickte mich um. Die unerbittliche Sonne wanderte über die kahle Landschaft wie eine Lötlampe zum Karamellisieren von Zucker und versengte uns die Netzhaut. Wir schwebten in akuter Gefahr, uns in Kondorfutter zu verwandeln.

Der Westen Perus ist eine schmale, unbewohnte und küstennahe Wüste am Fuß der Anden, die zu den höchsten Bergen der Erde gehören. Das war uns nicht neu – man kann es in allen Büchern nachlesen. Die Wetterfronten bewegen sich in der südlichen Hemisphäre in umgekehrter Richtung wie in Nordamerika, weshalb es auf der Ostseite der Berge regnet und nicht auf der Pazifikseite. Das westliche Peru liegt im Regenschatten, ist verdörrt und beinahe ohne Leben. Auch das war uns nicht neu. Trotzdem waren wir auf dem besten Weg, an einem Hitzschlag zu sterben.

Ich malte mir das Schlimmste aus:

> CUZCO, PERU (AP) – Gestern wurden in einer kargen, abgeschiedenen Gegend 300 Kilometer südwestlich der berühmten Inkastadt die Leichname von Scott Colin Angus, 27, aus Canmore, Alberta, von Ben Kozel, 26, aus Australien und Scott Borthwick, 23, aus Südafrika geborgen. Ironischerweise verdursteten sie auf dem Weg zur Quelle des zweitlängsten Süßwasserflusses der Erde, den sie bis zu seiner Mündung mit dem Schlauchboot befahren wollten.

Eigentlich sollte dieser Teil der Reise ein Kinderspiel werden. Der Amazonas zerschneidet den Kontinent fast in zwei Teile. Er entspringt nur 150 Kilometer von der Westküste entfernt, und in der Vorgeschichte finden sich einige Hinweise darauf, dass er früher in den Pazifischen Ozean geflossen sein könnte. Die Kollision der beiden tektonischen Platten unter dem Kontinent verursachte eine solche geologische Verschiebung, dass sich seine Strömungsrichtung umkehrte. Unser Plan war, in der Küstenstadt Camaná aufzubrechen, bis zur kontinentalen Wasserscheide zu marschieren und anschließend auf dem Apurímac und dem Amazonas bis zum Atlantik zu fahren. Wir hatten uns ausschließlich auf den Fluss konzentriert, auf dem wir den größten Teil der Strecke zurücklegen wollten: Die extreme Wildwasserfahrt aus 5400 Meter Höhe in den Anden bis zum 1500 Meter hoch gelegenen oberen

Amazonasbecken stellte eine echte Mutprobe dar. An die Etappe, die wir zu Fuß zurücklegen mussten, hatten wir kaum einen Gedanken verschwendet.

Wir waren zwei Wochen zuvor in Peru angekommen und zunächst in die ehemalige Inka-Hauptstadt Cuzco geflogen, wo wir unsere Rafting-Ausrüstung beim South American Explorers' Club einlagerten. Die Ausrüstung bestand in erster Linie aus unserem vier Meter langen, selbst lenzenden Schlauchboot, fünf Paddeln, einem Zelt, einem Reserve-Butangaskocher, Wurfsäcken, vier 115-Liter-Trockentaschen, mehreren kleineren Trockentaschen, einem Wasserfilter, Kletterausrüstung, Seilen, Reparaturmaterial, Spanngurten, zwei Pumpen, Wasserbehältern, Kochutensilien, Videobändern und Angelausrüstung. Nachdem wir unsere Sachen eingelagert hatten, fuhren wir mit dem Bus zurück an die Küste und begannen von dort aus den Aufstieg in die Anden.

Wir brachen voller Zuversicht auf. Ich war bereits zuvor allein mit einem winzigen Segelboot in See gestochen, um den mächtigen Pazifik herauszufordern. Es hatte sich dabei nicht um einen Egotrip gehandelt, und ich war nach meiner Rückkehr nicht umherspaziert, um mit meinen verwegenen Heldentaten zu prahlen. Obwohl ich das, was hinter mir lag, nicht für besonders außergewöhnlich hielt, wusste ich, dass ich mich von den meisten Menschen unterschied. Was andere als Hindernisse betrachteten, sah ich als Gelegenheiten. Die Tagträumerei ist meine Lieblingsbeschäftigung. Ich verliere mich regelmäßig in Träumereien – in fantastischen Szenarien, die sich in meinen Gedanken mit solcher Klarheit auftun, dass sie sich kaum von der Realität unterscheiden. Diese Träume haben mich zum Reisen gebracht.

Der Amazonas weckte so starke Gefühle in mir, dass ich mir einbildete, er würde mich rufen. Ich hatte gar keine andere Wahl, als mich in dieses Abenteuer zu stürzen. Ich bin ein Tatmensch und kein Stubenhocker oder Internetjunkie. Meine Entscheidung, den Amazonas zu befahren, fiel nicht, weil der Trip dann in irgendwelchen Büchern erwähnt werden würde, und ganz bestimmt auch nicht, weil ich dafür von anderen respektiert oder bewundert werden wollte. Ich entschied mich, den Amazonas zu befahren, weil ich es wollte – unbedingt. Ich wollte einfach Spaß haben, und alles, was ich las, sagte mir, dass mir ein einzigartiges Abenteuer bevorstand. Und was eignet sich besser, um etwas über die Welt zu lernen, über sich selbst, seine Freunde und seine Persönlichkeit?

Von dem Moment an, als die ersten Europäer mit dem Amazonas in Berührung kamen, wurden ihm übernatürliche Geschichten angedichtet. Die frühesten Berichte sind voller fantastischer Beschreibungen von kriegerischen Amazonen und Städten aus Gold, wie dem legendären El Dorado. Sowohl Eroberer als auch Piraten haben den wuchernden Smaragdwald als Garten Eden und als Grüne Hölle beschrieben.

Am Amazonas wimmelt es von Spinnen, Vipern, Krokodilen, Ameisen, Jaguaren, Anakondas, Papageien, Sittichen, Skorpionen, Faultieren, Affen, Boas, Tukanen, Fischen und Insekten aller Art; neben einer Vielfalt an giftiger Fauna und Flora beherbergt er Pflanzenarten, die zur Heilung der schlimmsten Krankheiten dienen können. Allein eine Auflistung des Pflanzenbestands würde ein ganzes Buch füllen. Am Amazonas findet man über 18 000 Pflanzenarten, und zahlreiche weitere warten noch darauf, katalogisiert zu werden. Ein auf tropische Bäume spezialisierter Entomologe zählte 1500 verschiedene Käferarten, von denen 163 auf einem bestimmten Hülsenfruchtbaum zu Hause sind. Der grüne Teppich des Amazonastieflands – einer der wenigen Regionen, auf die der Begriff »Biomasse« tatsächlich zuzutreffen scheint – versorgt Schätzungen zufolge die Hälfte des Erdballs mit Sauerstoff. Das Amazonastiefland ist einzigartig: Sein Regenwald ist so dicht und undurchdringlich, dass er noch heute Völker beherbergt und ernährt, die an einem jungsteinzeitlichen Lebensstil festhalten.

Das Einzugsgebiet des Amazonas und seiner Nebenflüsse erstreckt sich über halb Südamerika und umfasst ein Fünftel der weltweiten Süßwassermenge. Das Beeindruckendste am Amazonas ist seine überwältigende Größe. Er ist ein Kontinent für sich – das Einzugsgebiet ist fast so groß wie Australien. Auf dem Strom verkehren Ozean- und Flussdampfer und bieten beliebte Kreuzfahrten von Belém an der brasilianischen Atlantikküste bis nach Iquitos in Peru im Herzen Südamerikas an – das ist etwa so, als würde man mit dem Schiff von Vancouver nach Winnipeg oder von New York nach Denver fahren. Als ich mich über den Amazonas informierte, wurde mir auch bewusst, welche Faszination er auf Menschen in aller Welt ausübt: Umweltschützer möchten ihn erhalten, Politiker ihn erschließen und Wissenschaftler ihn erforschen. Über ihn gibt es Nachrichtenmeldungen, Zeitschriftenartikel, Websites, Fernsehsendungen, hunderte von Büchern bei Amazon.com und sogar einen Imax-Film.

Überraschenderweise haben bislang nur eine Hand voll Menschen die gesamte Strecke von der Quelle des Amazonas bis zu seinem riesigen und labyrinthischen Mündungsdelta zurückgelegt. Das liegt zum Teil daran, dass bis Mitte des 20. Jahrhunderts niemand genau wusste, wo sich diese Quelle tatsächlich befindet. Bevor in den 1950er-Jahren die Luftbild-Kartografie aufkam, hielt man das Marañón-Flusssystem im Norden Perus für die Quelle des Amazonas. Neuere topografische Karten des peruanischen Instituto Geográfico Militar zeigen jedoch, dass das Apurímac-Flusssystem mit 161 Kilometern – gegenüber 96 Kilometern – der längste Quellfluss des Amazonas ist.

Apu Rímac ist der Göttliche Prophet oder Große Wahrsager der peruanischen Mythologie, der die Ankunft der Spanier und den Untergang des sagenhaften Inkareichs vorhersagte. Den Einheimischen zufolge ertönt aus den gewaltigen Wasserfällen und den wilden Stromschnellen des Flusses das Grollen seiner Stimme. Diese Stimme könne man noch heute hören, so heißt es, und nur Dummköpfe würden die Ohren vor ihrer Warnung verschließen. Der Kanute J. Calvin Giddings, der eine Gruppe durch einige der halsbrecherischen und haarsträubenden Strecken leitete, war überwältigt von der Wildheit des Flusses. Er nannte das Buch, in dem er seine Erfahrungen beschreibt, *Demon River Apurímac*, »Teufelsfluss Apurímac« – und behauptete, diese Bezeichnung sei noch untertrieben.

Noch heute ist eine Diskussion darüber im Gang, welche der Quellen, die den Apurímac speisen, als der wahre Ursprung des Amazonas bezeichnet werden kann. Doch die Auseinandersetzung konzentriert sich auf semantische Fragen: Was ist überhaupt der »wahre« Ursprung eines Flusses? Befindet er sich dort, woher der Großteil seines Wassers stammt, oder handelt es sich um die am weitesten von seiner Mündung entfernte Quelle eines Zuflusses?

Im Jahr 1906 erkundete der englische Abenteurer Major J. Orton Kerbey den Urubamba und folgte einem Inkapfad vom Titicacasee nach Cuzco. Er hielt einen Teich in den Bergen in der Nähe der kontinentalen Wasserscheide für den Ursprung des Vilcanota, des Urubamba, des Ucayali und des Amazonas. Er war der Erste, der den Fluss hinabfuhr. Im Pongo de Manique, dem Cañón im unteren Bereich des Urubamba mit seinen senkrechten Wänden, verlor er jedoch sein Kanu und war gezwungen, zu Fuß aus der Schlucht hinauszumarschieren. 1953 reiste der Franzose Michel Perrin zum Vilafrosee und erklärte ihn zur entferntesten Quelle des Amazonas. Doch seine Befahrung des Flusses endete in einer Tragödie, als seine Begleiterin Teresa Gutierrez in einer Stromschnelle unterhalb der Stelle, wo der Apumirac und der Río Pampas zusammenfließen, den Tod fand. Das war die Geschichte des Flusses: Menschen machten sich auf, ihn zu bezwingen, und starben, oder eine Katastrophe zwang sie, ihr Vorhaben aufzugeben.

1969 machte sich eine Expedition der *National Geographic* ebenfalls vergeblich auf die Suche nach der Quelle, und 1970 versuchte der amerikanische Abenteurer John Ridgeway, sie zu finden. Er wurde von *soroche* niedergestreckt, der gefürchteten, der Caissonkrankheit ähnlichen Höhenkrankheit. Erst im Jahr 1971 gelang unter der Führung der Amerikanerin Loren McIntyre die vermeintlich erfolgreiche *National-Geographic*-Expedition.

McIntyre folgte drei Oberläufen zur kontinentalen Wasserscheide und berichtete:

> Am 15. Oktober 1971 gelangten wir oberhalb des Carhuasanta, des längsten der fünf Oberläufe, zu einem an den Rändern zugefrorenen Bach. Die Indianer nennen diesen 5550 Meter hohen Gipfel Choquecorao… Hier in 5250 Meter Höhe befindet sich die entfernteste Quelle des Amazonas – mit knapp 100 Meter Durchmesser eher ein Teich als ein See. Meine Begleiter benannten diesen See nach mir, mehr oder weniger aus Spaß, in dem Wissen, dass er vielleicht nicht immer der Ursprung des Meer-Flusses bleiben wird. Er könnte innerhalb eines Jahres wieder verschwinden. Die Anden sind junge Berge, die noch immer absacken und bersten.

Die Expedition folgte dem Fluss so gut es ging – zum Teil im Jeep, zum Teil in der Luft und zum Teil im Boot, doch McIntyre versuchte nicht, den Apurímac oder die weiter unten gelegenen Nebenflüsse des Amazonas zu befahren. Eine von amerikanischen Sponsoren finanzierte Gruppe Abenteurer nahm 1985 für sich in Anspruch, das als Erste geschafft zu haben. Der Bericht über diese erste erfolgreiche Befahrung des Flusses von der Quelle bis zum Meer – im Kajak – hatte meine Faszination geweckt. Denn wenn irgendetwas meinen Enthusiasmus für diesen Trip schürte, dann war es die Lektüre von Joe Kanes *Wir bezwangen den Amazonas*, einer nervenzerreißenden, atemberaubenden Abenteuergeschichte.

Kane, ein Journalist, hatte sich dieser internationalen Expedition angeschlossen, um von der Erstbefahrung des Amazonas von der Quelle bis zur Mündung zu berichten. Sein Buch erweckt die scharfen Gerüche von Dschungelstädten zum Leben und fängt die Atmosphäre so gut ein, dass ich völlig gefesselt war – vor allem von den Passagen, in denen Kane schreibt, dass sich McIntyre seiner Ansicht nach bezüglich der Oberläufe irrte, und spekuliert, dass eine Eiswand auf dem Minaspata der wahre Ursprung des Amazonas sein könnte. Kane stützt seine Vermutung auf die Meinung des britischen Journalisten Nicholas Asheshov, der sich mit dem peruanischen Abschnitt des Amazonas befasste. Asheshov zufolge war McIntyres See nicht mehr als »ein sumpfiger Tümpel, in dem jeder seine Blase erleichtert«.

1996 behauptete ein internationales Team unter der Führung des Polen Jacek Palkiewicz, dass die Quelle ein unterirdischer Gletscher in der Nähe von Arequipa sei, aus dem in 5168 Meter Höhe auf dem Vulkan Chachani ein eiskalter Bach mit dem Namen Apacheta Crevice entspringt. Und die *Encyclopedia Britannica* nennt noch immer den Lauricocha-See als Ursprung, da er den größten Teil zum Wasservolumen des Hauptflusses beisteuert.

Mir gefiel die Vorstellung, dass die Frage nach der wahren Quelle des Amazonas unbeantwortet war und die Landkarten noch immer eine blanke Stelle aufwiesen. Ich genoss den Gedanken, an einen dunklen Ort vorzudringen und ihn zu erleuchten. Ich war fasziniert und erregt von der Aussicht, in Kanes Fußstapfen zu treten. Ich wollte alles mit eigenen Augen sehen. Und ich war entschlossen, den wilden und reißenden Apurímac mit einem Schlauchboot zu befahren und so die gesamte Länge des serpentinenförmigen Flusssystems namens Amazonas zurückzulegen.

Mir war klar, dass ich Begleiter brauchte, die motiviert, fit und umgänglich waren und sich an den Kosten beteiligen würden. Nur zwei meiner Freunde kamen dafür in Frage: der Südafrikaner Scott Borthwick und der Australier Ben Kozel. Ich hatte beide in London kennen gelernt, doch sie kannten sich noch nicht.

Scott wurde in Pretoria geboren, war aber seit 1997 in London zu Hause. Seine Familie, die ursprünglich aus Newcastle stammte, war nach Südafrika ausgewandert, wo seinem Vater eine Bäckerei gehörte. Scott arbeitete im Einkauf des Imperial College of Science and Technology und war in einem Männerhaushalt aufgewachsen. Als Kind war er an seinen ramponierten Schuhen, seinen pflaumenfarbenen Schienbeinen und Grasflecken an den Knien zu erkennen gewesen. Wenn er sich nicht blicken ließ, konnte man sicher sein, dass er gerade mit der Lupe ein loderndes Feuer entfachte oder einen Frosch sezierte. Er sah sich selbst als eine Art Tarzan und hat weder dieses Bild von sich noch seine Vorliebe für waghalsige Aktionen jemals aufgegeben.

Scotts Eltern trennten sich, als er noch ein Teenager war. Seine Mutter ging zurück nach Großbritannien und ließ Scott und seinen älteren Bruder beim Vater. Als Scott älter wurde, erwies sich das Leben in Südafrika als problematisch. Er liebte und hasste das Land. Die politische Instabilität und die wirtschaftliche Unsicherheit zwangen ihn schließlich, seiner Mutter nach Großbritannien zu folgen.

Ich kannte Scott als großzügigen Draufgänger mit Sinn für Humor und Lebensfreude. Er interessierte sich für Fotografie, Flugdrachen, Musik und Sport, las gern und bezeichnete sich als systematisch und praktisch veranlagt. Seine Lebensphilosophie war wie meine einfach und geradlinig: »Man darf sich im Leben immer nur ein Ziel setzen und soll sich durch nichts davon abbringen lassen, es zu erreichen.«

Außerdem hatte Scott bereits Erfahrung in der Wildnis. Im Juni 1997 war er allein von Reykjavík im Süden Islands nach Ísafjörður gewandert, einem kleinen Fischerort jenseits des Polarkreises und einem der nördlichsten Punkte der Insel. Mit einem Drei-Jahreszeiten-Zelt im Gepäck und einem Schlafsack über der Schulter benötigte er für den Fußmarsch zwei Wochen – und die Erfahrung prägte ihn. Seine Abenteuerlust war noch nicht gestillt, und da er bereits ganz Afrika, Europa sowie Nord- und Südamerika bereist hatte, würde er ein kleines Team hervorragend ergänzen. Dasselbe galt für Ben.

Ben kam im australischen Adelaide zur Welt und misst stolze 1,98 Meter. Als ich ihm begegnete, verbrachte er gerade einen längeren Urlaub in Europa. Seine Mutter ist Engländerin und sein Vater Tscheche, und die beiden lernten sich nach ihrer Auswanderung in Australien kennen. Das Leben unter der kommunistischen Regierung war hart, und Bens Vater, der für den Grenzschutz arbeitete, nutzte seine Beziehungen, um aus dem Ostblock zu entkommen. In Australien angekommen, wohnte er in einem staatlich bezuschussten Wohnheim für Einwanderer und traf dort seine spätere Frau. Bens Vater wurde Vorarbeiter in einer Fabrik für Aluminiumrahmen, seine Mutter fand eine Stelle in der öffentlichen Bibliothek von Adelaide. Die beiden sind bis heute glücklich verheiratet.

Ben wuchs in dem Arbeitervorort Holden Hill auf. Wie jeder andere sportliche Junge spielte er Rugby nach australischen Regeln, Fußball oder Kricket, wenn er nicht gerade davon träumte, exotische Orte zu bereisen. Er erzählte mir, dass er sogar in Erwägung gezogen hatte, zur Marine zu gehen, so groß war sein Fernweh. »Entweder das, oder Ranger in einem Nationalpark werden und irgendwo in Australien im entlegenen Outback arbeiten«, fügte er hinzu.

Doch Bens Vater hatte mit Reisen nichts im Sinn. Das Wichtigste im Leben waren seiner Ansicht nach ein großes Haus, ein guter Job, eine Familie und die Anerkennung der Nachbarn. Sein Sohn hatte das Zeug dazu, Arzt zu werden, und genau das war sein sehnlichster Wunsch. Ben studierte an der University of Adelaide Zoologie, Botanik und Ökologie, doch seine Leidenschaft galt dem Umweltschutz. Mit 20 trat er dem Australian Trust for Conservation Volunteers bei und leitete kurze Zeit später ein Team von Freiwilligen aus aller Welt bei verschiedenen Umweltprojekten – bei der Wiederaufforstung, bei der Unkrautbekämpfung und bei Schienenbauarbeiten quer durch Queensland.

Inspiriert von den Geschichten, die die Freiwilligen von ihren Heimatländern erzählten, tourte Ben ein Jahr lang mit dem Rucksack quer durch Europa und war in den Pyrenäen, in Schottland, Norwegen und der Türkei unterwegs. Wir lernten uns kennen, als er sich mehrere Monate in London aufhielt. Anschließend kehrte er Anfang 1998 über Südostasien nach Australien zurück und arbeitete wieder in Queensland.

Ich kannte Ben als intellektuellen Zyniker mit einer sagenhaften Begabung für Geografie. Als Kind brütete er stundenlang über Atlanten und Landkarten. Er liebte Geschichten über große Entdecker wie Sir Francis Drake, der in der *Golden Hind* die Welt umsegelte, Sir Charles Darwin, der an Bord der *Beagle* die Galapagosinseln erkundete, oder Sir John Franklin, der bei der Suche nach der Nordwestpassage ums Leben kam, als seine beiden Schiffe, die *Erebus* und die *Terror*, im Packeis versanken. Ich habe bis heute niemanden getroffen, der über ein solches erdkundliches Wissen verfügt wie Ben. Ich bat ihn, mir die zehn kanadischen Provinzen zu nennen. Er nannte sie mir. Ich bat ihn, mir die Hauptstädte der Provinzen zu nennen. Er nannte sie mir. Ich bat ihn, mir die Hauptstädte einer Hand voll Staaten zu nennen. Er kannte sie alle. Ich löcherte ihn stundenlang, und er lag immer richtig. Er konnte nicht nur Länder und Hauptstädte herunterrattern, sondern auch Vorträge halten über Gebirgszüge, Hochebenen, Flüsse und natürliche oder von Menschenhand geschaffene Sehenswürdigkeiten – er ist ein wandelndes Geografielexikon. Ich versuchte alles, um ihn in Verlegenheit zu bringen, doch er wusste immer eine Antwort. Daneben ist Ben mit Leib und Seele Umweltschützer.

Ben und Scott würden fabelhafte Reisebegleiter abgeben. Ich schickte beiden einen Brief, in dem ich ihnen vorschlug, sich mit mir auf eine Expedition zu begeben und den südamerikanischen Kontinent aus eigener Kraft zu durchqueren. Wir würden vom Pazifik zur Quelle des Amazonas marschieren und mit dem Schlauchboot stromabwärts zu seiner Mündung fahren. Wenn uns das gelänge, wären wir die Ersten, die den gesamten Amazonas mit dem Schlauchboot befahren haben. Außerdem wäre Ben der erste Australier und ich der erste Kanadier, der die gesamte Länge des Stroms zurückgelegt hat. Scott würde in die Fußstapfen seines Landsmanns François Odendaal treten, des legendären Abenteurers, der die internationale Expedition, über die Kane berichtet, ins Leben gerufen hatte, jedoch angesichts eskalierender persönlicher Querelen ausgestiegen war. Ich wartete gespannt auf ihre Antwort.

Beide schrieben zurück und teilten mir mit, dass sie Feuer und Flamme seien: Wir sollten unverzüglich mit den Vorbereitungen beginnen. Ich war begeistert. Ben ließ mich wissen, dass er gerade im Rahmen eines langfristigen Regierungsprogramms einheimische Praktikanten ausbildete. Diese Arbeit war anstrengend und stressig, aber weniger erfüllend als sein früherer Job, und deshalb war er hoch motiviert, sich anzuschließen. Scott war ebenfalls der Meinung, eine ausgedehnte Pause sei genau das, was er brauchte.

Wir beschlossen, dieselbe Route zu nehmen wie Kanes Expedition, ansonsten sollte sich unsere Reise jedoch von ihr unterscheiden. Ich konnte nur hoffen, dass uns handfeste Auseinandersetzungen, zu denen es bei dieser Expedition gekommen war, erspart bleiben würden. Die finanzkräftige Unternehmung war in einem Sumpf gegenseitiger Anschuldigungen und Anfeindungen versackt. Von den zehn Teilnehmern – neun Männern und einer Frau –, die ursprünglich an der gut ausgerüsteten Expedition beteiligt waren, kamen nur zwei am Ziel an – Kane und der polnische Maschinenbauingenieur Piotr Chmielinski. Die Stimmung verschlechterte sich zusehends und wurde schließlich derart feindselig, dass Odendaal später seinen eigenen Reisebericht veröffentlichte, der dem von Kane in vielerlei Hinsicht widerspricht. Odendaal berichtet von einer wahren Seifenoper gehässiger Wortgefechte zwischen Kane und Chmielinski, dem 1981 die erste dokumentierte Befahrung des Cañóns del Colca gelang. Weiterhin sagt er, die Gruppe habe kurz vor Handgreiflichkeiten gestanden, und wirft Kane vor, bei der Beschreibung seiner Abenteuer übertrieben zu haben. Das bestätigt auch Jack Jourgensen, der Hauptsponsor der Expedition, ein 51-jähriger Millionär aus Wyoming, der ein Vermögen damit machte, dass er der U.S.-Regierung gelbe Farbe für Straßenmarkierungen auf Highways verkaufte.

Wie dem auch sei, Kanes Bericht ist eine spannende Lektüre, und ich habe eine Menge dabei gelernt. Allerdings geht es meiner

Ansicht nach in der Geschichte der Expedition nicht wirklich um die Befahrung des Amazonas, sondern um den Beweis dafür, dass auf einem Schulausflug eine Aufsichtsperson vonnöten ist. Im Gegensatz dazu waren wir drei Freunde, die sich auf den Weg in einen Extremurlaub machten und dabei weder in die Geschichte eingehen wollten noch Ambitionen hatten, die rüpelhaftesten Abenteurer der Welt zu werden. Niemand würde einen von uns mit Sir Richard Francis Burton verwechseln. Schon eher mit Tick, Trick und Track oder Bart Simpson.

Unser Trip würde uns nicht viel kosten. Wir wollten uns die Ausrüstung besorgen, die in jedem normalen Outdoor-Sportgeschäft zu bekommen ist, und wollten den Kontinent ausschließlich zu Fuß und im Wildwasser-Schlauchboot durchqueren. Wir hatten vor, mit der Befahrung des 6670 Kilometer langen Amazonas zu dem Zeitpunkt zu beginnen, wenn das Schmelzwasser den Apurímac, seinen größten Zufluss, so weit anschwellen ließ, dass er uns tragen würde. Man könnte die Route auch die längste, aufregendste Achterbahn der Welt nennen – und wir wollten auf ihr fahren.

Erster Teil:

Die Wüste

Marschroute
Apurímac
Cuzco
Abancay
ANDEN
Pilpinto
Ende des Fußmarschs; Beginn der Wildwasserfahrt
Inka-Hängebrücke
KONTINENTALE WASSERSCHEIDE
Yauri
PERU
QUEHUISHUA (5490 Meter)
MISMI (5597 Meter)
Quelle des Amazonas
Colca/Colca-Cañón
Madrigal
Cabanaconde
Río Majes
Huambo
N
Huanco
Corire
Wüstendurchquerung
Arequipa
Pazifischer Ozean
Camaná
Beginn des Fußmarschs
0
75 km

11. September 1999

Wir kamen gegen Abend mit dem Bus in dem winzigen Städtchen Camaná nördlich der chilenischen Grenze an. Ein paar hundert Kilometer weiter im Norden befinden sich die berühmten Scharrbilder – gewaltige und rätselhafte geometrische Figuren, die auf die längst ausgestorbene Indianerkultur der Nazca zurückgehen. Ich freute mich darauf, die bekannten Strände dieser Gegend zu Gesicht zu bekommen.

Camaná liegt etwa fünf Kilometer von der Küste entfernt, also konnten wir dem Meer nicht unmittelbar nach unserer Ankunft einen Besuch abstatten. Stattdessen nahmen wir uns ein Zimmer in einem billigen Hotel und gingen auf Erkundungstour.

Angeblich strömen während der heißen Sommermonate sowohl Touristen als auch Einheimische in Scharen hierher, doch sie waren nirgendwo zu sehen. Wir waren die einzigen Gringos in der Stadt, und es schienen auch nicht viele Peruaner dort Urlaub zu machen. Viele Straßen waren von Marktständen gesäumt, an denen die Händler alles feilboten, was das Herz begehrt: Garnknäuel, Avocados, Bananen, Orangen, Rindfleisch in Scheiben, Rippenstücke, Hühnerbeine, Ananas, Fisch, Spielzeug und Gewürze. Überall suchten Hühner, Schweine und Esel nach Nahrung und waren ebenso zahlreich vertreten wie die Menschen. Importwaren erschienen uns ziemlich teuer, einheimische Produkte waren billig.

Wir mussten uns mit genug Lebensmitteln für eine Woche eindecken. Bis dahin, so rechneten wir uns aus, würden wir die Stadt

Corire erreichen, wo wir unsere Vorräte wieder aufstocken konnten. Wir kauften Reis, getrocknete Bohnen, Linsen, Hafermehl, Salz, Mehl, ein Kilo widerwärtig stinkenden Käse, ähnlich duftendes Pökelfleisch, Zwiebeln, Tomaten, Knoblauch, Paprikaschoten, Milchpulver, Zucker, Gewürze und Pulverkaffee.

Gegenüber unserem Hotel saß ein Junge neben einer Decke, auf der vielfarbige Kämme lagen. Ich beobachtete ihn lange Zeit. Niemand würdigte ihn auch nur eines Blickes. Am Abend kaufte ich ihm einen leuchtend orangefarbenen Kamm ab. Wortlos nahm der Junge das Geld mit einer schmutzigen, schorfigen Hand entgegen – der leere Ausdruck in seinem Gesicht änderte sich nicht, obwohl ich ihm das Fünffache des geforderten Preises gab und auf mein Wechselgeld verzichtete. Seine kühle Gleichgültigkeit machte mich traurig. Später schenkte ich den Kamm einer verrückten alten Frau mit dichtem, verfilztem Haar, die sich außerordentlich darüber freute und lächelnd ihre teefarbenen Zähne zeigte. Willkommen in Peru – einem Land, das so bitterarm ist, dass Lehrer umgerechnet etwa zwei US-Dollar am Tag verdienen.

Peru ist das drittgrößte Land Südamerikas und mehr als fünfmal so groß wie Vancouver Island. Lima ist ebenso kultiviert und sehenswert wie jede europäische Hauptstadt, trotzdem steckt das Land seit mehr als 100 Jahren in einem wirtschaftlichen und sozialen Schlamassel. Zwei Guerillagruppen kämpfen darum, eine Revolution herbeizuführen. Millionen Menschen leben in fürchterlicher Armut, und die gesamte institutionelle Infrastruktur ist heruntergekommen. Sämtliche älteren Vertreter der politischen und intellektuellen Elite sind korrupt oder in illegale Machenschaften verwickelt. Für mich ist es unfassbar, wie eine Nation so überleben kann. Aber Regierungssysteme waren noch nie meine starke Seite.

1. Tag: 13. September 1999

Kurz nach Sonnenaufgang erschien, begleitet von einer Staubwolke, ein ramponierter Toyota Corona aus den 1970er-Jahren vor dem *hostal.* Wir luden unsere Rucksäcke in den Kofferraum, dem die Klappe fehlte, und der altersschwache Wagen erwachte zum Leben. Der Fahrer trat das Gaspedal durch, und wir kamen innerhalb von Minuten an unserem Ziel an.

Meine Hoffnungen auf einen Hawaii ähnlichen Strand wurden von dem langen, schmutzigen und übel riechenden Sandstreifen zerstört, der uns begrüßte. Der Fahrer grinste, als wir unsere Sachen ausluden, und entblößte dabei eine Reihe gelber, verfaulter Zähne.

»*¡La Punta Bonita!*« Er deutete auf den Strand und lachte über die Fassungslosigkeit, die uns ins Gesicht geschrieben war.

Überall am Strand waren Abfälle verstreut wie schmutzige Socken in einem Schlafsaal. Unter einem Baldachin aus Hochnebel, der uns wieder daran erinnerte, dass die Reiseführer vor dem nebligen Wetter in dieser Gegend warnen, war die Luft klamm. Am Strand standen zahlreiche Gebäude, die jedoch nichts mit den Feriendomizilen gemein hatten, mit denen ich gerechnet hatte. Bei einigen fehlte das Dach, bei anderen zerbröckelten die Wände.

Zunächst schien es, als befänden wir uns am Rand einer Geisterstadt. Bald bemerkte ich jedoch einen Jungen, der zwischen den Ruinen verschwand, und in der Ferne zwei Männer, die einen abgestorbenen knorrigen Baum schleppten. Wir hatten das Gefühl, uns zwischen den Kulissen einer Aufführung von Becketts *Warten auf Godot* zu befinden.

»Auf das Bier in der Strandbar, mit dem wir unseren Aufbruch feiern wollten, müssen wir wohl verzichten«, meinte Scott.

»Was in aller Welt verschlägt in der Hochsaison Touristen hierher?«, fragte ich.

»Wir probieren den Kocher aus, und dann machen wir uns auf den Weg«, erwiderte Ben.

Am Vortag war es uns nicht gelungen, Petroleum aufzutreiben, und wir hatten stattdessen Benzin gekauft, in der Hoffnung, dass der Kocher auch damit funktionieren würde. Wir wollten ihn nicht im Hotelzimmer ausprobieren, weil wir befürchteten, dass er in Flammen aufgehen könnte. Ich drehte mich um, damit Ben den kleinen Gaskocher aus meinem Rucksack holen konnte.

Er nahm den Kocher heraus, füllte ihn vorsichtig mit Benzin und schraubte die Verschlusskappe zu. Scott betätigte misstrauisch mit mehreren schnellen Bewegungen die Pumpe, öffnete die Düse, zündete das Feuerzeug an und sprang in Erwartung einer Explosion zurück.

Er lachte – »Seht ihr, nichts dabei« –, als kleine, leuchtend blaue Flammen flackerten und der Kocher zufrieden zischte.

Wir klatschten uns gegenseitig auf die Hände, machten den Kocher aus und packten ihn wieder ein. Als wir aufbrechen wollten, tauchte plötzlich ein kleines Mädchen auf.

»Was macht ihr denn hier?«, fragte sie auf Spanisch.

»Wir durchqueren Südamerika«, entgegnete ich.

Sie starrte mich eine Zeit lang an.

»Mein Daddy verkauft Zigaretten.«

»Ciao.« Wir nickten.

Dann ließen wir sie stehen und gingen zum Wasser, um unsere Stiefel in den Pazifik zu tauchen – ein Ritual zur Feier unseres Aufbruchs.

Die Brandung war gewaltig. Wir rannten wie beladene Kamele dem zurückweichenden Wasser hinterher, stapften kurz ins Meer und liefen wieder zurück. Scott war zu langsam und wurde von der Welle erfasst. Er lachte, wusste zu diesem Zeitpunkt allerdings noch nicht, dass ihm das nasse Leder bis Mittag die Füße aufreiben sollte.

Im nicht gerade eleganten Twostepp marschierten wir auf einer unbefestigten Straße durch den Nebel. Unsere 7250 Kilometer lange Reise hatte begonnen. Wir waren frei. Wir waren unabhängig. Wir mussten dem Pfad nur weit genug folgen, dann würden wir einen ganzen Kontinent durchqueren.

Unsere Route hatten wir mit Hilfe einer Reihe von Landkarten festgelegt, die wir in Lima, Hauptstadt Perus seit der spanischen Kolonialzeit, erstanden hatten. Wir hatten stundenlang über den detaillierten Karten gebrütet und versucht, den direktesten Weg von der Küste zur kontinentalen Wasserscheide zu ermitteln. Es war unmöglich, einem geraden Kurs zu folgen.

Die Topografie von Perus Südwesten gleicht einem Waschbrett aus Gebirgszügen. Die Landschaft besteht aus unglaublich tiefen Cañóns, die durch bergiges Ödland und endlose Abschnitte schroffer Hochwüste, der *puna*, voneinander getrennt sind. Die Gebirgszüge sind so genannte Kettengebirge und verlaufen parallel zur Küste von Norden nach Süden. Jeder Bergrücken überragt den vorhergehenden, bis die höchste Stelle erreicht ist und sie in Richtung Amazonas-Regenwald abfallen. Wir wollten jeden Gebirgszug besteigen und überqueren, bis wir die 5400 Meter hohe Wasserscheide erreichten.

Als wir in das Tal des Río Camaná wanderten, verklang das Donnern des Meers. Das Zwitschern der Vögel und das Surren der Insekten verschmolzen zu einem sanften, pulsierenden Summen, das einem weißen Rauschen glich. Von Zeit zu Zeit durchschnitt das Bellen eines unterernährten, misshandelten Hundes die Luft. Von oben betrachtet präsentierte sich das Flusstal als grünes Band bewässerten Ackerlandes, das durch den Streifen wüstenähnlicher Steppe entlang der Küste verlief. Hier gibt es so gut wie keinen Niederschlag, und das Wasser, das der Río Majes aus den Bergen mitbringt, entspringt in weiter Entfernung. Feldarbeiter hielten inne und sahen uns hinterher. Drei Gringos mit riesigen Rucksäcken bekamen sie nicht alle Tage zu Gesicht.

Meine Gedanken wanderten, während meine Beine in Routine verfielen. Alles erschien ein wenig unwirklich. Ich hatte so lange von diesem Tag geträumt und konnte kaum glauben, dass er tatsächlich gekommen war. Mit jeder Minute kamen wir dem Atlantik ein Stück näher. Ich versuchte mir vorzustellen, auf welche Hindernisse wir stoßen würden, welche Menschen uns begegnen würden und welche Entbehrungen wir erdulden müssten. Würde einer von uns aussteigen? Bens Stimme unterbrach meine Gedanken.

»Das wäre ein Motiv für ein vielsagendes Foto«, meinte er und zeigte auf eine Reklametafel für VISA, die hinter einem faltigen alten Mann in zerlumpter Kleidung emporragte, der mit einem gekrümmten Stock Getreide umhackte. Der Blick des *campesino* blieb auf den Boden gerichtet, als wir an ihm vorübergingen.

Bereits nach wenigen Kilometern schmerzten mir von den 32 Kilogramm meines Rucksacks die Schultern. Ich redete mir ein, dass sich meine Muskeln und Gelenke nach und nach daran gewöhnen würden. Der morgendliche Nebel löste sich auf, doch ein dichter Schleier verhüllte die Sonne. Unsere Unterhaltung wurde nach kürzester Zeit sporadisch. Jeder war in Gedanken versunken, während wir üppige Getreide-, Melonen-, Tomaten- und Zwiebelfelder passierten. Hin und wieder sahen wir saftig grüne, dicht mit Reis bepflanzte Deiche.

Als wir uns weiter von Camaná entfernten, machten die kleinen, unabhängigen Farmen ausgedehnten Ranches Platz. Wir sahen die behelfsmäßigen Bambus- und Lehmhütten der einheimischen Farmarbeiter, die sich an die steil aufragenden Geröllwände des Tals schmiegten. Die unbefestigte Straße verwandelte sich nach und nach in einen holprigen Weg, der an den Feldern entlangführte und sich zum oberen Abschnitt des Tals wand. Die fruchtbare lehmige Erde roch gut, und die Brise trieb Stechmückenwolken vor sich her.

Ab und zu stieß der Weg auf eine Ansammlung strohgedeckter Ziegelhäuser. Kinder hielten inne und standen mit offenem Mund da, wenn sie uns erblickten. Manchmal nahmen nervöse Mütter ihre Kinder auf den Arm und liefen nach drinnen. Im Vorbeigehen spürten wir ihre Blicke. Die Männer, denen wir begegneten, waren neugierig und weniger ängstlich. »Woher kommt ihr? Wohin geht ihr? Warum nehmt ihr nicht den Bus?« Wir bemühten uns, sie zu verstehen und ihnen in gebrochenem Spanisch zu antworten.

Am Nachmittag stießen wir auf zwei Frauen, die vor ihrem Haus neben dem Weg Getreide siebten. Sie beobachteten uns argwöhnisch, als wir uns näherten, hielten aber die Stellung. Die beiden trugen schwarze Hüte und leuchtend blaue und pinkfarbene Pullover. Die Jüngere hätte die Tochter der Älteren sein können, doch ich war nicht in der Lage, ihr genaues Alter zu schätzen.

»*Hola*«, sagte ich lächelnd.

Die Jüngere der beiden, die zwischen 20 und 30 sein mochte, grinste breit, doch ihre ältere Gefährtin antwortete in einem sachlichen Ton: »*Buenas tardes.*«

Man konnte die Spannung spüren. Die Frauen sprachen kurz miteinander, wobei die jüngere offenbar eher geneigt war, gastfreundlich zu sein. Kurz darauf drehte sie sich zu uns um und entschuldigte sich für ihre Freundin. Sie erklärte, dass ihr Gringos vertrauter seien.

Die beiden wollten wissen, was uns so weit von der Hauptstraße abgebracht hatte und wohin wir unterwegs waren. Wir erklärten es ihnen, so gut es ging, doch die ältere Frau wollte ganz offensichtlich nichts mit uns zu tun haben. »Ich bin überrascht, dass ihr hier seid«, sagte sie unheilvoll. »Habt ihr denn keine Angst vor Banditen?« Sie fuhr fort, mit ihren rauen, schwieligen Händen Getreide zu sieben. »Weiter oben gibt es viele Banditen«, sagte sie. Sie gab einen klagenden Laut von sich und schüttelte den Kopf beim Gedanken an irgendeine Tragödie. Dann redete sie fieberhaft auf die jüngere Frau ein.

»Sie hat Recht – sie haben Schreckliches getan«, sagte die jüngere Frau: »Ihr müsst vorsichtig sein.«

»Danke.«

Ich sah Ben und Scott an. »Gehen wir«, lautete die deutliche Nachricht in ihren Augen.

»Vielen Dank«, wiederholte ich.

Beim Weitergehen diskutierten wir darüber, inwieweit wir der Warnung der Frau Glauben schenken sollten, und kamen zu dem Ergebnis, dass sie vermutlich übertrieben hatte.

Bald darauf hielten wir nach einer geeigneten Stelle für unser erstes Nachtlager Ausschau. Wir fanden einen bestens geeigneten Platz mit Aussicht auf den Fluss. Im Kies und Sand wuchsen

Sträucher. Die Stelle war unauffällig und vom Weg aus nicht einzusehen. Obwohl es keiner von uns zugeben wollte, hallte der Klagelaut der alten Frau noch immer in unseren Gedanken nach.

Ich bereitete ein Gericht aus Reis, Gemüse und getrocknetem Rindfleisch als Abendessen zu, während Ben das Zelt aufstellte. Scott ging ans Flussufer, um durch unseren Filter Wasser in leere Colaflaschen aus Plastik zu füllen. Wir waren blutige Anfänger, die sich erst langsam an ihre neue Ausrüstung gewöhnen mussten.

Bald nach Einbruch der Dunkelheit schalteten wir unsere Lampen aus, damit uns vom Weg aus niemand sehen konnte. Wir saßen unter einem dunstverhangenen Himmel ohne Sterne und unterhielten uns leise. Die Stechmücken, die uns den ganzen Tag gequält hatten, waren mit der untergehenden Sonne verschwunden. Wir saßen eine Stunde lang friedlich beisammen. Beim Zähneputzen entdeckte ich dann das flackernde Licht von zwei Laternen, die sich näherten. Ich hielt beunruhigt den Atem an, als sie größer wurden, vorbeizogen und schließlich erloschen.

2. Tag: 14. September 1999

Der Morgen war grau und neblig trüb. Kurz nachdem wir unser Lager abgebrochen hatten, kamen wir durch ein kleines Dorf – wenn man eine Ansammlung kleiner Häuser in einem Staubloch so nennen kann. Die Dorfbewohner beäugten uns argwöhnisch, als wir auftauchten, und blieben auf Distanz, als wir an ihnen vorbeigingen.

Etwa fünf Minuten nachdem wir die Ansiedlung passiert hatten, bemerkte Scott einen großen Knochen, der aus dem Sand ragte. Wir nahmen ihn genauer unter die Lupe. Es handelte sich um einen Kieferknochen, an dem noch mehlig weiße Fleischreste hingen. Ich scharrte mit dem Fuß im Sand und legte noch mehr der eindeutig menschlichen Überreste frei. Scott hustete beunruhigt. »Seht euch mal um«, flüsterte er.

Etwa 20 Männer mit Hacken und Sensen waren uns auf dem

Weg gefolgt und beobachteten uns aufmerksam. Die Szenerie erinnerte an einen Hitchcock-Film: das düstere Licht, die menschlichen Überreste und die schweigenden Wächter mit ihren versteinerten Gesichtern.

»Vielleicht sollten wir uns besser aus dem Staub machen«, schlug ich vor.

»Ja«, stammelten Ben und Scott, und wir gingen langsam davon.

Es kostete einige Überwindung, nicht zu rennen, doch wir behielten unser normales Tempo bei. Ich blickte mehrmals zurück, weil ich befürchtete, die Dorfbewohner könnten uns folgen wie wahnsinnig gewordene Kinder des Zorns aus dem Stephen-King-Film. Sie taten es nicht.

»Wo, sagte die alte Dame, sind die Banditen?«, fragte Scott.

»Ich bin mir nicht sicher«, erwiderte Ben. »Irgendwo weiter oben im Tal.«

»Wie weit oben?«

»Keine Ahnung.«

»Vielleicht hier.«

Wir verfielen in Schweigen. Von Camaná, wo sich die nächstgelegene Polizeistation befand, waren wir etwa 30 Kilometer entfernt.

»Ich würde sagen, wir vergessen es einfach«, schlug ich nach einer Weile vor. »Das geht uns schließlich nichts an.«

Wir marschierten wortlos weiter. Ich fühlte Übelkeit in mir aufsteigen und wollte nicht darüber nachdenken, was sich dort zugetragen hatte. Es war unschön gewesen, es war mit Sicherheit ungesetzmäßig gewesen, und wir wollten nichts damit zu tun haben.

Der Dunst sorgte für einen Treibhauseffekt und verwandelte das Tal in eine schweißtreibende Sauna. Schwärme von Stechmücken taten sich an jedem Stück entblößter Haut gütlich. Das Insektenschutzmittel wirkte nur wenige Minuten, ehe es vom Schweiß fortgeschwemmt wurde, der uns in Strömen hinunterlief.

Am frühen Nachmittag stießen wir auf ein weiteres Dorf. Danach führte nur noch ein schmaler Pfad weiter. Bei den Häusern begegneten wir einigen Leuten, die uns freundlicher empfingen. Sie lächelten, als wir uns näherten, und zeigten sich hilfsbereit, als wir sie in gebrochenem Spanisch nach dem Weg fragten.

Gegen Abend stießen wir auf steile Felswände, die in dem immer enger werdenden Tal dem Pfad ein Ende setzten. Die einzige Möglichkeit weiterzukommen bestand darin, den Fluss zu durchqueren und den Marsch am anderen Ufer fortzusetzen. Doch der Fluss war 100 Meter breit, die Strömung stark und das Wasser, soweit wir es beurteilen konnten, mindestens hüfttief. Es war unmöglich, mit den Rucksäcken auf die andere Seite zu waten.

Während Ben und Scott bei unseren Sachen blieben, kletterte ich die Felswand hinauf, um nachzusehen, ob es irgendeine Möglichkeit gab, auf unserer Seite des Flusses weiterzugehen. Die Schräge aus Granit ging in eine senkrechte Wand über. Mit Gepäck konnten wir sie unmöglich erklimmen.

Als ich zurückkehrte, standen zwei halbwüchsige Jungen bei Ben und Scott. Ich verstand nur Bruchstücke von dem, was sie sagten. Scott erklärte, dass sie uns anboten, uns über den Fluss zu helfen. Wir nickten wortlos, und die Jungen verschwanden.

Wir waren bereits drauf und dran aufzugeben und unser Nachtlager aufzuschlagen, als die beiden Jungen mit einem großen Schlauch zurückkamen, der vermutlich von einem Traktorreifen stammte. Sie legten ihn ins Wasser und bastelten mit mehreren Bambusstangen ein kleines Floß. Bis zu beiden Ohren grinsend, nahm der Größere der beiden meinen Rucksack und legte ihn auf die provisorische Plattform. Dann nahm er die anderen Rucksäcke und stapelte sie in Form einer Pyramide. Der Schlauch trug ihr Gewicht mit Leichtigkeit.

Ihre schwimmende Fracht schiebend, bahnten sich die Jungen behände den Weg durch die seichtesten Stellen und bugsierten den Schlauch auf die gegenüberliegende Seite. Unser Gepäck erreichte unbeschadet das andere Ufer. Die Jungen winkten zum Abschied, sprangen auf den Schlauch und glitten lachend und rufend mit der Strömung flussabwärts, bis sie verschwunden waren.

Im Glauben, allein am Flussufer zu sein, schlugen wir unser Lager auf. Ben kochte gerade Reis, Bohnen und Corned Beef, als ein etwa achtjähriger Junge hinter einem Haufen Treibholz zum Vorschein kam und auf uns zuging. Er trug einen gesprungenen, blassgelben Eimer. Darin zappelten zahllose rosafarbene Flusskrebse.

»Wollen Sie die kaufen?«, fragte der Junge.

»Wie viel?«

»30 Centavo.«

Etwa zehn Cents. Ich holte die Münzen aus der Hosentasche. Im Handumdrehen wurde aus unserem einfachen Abendessen ein Feinschmeckermenü. Der Junge lehnte unsere Einladung zum Abendessen ab und trollte nach Hause.

Wir aßen wie Könige, anschließend faulenzten wir und ließen den Tag Revue passieren. Ben war der Meinung, dass der Kocher Mucken hatte, und zerlegte ihn, während ich die Karten studierte.

»Wir haben bereits 44 Kilometer hinter uns gebracht«, stellte ich erfreut fest. »Das sind etwas mehr als 20 Kilometer am Tag – genau nach Zeitplan.«

Ben sah auf. »Der Kocher ist im Eimer«, meinte er. Er holte sein Multifunktionswerkzeug hervor. »Ich glaube, das Benzin verstopft die Leitungen. Aus den Düsen kommt kein Gas.« Er baute das Messingrohr aus, das vom Tank zum Brenner führte. Die kleine Düse schien verstopft zu sein. Er zog einen langen dünnen Draht heraus und fummelte daran herum. Kurz darauf baute er den Kocher wieder zusammen. Er funktionierte, doch die Flamme war schwach.

»Ich bin überfragt«, murmelte er.

»Ich lege mich aufs Ohr«, sagte ich.

3. Tag: 15. September 1999

Der Wind weckte uns mit seinem Kreischen und bewehte alles, was sich ihm in den Weg stellte, mit Sand von den umliegenden Hügeln. Wir bauten aus ein paar Baumstämmen und Steinen einen Windschutz, doch der schwächliche Kocher wurde ständig ausgeblasen, als er sich tapfer, aber vergeblich bemühte, den Haferbrei zu erwärmen.

Nachdem wir unseren lauwarmen Haferbrei gegessen hatten, setzten wir unter einem von Dunst und fliegendem Sand verdunkelten Himmel unseren Weg fort. Stunden später begegnete uns ein mürrischer Mann, der sein Fahrrad durch die Felsen manövrierte.

»*Hola*«, grüßte er und entblößte dabei schwarze und goldene Stummel in seinem Mund.

»*Hola*«, erwiderte Ben.

Der Mann starrte uns an. Nach einer beklemmenden Minute verlegenen Schweigens erzählte er uns, dass er noch nie einen Gringo im Hochland gesehen hatte. »Wollt ihr Kokain kaufen?«, erkundigte er sich und deutete auf einen Jutesack von der Größe eines Brotlaibs in seinem Fahrradkorb. »*Primero. Primero. Primero.* Das erzielt einen Spitzenpreis.«

»Nein, nein«, lehnten wir ab.

Er zuckte mit den Achseln.

»Auf Wiedersehen«, sagten wir.

Wir fragten uns, ob sich der Mann einen Spaß mit uns erlaubte. Wer weiß? Wir setzten unseren Weg durchs Tal fort und mussten dabei den ganzen Tag gegen den Wind ankämpfen.

Als wir zum Mittagessen Halt machten, versagte der Kocher den Dienst und ließ sich trotz aller Bemühungen nicht wieder zum Leben erwecken. Wir setzten uns ins Zelt, um dem unerbittlichen Sand zu entgehen. Der Wind zerrte am Stoff, und von Zeit zu Zeit drückte eine Bö die Kuppel vollständig flach, doch sie richtete sich immer wieder auf. Wir reichten den Kocher herum, und jeder unternahm einen vergeblichen Versuch, ihn zu reparieren. Die Luft stank nach Benzin.

Ben und ich warfen das Handtuch und plädierten für eine kalte Mahlzeit mit getrocknetem Rindfleisch und weichen Tomaten. Scott fühlte sich nicht wohl und konnte nicht ans Essen denken. Einen Großteil der Nacht verbrachte er damit, sich in regelmäßigen Abständen zu übergeben. Das weiß ich, weil ich nachts ebenfalls lange wach lag und mich ähnlich schlecht fühlte. Gegen drei Uhr morgens rannte ich mit Scott um die Wette zum Zeltausgang und betete jedes Mal, dass ich es schaffen würde, ehe meine Eingeweide explodierten und sich an beiden Enden meines Körpers entleerten. Deshalb spricht man also vom »Inka-Quickstepp«. Ich verbrachte die Nacht zitternd und bibbernd und legte alle 20 Minuten einen Sprint ein.

4. Tag: 16. September 1999

Am Morgen fühlte sich Scott besser. Ich lag in meinem Schlafsack und hoffte, dass sich mein rumorender Magen beruhigen würde. Ben kochte Haferbrei über dem offenen Feuer. Ich sah Scott mit glasigem Blick zu, wie er ein Loch aushob und den Kocher begrub. Von jetzt an würden wir allein auf Lagerfeuer angewiesen sein.

Ich fühlte mich in jeder Hinsicht leer. Mit Scott und Ben Schritt zu halten, war eine Qual. Mittags konnte ich nicht mehr als Cracker und Käse zu mir nehmen, und mein Durchfall war unvermindert stark. Nach dem Mittagessen erwischte es auch Ben, und wir stolperten alle drei auf dem Pfad dahin.

In der Dämmerung erreichten wir Corire. Die Stadt befand sich am Rand einer trockenen Hochwüste, die zum Kettengebirge hin anstieg. Die Grenzlinie zwischen den bewässerten Feldern und dem umliegenden Ödland wirkte wie mit der Rasierklinge gezogen. Außerhalb des Grundwasserbereichs des Flusses und der Leben spendenden Bewässerung war die erbarmungslose Landschaft knochentrocken – eine karge, tote Wüste, in der nur Kakteen und Reptilien überleben konnten.

Ich fühlte mich fiebrig und wurde inzwischen auch noch von einem Husten geplagt. Ben und Scott waren in ähnlich schlechter

Verfassung. Da uns die Kraft fehlte, auf Erkundung zu gehen, checkten wir im erstbesten *hostal* ein und zogen uns in unser schäbiges Zimmer zurück. Trotz der abblätternden Kalkfarbe, der blanken Glühbirne und der steinharten Betten war es ein willkommenes Asyl. Hier konnten wir uns ausruhen, unsere Wunden lecken und uns selbst bemitleiden.

5. Tag: 17. September 1999

Im Nachhinein verschwindet Corire hinter einem Schleier von Krankheit: Durchfall, Erbrechen und trockener Husten. Das kleine Gemeinschaftsbadezimmer am Ende des Korridors war bald mit einem feinen Sprühnebel von Fäkalien verziert. Der *hostal*-Eigner putzte zweimal am Tag die Toilette, doch das Badezimmer verwandelte sich jedes Mal innerhalb von Minuten wieder in einen stinkenden Schweinestall. Ich bin sicher, er hasste uns.

Hin und wieder verließen wir das *hostal*, um Lebensmittel oder Wasser einzukaufen, da wir dem, was aus den Wasserhähnen lief, nicht einmal dann vertrauten, nachdem wir es gefiltert hatten. Wir hielten das einheimische Wasser für die Ursache allen Übels.

Nach kanadischen Maßstäben war Corire die Dritte Welt. Es gab zwar fließendes Wasser, für mehrere Stunden am Tag Strom und sogar die neuesten Automodelle. Doch der Fortschritt war nichts weiter als schöner Schein. Man musste nur ganz leicht kratzen, und schon wurden darunter Verfall und Fäulnis sichtbar. Corire war eine heruntergekommene Stadt.

6. Tag: 18. September 1999

Wir fühlten uns alle drei schlecht, entschieden uns aber trotzdem, uralte Felszeichnungen zu besichtigen, die sich nach Aussage der Einheimischen ganz in der Nähe befanden. Ben quälte sich für den Ausflug aus dem Bett, obwohl sein Gesicht bleich, seine Augen verquollen waren und sein Gang an einen steifbeinigen Zombie erinnerte.

Die so genannten Petroglyphen von Toro Muerto lagen etwa

zwei Kilometer weit in der Wüste. Angeblich sind es die am deutlichsten sichtbaren der 1200 Jahre alten Hinterlassenschaften der Huari, einem Volk, das diesen Teil Südamerikas vor den Inka bewohnte.

Bei den Felszeichnungen handelt es sich um abstrakte Formen – um stilisierte Eidechsen, hirschähnliche Wesen und Menschen, geritzt in hunderte von Felsblöcken so groß wie Autos, die auf der ansonsten freien Sandfläche herumliegen. Neben dem größten Felsblock, der ausgezeichneten Schutz vor dem unablässigen Westwind bot, grub ich mit den Händen im Sand. In etwa 30 Zentimeter Tiefe legte ich die verkohlten Überreste eines Feuers frei. Weitere Ausgrabungen förderten getrocknete Bohnen, Knochenreste und Flusskrebsscheren zutage. Obwohl es unmöglich war, das Alter dieses kleinen Abfallhaufens zu bestimmen, stellte ich mir vor, dass er von den Huari-Indianern zurückgelassen worden war.

Wir brachten eine Stunde damit zu, die wunderbaren und wundersamen Abbildungen zu betrachten, ehe uns einfiel, dass wir uns besser mit Vorräten für die nächste Etappe eindecken sollten. Den Rest des Tages waren wir damit beschäftigt, Wasser und anderen Proviant zu kaufen. Wir erstanden 18 Wasserflaschen, drei davon mit Kohlensäure, denn das war alles, was in der Stadt zu bekommen war. Wenn wir kein Sodawasser wollten, gab es immer noch Inka-Cola.

Als wir gegen Abend wieder in unserem Zimmer lagen, wurde ich noch immer von einem schrecklichen Husten geplagt. Die tagelange Krankheit hatte uns alle drei völlig ausgezehrt.

»Könntest du die Hand vorhalten, wenn du nachts hustest?«, sagte Ben in scharfem Ton zu mir. »Ich habe nämlich keine Lust, mir auch die gottverdammte Lungenkrankheit zu holen, die du dir eingefangen hast.«

Ich ignorierte ihn einfach.

»Arschloch!«, fuhr er mich an. »Halt die Hand vor den Mund.«

»Du hast ja Recht«, gab ich klein bei. »Entschuldige.«

Scott sagte keinen Ton. Das war der erste Krach auf unserem Trip.

Es war kindisch, und wir wussten, dass wir es uns nicht leisten konnten, noch mehr Zeit zu verlieren, vor allem nicht mit Streiten und Schmollen. Wir waren erst ganze vier Tage marschiert, doch die kamen uns vor wie eine Ewigkeit – eine Ewigkeit, die in regelmäßigen Abständen von flüssigem Stuhlgang unterbrochen wurde.

Wir konnten uns nicht länger aufhalten, weil die Regenzeit nahte. Wenn wir mit der Befahrung des Apurímac zu spät begannen, könnte sich der angeschwollene Fluss als unbezwingbar erweisen. Zur günstigsten Zeit ist er eine Todesfalle, bei Hochwasser ein Ding der Unmöglichkeit.

Außerdem machte ich mir Sorgen hinsichtlich unseres Budgets. Die Hitze und der Durchfall sorgten dafür, dass wir Unmengen Wasser brauchten. Da wir in der Hoffnung, Erkrankungen vorzubeugen, nur Wasser aus Flaschen tranken, waren unsere Geldreserven für Notfälle im wahrsten Sinne des Wortes dabei, auszutrocknen. Trinkwasser war teuer.

Eigentlich wollten wir nur einen Tag in Corire bleiben, doch inzwischen hatten wir bereits dreimal dort übernachtet. Unglücklicherweise brauchten wir länger als erwartet, um uns zu erholen. Ben war noch immer extrem geschwächt, doch wir erkannten die dringende Notwendigkeit, uns wieder auf den Weg zu machen. Am Morgen des vierten Tages ging Ben, der jetzt besser aussah als am Vortag, nach unten und gab den Schlüssel ab. Er kam lachend zurück und grinste von einem Ohr zum anderen.

Roberto, der Besitzer des *hostal,* hatte ihn über die sexuellen Gewohnheiten der Gringos ausgefragt. Seine Freundin langweile sich, erklärte Roberto, und er brenne darauf, etwas Neues zu lernen.

»*Mano-a-mano,* wie macht es ihr Gringos?«, fragte er.

Ben zuckte mit den Achseln, zog eine Augenbraue hoch und sagte: »Ach, wissen Sie, genauso wie ihr.«

»Nein, du verrätst mir jetzt eure Masche, eure besonderen Tricks.«

»Ich kann Ihnen die Feinheiten in meinem holprigen Spanisch nicht erklären«, versuchte Ben sich herauszureden.

Doch Roberto wurde zunehmend ungeduldiger. »Kein Problem, kein Problem«, sagte er und winkte. »Komm mit, zeig es mir, zeig es mir.«

Er packte Ben am Arm und deutete auf das Zimmer nebenan. Als Roberto ihn in das Zimmer zerrte, berichtete Ben, sah er dort eine dicke Frau in einem Sessel sitzen.

»Nein, nein, nein«, stammelte Ben. »Ich muss los. Wir müssen uns auf den Weg machen, und zwar jetzt. Ich muss los. Danke.«

Wir lachten noch immer, als wir auf der Straße zur anderen Seite des Tals unterwegs waren. Das orangefarbene Leuchten der Wüste bildete einen starken Kontrast zum saftig-grünen Majes-Tal.

Wir hatten nur das Allernötigste dabei: ein Zelt, drei Schlafsäcke, einen Topf, Becher, Teller und Taschenmesser. Zum Anziehen hatte ich ein Paar lange Hosen mit, ein Paar Shorts, ein T-Shirt, ein paar langärmlige T-Shirts und Pullover gegen die Kälte in den Bergen sowie völlig überflüssige Regenbekleidung. Als wir weiter landeinwärts vordrangen, wurde das Tal schmaler und führte vor uns zu kahlen Hügeln hinauf, den Ausläufern des Kettengebirges, das von Kolumbien bis zur Drakestraße am Kap Hoorn verläuft.

Ehe wir uns auf den Weg in die Wüste machten, zeigten wir einheimischen Männern am Stadtrand unsere Landkarte. Einer von ihnen, dessen Gesicht aussah wie eine Maske aus nahezu schwarzem Leder, betrachtete sie mit leerem Blick.

»*¿Habla inglés?*«, erkundigte sich Ben.

»*¿Dónde está pueblo?*«, fragte ich.

Nicht die Spur einer Reaktion.

»*¿Cómo se dice … oasis? ¿Aquí?*«

Er hätte ebenso gut taubstumm sein können. Wie nachdrücklich wir auch auf den grünen Fleck deuteten, bei dem es sich der Karte zufolge um eine Oase handelte – »*¿Agua?*« –, in seinen stumpfen grauen Augen war nicht einmal ein Flackern auszumachen. Schließlich schüttelte er den Kopf.

»*No entiendo*«, sagte er und zuckte mit den Achseln.

Wir hielten den anderen die Karte hin und gestikulierten wie die Verrückten, aber auch sie schüttelten den Kopf. Unser Reiseführer-Spanisch war nutzlos.

»*¿Dónde está agua potable?*«

»*¿Está lejos?*«

Offenbar verstanden sie uns nicht.

Wir sagten uns immer wieder: »Die Oase ist auf der Karte eingezeichnet – sie muss dort sein.« Die Männer beobachteten uns, als wir diskutierten, machten aber keine Anstalten einzugreifen. Unsere Verwirrung schien sie nicht einmal zu amüsieren.

Die sieben 46 mal 61 Zentimeter großen Karten umfassten das gesamte Gebiet von der Küste bis zur kontinentalen Wasserscheide. Sie hatten einen sehr großen Maßstab. Zweieinhalb Zentimeter entsprachen etwa 1,2 Kilometer. Sie waren allerdings alt, und wir wussten nicht, wie genau sie waren. Wir schätzten, dass sich der winzige grüne Fleck und die fünf schwarzen Kreise, die, wie wir vermuteten, Wohnhäuser darstellten, in etwa 50 Kilometer Entfernung von der Stadt befanden. Ein Tagesmarsch, allerhöchstens ein Zweitagesmarsch.

20 Minuten nachdem wir die Stadt verlassen hatten, waren wir allein in einer trockenen, staubigen Welt aus Felsen, Schweiß und Schmerz. Die vereinzelten winzigen Kakteen verschmolzen mit der Felslandschaft, und hin und wieder erspähten wir eine Gruppe stacheliger Pflanzen, von denen manche zwei bis drei Meter hoch waren. Ansonsten war keine Vegetation zu sehen, und es gab kein Anzeichen für die Gegenwart von Menschen. Ich ging hinter Scott und Ben, als wir durch die Felswüste marschierten. Der Durchmesser der graubraunen Felsbrocken reichte von 15 Zentimetern und bis zu etwa einem Meter. Die Ebene, die sich bis zu einer gewellten, blass orangefarbenen Hügelkette erstreckte, war mit ihnen übersät, so weit das Auge reichte.

Aus der Ferne erinnerten mich die Hügel an ein zerknittertes, über ein Möbelstück gelegtes Leintuch. Mir fielen einige hellere Flecken auf, bei denen es sich um Felswände aus Sandstein handelte, der aussah wie bleiches, vernarbtes Fleisch. Jenseits der Gebirgsausläufer ragten grau und abweisend wesentlich höhere Berge empor. Zunächst folgten wir einem ausgetrockneten Flussbett durch die Wüste. Der Boden war mit gelblich braunen Steinen und Felsbrocken bedeckt, von denen manche zu Staub zerbröselten und vom unablässigen Wind fortgeweht wurden. Am Spätnachmittag nahmen die Hügel in der Ferne langsam Farbe an und strahlten rot und violett, scharlachrot und blau. Ein ähnliches Schillern hatte ich bereits am Ayers Rock in Australien und an Korallenstränden im Südpazifik gesehen, wenn sie das regenbogenfarbene Licht der magischen Stunde reflektierten.

Ich legte mich mit dem Gedanken schlafen, dass die Landschaft eigentlich wunderschön war – nicht dürr und kahl, sondern minimalistisch. Es war das erste Mal, dass ich mich in einer echten Wüste befand, und ich war überwältigt. Außerdem war ich optimistisch, dass wir in ein paar Tagen die Quelle des Amazonas erreichen würden. Ich hatte eine Schneefläche in 5400 Meter Höhe vor Augen, deren Schmelzwasser über eine Schulter des Berges zum Pazifik floss, über die andere in Richtung Nordosten, wo sich das Grundwasser sammelte und den Apurímac, den Ucayali und schließlich den Amazonas bildete.

Ich schlief unruhig. Immer wieder wachte ich auf und hatte schrecklichen Durst, versuchte aber, mich zu beherrschen. Wir hatten Corire mit sechs Litern Wasser für jeden von uns verlassen, alle drei aber bereits etwa zweieinhalb Liter unseres persönlichen Vorrats verbraucht, ohne viel darüber nachzudenken. Erst heute hatten wir begonnen, uns einzuschränken, und ich wollte etwas Wasser als Notreserve aufsparen, falls sich unsere Kalkulationen als falsch erweisen sollten. Irgendetwas in meinem Hinterkopf mahnte mich hartnäckig zur Rationierung. Noch war mir nicht bewusst, wie sehr wir uns verrechnet hatten.

7. Tag: 19. September 1999

Wir standen in der Morgendämmerung auf, weil wir hofften, der Hitze durch frühes Aufbrechen zu entkommen, und marschierten um 6.30 Uhr im Halbdunkel los. Gegen sieben war die Sonne über die Hügel geklettert, und das Tal verwandelte sich erneut in einen Verbrennungsofen.

Als wir Mittagspause machten, war uns klar, dass die Karte entweder nicht stimmte oder dass wir sie vollkommen falsch lasen. Wir würden die Oase nicht wie erwartet erreichen. Je weiter die Wüste zu den Bergen hin anstieg, desto höher stiegen die Temperaturen und desto langsamer kamen wir voran. Am Ende eines *arroyo*, eines Trockentals, schlugen wir unser Nachtlager auf. Auf beiden Seiten ragten hohe Felswände empor, und die Talsohle bestand aus Stein und Sand. Die Stimmung war auf dem Tiefpunkt, als wir uns hinsetzten und unsere letzten Tropfen Wasser betrachteten.

Ich hatte etwa einen halben Liter übrig und unerträglichen Durst. Wir schätzten, dass wir noch ungefähr 15 bis 20 Kilometer zurücklegen mussten, wobei uns der härteste Aufstieg noch bevorstand. Als wir mit gesprungenen Lippen und ausgetrocknetem Mund dasaßen, wurde uns erst richtig bewusst, wie heikel unsere Lage war. Wenn die Karte nicht stimmte oder wir uns beim Festlegen der Route geirrt hatten, würden wir sterben. Vielleicht hatten wir das falsche Tal genommen.

Ich schlief schlecht und träumte von glitzernden Teichen, die von hohen Zäunen umgeben waren.

9. Tag: 21. September 1999

Sechs Liter Wasser sind eine ganze Menge, aber nicht in einer Wüste, in der ein Klima herrscht wie im Innern eines Wäschetrockners. Das sage ich rückblickend. Keiner von uns hatte Wüstenerfahrung, und wir waren uns nicht wirklich darüber im Klaren, wie viel Wasser unser Körper beim Tragen eines 32 Kilogramm schweren Rucksacks verbrauchen würde. Als wir vom

Meer aus den Flusstälern gefolgt waren, hatten wir uns nicht damit abgegeben, unseren Wasserverbrauch zu kontrollieren: Wenn unser Wasser zur Neige ging, blieben wir einfach stehen und füllten unsere Flaschen wieder auf. Jetzt rächte sich unsere Naivität.

Inzwischen waren wir den dritten Tag unterwegs und hatten keinen Tropfen Wasser mehr übrig. Wir aßen den Rest des Brots und der Erdbeermarmelade, die wir in Corire zum Frühstück gekauft hatten. Auch an diesem Morgen brachen wir früh auf, weil wir hofften, auf diese Weise der schlimmsten Hitze zu entgehen. Es brachte kaum Erleichterung.

Die karge Schönheit der Wüste zog unbemerkt an uns vorüber, und wir sprachen kein Wort miteinander. Bereits um elf Uhr waren wir erschöpft und geröstet. Unser Vertrauen in die Landkarte war gelinde gesagt erschüttert. Wir hatten nicht damit gerechnet, zu diesem Zeitpunkt noch immer unterwegs zu sein. Wenn wir allerdings die charakteristischen Markierungen auf der Karte betrachteten, kamen wir zu dem Ergebnis, dass wir vielleicht erst die Hälfte des Wegs hinter uns hatten. Wir waren uns einfach nicht sicher, wie weit wir noch entfernt waren.

»Was ist, wenn die Oase nicht mehr existiert?«, fragte Ben.

Scott und ich hatten keine Antwort.

Der Karte zufolge hätten wir eine Straße und Dörfer sehen müssen. Seit wir die letzte Farm in Corire hinter uns gelassen hatten, war jedoch keine Spur von Menschen, Maschinen oder Tieren aufgetaucht. Auch sonst gab es einige Diskrepanzen zwischen dem, was in der Karte eingezeichnet war, und der Landschaft, die wir durchquerten. Außerdem hatten wir alle erwartet, inzwischen angekommen zu sein.

Wir gingen trotzdem weiter und erklommen immer steilere Hänge.

Ich trug lange Hosen und ein langärmliges T-Shirt, weil ich hoffte, mich so vor einem Sonnenbrand zu schützen. Dazu trug ich einen modischen, dunkelgrünen Hut mit breiter Krempe, den ich in Kanada gekauft hatte. Ben und Scott trugen Baseballkappen, dreckige Shorts und T-Shirts, dasselbe knallige Outfit, das sie getragen hatten, als wir aufgebrochen waren.

Gegen ein Uhr mittags brach ich das Schweigen. »Ich lasse meinen Rucksack hier.« Ben und Scott blieben stehen und drehten sich zu mir um. Sie nickten und ließen ihre Rucksäcke zu Boden gleiten. Wir setzten uns hin. Scott öffnete eine Dose Thunfisch; wir reichten sie herum und schlürften den Saft, in dem der Fisch eingelegt war. Ein wahrer Göttertrank.

»Wenn wir im nächsten Dorf ankommen, kaufe ich euch eine Cola«, scherzte Scott.

Ben schien eine witzige Antwort auf der Zunge zu haben, schwieg aber, weil es nicht der Mühe wert war. Er wühlte weiter in seinem Rucksack.

Wir packten unsere leeren Wasserflaschen in kleine Rucksäcke und schleppten uns den endlosen Felshang hinauf. Die Schlafsäcke, einige Essensreste, die Rolle mit den Landkarten (bis auf die, auf der unser gegenwärtiger Standpunkt eingezeichnet war), das Zelt, den Kompass, die Taschenmesser, den *Lonely Planet Peru*-Reiseführer, drei Fotoapparate, eine Videokamera, Ersatzbatterien, Videobänder, die wasserdichte Kameratasche und ein umfangreiches Erste-Hilfe-Set ließen wir zurück.

Ohne Rucksack kamen wir etwas leichter voran, doch jeder Schritt erforderte noch immer äußerste Konzentration und Willenskraft. Ein Fuß vor den anderen. Die Wüste erstreckte sich vor uns und stieg steil zu einem Grat an. Dahinter, so glaubten wir, befand sich das Tal mit der Oase. Meine Zunge schwoll immer mehr an und machte das Sprechen unmöglich. Wir stapften in Gedanken verloren dahin.

Die Beine beim Bergaufgehen immer und immer wieder heben zu müssen, war eine Qual. Die Muskeln wollten einfach nicht mehr reagieren. Eine Rast einzulegen half auch nichts. Anders als bei Müdigkeit brachte eine Pause weder Erleichterung, noch linderte sie die Schmerzen in den brennenden Muskeln. Vielmehr machte sie uns den Ernst der Lage nur noch deutlicher. Ich wollte nicht mehr weitergehen, aber ich wollte auch nicht stehen bleiben. Letzteres hätte unweigerlich einen qualvollen Tod bedeutet.

Es dauerte scheinbar ewig, bis wir endlich den Gipfel erreichten. Der Ausblick war enttäuschend und beängstigend. Ich traute meinen Augen nicht. In unserer Karte war auf der anderen Seite des Kamms eine Oase eingezeichnet. Wir waren den ganzen Tag zu diesem Kamm hinaufgeklettert. Den ganzen Tag. Und jetzt waren wir angekommen. Waren wir tatsächlich da?

Nein. Wir waren noch nicht ganz oben angelangt. Wir hatten noch nicht den Kamm erklommen. Wir hatten eine Anhöhe bestiegen, eine Art Höcker auf dem Weg zum Scheitelpunkt des Haupthangs in der Ferne. Während wir den Hügel hinaufwanderten, stieg das Land außerhalb unserer Sichtweite den ganzen Tag weiter an. Vor uns lag ein weiterer langer, steiler und kahler Hang, der noch höher hinaufführte.

Ich hätte geheult, wenn mein Körper diese bescheidene Verschwendung von Flüssigkeit erlaubt hätte. Ich stellte mir vor, dass das der Zeitpunkt war, wenn sich der Typ aus der Fernsehsendung *Lonely Planet* hinsetzt und mit seinem Satellitentelefon Hilfe ruft. Unser Budget ließ solche Annehmlichkeiten nicht zu. Au! Die überbeanspruchten Muskeln in meinem rechten Bein verkrampften und verspannten sich, und es fing an, unkontrolliert zu zittern wie ein Presslufthammer. Der Haufen Gepäck, den wir zurückgelassen hatten, lag winzig und verloren hinter uns in der flimmernden Hitze. Nirgendwo am 360-Grad-Horizont konnte ich einen Grashalm entdecken, der auf Wasser hindeutete. Wir befanden uns in einer der trockensten und abgelegensten Gegenden des Globus, und ich hatte keinen blassen Schimmer, was wir tun sollten.

Wir hatten kein Wasser mehr und kamen langsam vor Hitze um, während die Sonne erbarmungslos und unbeirrt vom aquamarinblauen Himmel auf uns herabstarrte. Wenn wir mehr Geld zur Verfügung gehabt hätten, wären wir nicht in diese Situation gekommen. Wir hätten telefonisch Hilfe holen können. Wenn wir uns besser vorbereitet hätten, wären wir nicht in diese missliche Lage gekommen. Wir hätten mehr Wasser gekauft.

»Ich glaube, die Karte stimmt nicht«, sagte Ben.

Scott und ich lächelten. »Mach keine Witze«, erwiderte ich.

»Das meine ich ernst«, beteuerte er.

Es gab nichts mehr zu sagen. Wir marschierten weiter zur nächsten Anhöhe. Allerdings kamen wir nur im Schneckentempo voran, und der Grat wollte einfach nicht näher kommen. Mir schossen merkwürdige Gedanken durch den Kopf, die überhaupt nichts mit der Situation zu tun hatten.

»Die Karte stimmt nicht«, wiederholte Ben noch einmal.

»Ja«, erwiderte ich. »Das wissen wir.«

»Nein, wir sollten mehr nach Osten gehen«, sagte er. Scott und ich sahen uns an. »Lasst uns noch mal nachsehen.«

Wir holten die Karte heraus und starrten sie konfus an. Der Wassermangel hatte mich so aus der Bahn geworfen, dass ich nicht mehr schlau daraus wurde. Scott und Ben erging es genauso. Wir hatten Schwierigkeiten, uns zu konzentrieren oder einen klaren Gedanken zu fassen. Nach kürzester Zeit musste ich den Blick von der Karte abwenden, da die Symbole vor meinen Augen verschwammen. Ich vertraute meiner ursprünglichen Auffassung und bestand darauf, dass wir in derselben Richtung weitergingen.

»Nein«, protestierte Ben: »Wir müssen weiter nach Osten. Wenn wir in diese Richtung weitergehen, verfehlen wir die Oase.«

»Das glaube ich nicht«, sagte ich.

Ich war zu müde, um zu diskutieren, und mein Kopf widersetzte sich jeder Vernunft. Scott stand mit offenem Mund da. Ich beharrte darauf, dass wir dieselbe Richtung beibehielten, und sagte das immer und immer wieder. Scott hatte gar keine eigene Meinung, entschied sich aber dafür, mir zu folgen. Da Ben nicht allein einen anderen Weg einschlagen wollte, schloss er sich uns entmutigt an. Glücklich war er dabei allerdings nicht.

»Die Karte stimmt nicht«, murrte er abermals.

»Mach keine Witze!«, sagte ich wieder.

»Von wann sind sie eigentlich?«, wollte er wissen.

»Die Karten?«

»Was denn sonst?«

»Der alte Knabe hat gesagt, dass sie anhand von 50 Jahre alten Luftaufnahmen erstellt wurden. In der Ecke steht: ›Aktualisiert 1951‹.«

»Sie basieren auf 50 Jahre alten Luftaufnahmen!«, schrie Ben. »Wir hätten mehr Geld für Karten ausgeben sollen, aber nein.«

Er geriet immer mehr in Rage.

»Es hat schon einiges nicht gestimmt«, fügte er hinzu. »Was ist, wenn es die Oase gar nicht gibt?«

»So darfst du nicht denken.«

Es war schwierig, nicht so zu denken. Ich erinnerte mich an Szenen aus schlechten Filmen, in denen ausgetrocknete Männer, die kurz vor dem Verdursten sind, durch Sandwüsten taumeln und kriechen. Bevor wir aufgebrochen waren, hatte ich keinen Gedanken daran verschwendet, dass wir verdursten und vielleicht nicht einmal die Quelle des Amazonas erreichen würden.

Als ich über die Felswüste blickte, dachte ich: Was für ein Schlamassel! Meine Lippen fingen an zu bluten. Ich hatte nicht einmal mehr die Kraft zu jammern. Die glühend heiße Sonne brannte, und die zermürbende Routine ging weiter – linkes Bein vor, rechtes Bein vor, linkes Bein vor …

Zwei Wochen zuvor hatte ich mit meiner Mutter und meinen Schwestern in Alberta in Kanada fast ganz oben auf der nordamerikanischen Great Divide gestanden. Ganz in der Nähe, in den Gebirgsausläufern der Rocky Mountains, drehte Clint Eastwood *Erbarmungslos*. Wir hatten darüber gesprochen, was für eine wunderbare Reise mir bevorstand, was ich dabei lernen würde und wie viel Spaß wir haben würden. Jetzt betete ich, dass wir irgendwo jenseits des Bergkamms eine Oase finden würden – oder mein Ende war besiegelt.

Ich blieb stehen und holte eine leere Flasche heraus. Ich hatte gehört, dass manch einer aus Verzweiflung seinen eigenen Urin getrunken hat, und beschloss, es zu versuchen. Meine Blase fühlte sich leer an, und ich musste pressen, um Urin zutage zu fördern.

Die Halbliterflasche füllte sich etwa zu einem Viertel mit schokoladenbrauner Flüssigkeit. Mein Harn war so konzentriert, dass er die Farbe von Guinness-Bier hatte. Ich setzte die Flasche an die Lippen, doch der Ammoniakgeruch schnürte mir die Kehle zu. Ich war nicht imstande zu trinken und verstaute die Flasche wieder im Rucksack – vielleicht später.

Wir erreichten einen zweiten Grat – und wieder wurden wir von einer Senke begrüßt, hinter der sich der ansteigende Hang fortsetzte. Wir gaben alle Hoffnung auf. Vor uns war eine weitere Kammlinie zu sehen, aber woher sollten wir wissen, ob es sich dabei tatsächlich um den Gipfel handelte, hinter dem die Oase lag? Vielleicht nahmen die trockenen, kahlen Hänge einfach kein Ende. Vielleicht setzten sie sich ewig fort.

Wir blieben etwa 20 Minuten lang entmutigt sitzen. Ich war nicht mehr in der Lage, einen klaren Gedanken zu fassen. Mein Kopf drehte sich, und mir war nur noch eine Sache bewusst – mein Durst. Ganz in der Nähe wuchs ein Kaktus – ein großer, saftiger Kaktus. Ich taumelte auf ihn zu und schlitzte ihn mit meinem Messer auf.

»Tu das nicht«, warnte mich Ben.

Ich ignorierte ihn. Aus der Wunde lief eine halb durchsichtige, blassgrüne Flüssigkeit, und ich leckte sie auf. Einige Sekunden vergingen, ehe ich in Mund und Rachen ein Brennen spürte.

»Au!«

Ich trat einen Schritt zurück und spuckte aus, was ich noch im Mund hatte.

»Ich glaube nicht, dass das Zeug giftig ist«, sagte Ben.

»Gehen wir einfach weiter«, fügte Scott hinzu.

Wir torkelten weiter bergauf zum nächsten Grat. Ben brummte noch immer vor sich hin, dass wir in die falsche Richtung gingen. Ich drehte mich zu einem weiteren großen Kaktus und sagte: »Wir ändern die Richtung nicht, Ben. Sei still und geh weiter.«

Es dauerte einen Moment, bis ich merkte, dass ich gar nicht mit Ben sprach. Er und Scott lachten. Mein Hirn war im Eimer. Konzentrier dich, sagte ich mir. Linker Fuß, rechter Fuß, linker Fuß. Meine Beine bewegten sich nur noch langsam, und ich fing an zu halluzinieren.

»Reiß dich zusammen«, sagte Ben. »Die Oase kann nicht mehr weit sein. Reiß dich zusammen.«

Wenn mich Ben und Scott nicht motiviert hätten, hätte ich mich hingesetzt und aufgegeben. Ich wünschte mir nichts mehr, als einfach zusammenzubrechen.

Man kann kaum noch gehen, wenn man dehydriert ist und die Gelenke anschwellen, aber wir schafften es, unseren Weg fortzusetzen. Die Zeit verstrich, und wir gewannen langsam Höhe. Und trotzdem, je näher wir dem nächsten Grat kamen, desto mehr sträubten wir uns zu glauben, dass es sich um den Gipfel handelte. Auf den letzten 15 Metern hielt ich den Blick gesenkt, aus Angst davor, eine weitere Steigung zu Gesicht zu bekommen.

Doch das war nicht der Fall. Der Boden fiel in ein Tal ab. Ich erklomm den Kamm, blickte zum Horizont und sah eine violette Wand aus Bergen, deren Gipfel in Wolken gehüllt waren. Dann ließ ich den Blick über die Berghänge in der Ferne nach unten ins Tal wandern. Die wellige Landschaft färbte sich braun, kupferfarben, bronzefarben, ockerfarben – trocken, trocken, trocken.

Mein Herz hörte auf zu schlagen, als ich den Blick noch weiter senkte. In Panik suchte ich das Tal ab, bis ich den grünen Fleck entdeckte. Da war sie! Eine Bilderbuchoase mitten in der Hochwüste. Aus Südwesten schlängelte sich eine schmale unbefestigte Straße herauf, die bei der Oase scharf zu den Bergen abknickte – genau wie es auf der Karte eingezeichnet war. Es war keine Fata Morgana. Ich wusste, dass es keine war.

Wir grinsten uns an, und unsere Lippen sprangen auf.

Wir steigerten unser Tempo und stolperten und torkelten das sanfte Gefälle zur Oase hinab. Man möchte nicht glauben, wie einladend ein veralgter Tümpel voller Mückenlarven aussehen kann. Vor Freude jauchzend ließen wir uns hineinfallen.

Am Leben zu sein! Ja! Deshalb waren wir gekommen. Um den Moment in vollen Zügen zu genießen, völlig außer uns vor Begeisterung, dass wir am Leben waren. Wir hatten es geschafft. Ich hätte mir nichts Befriedigenderes vorstellen können, als ich in dem lauwarmen Tümpel lag. Na ja, ein paar Dinge vielleicht, aber in diesem Moment konnte nichts mithalten.

Noch nie zuvor hatte mir Wasser so gut geschmeckt wie die klumpige grüne Brühe, die ich mit den Händen schöpfte und in mich hineinschlürfte. Vergiss Krankheiten! Während der folgenden Stunden, in denen ich glücklich in Gedanken versunken im Schatten eines Eukalyptusbaums lag, rehydrierte ich langsam. Nur darum ging es – hier und jetzt zu leben, ganz und gar in der Gegenwart, und sich jedes Moleküls in seinem Körper bewusst zu sein. Ja!

Es war noch immer mitten am Nachmittag, und als wir das Gefühl hatten, uns ausreichend erholt zu haben, beschlossen wir, unsere Rucksäcke zu holen. Wir waren überrascht, wie schnell wir den Hang hinunterhüpfen, die Rucksäcke holen und mühelos auf derselben Route zurückkehren konnten, die uns nur wenige Stunden zuvor qualvoll schwierig erschienen war.

Zurück bei der Oase, entdeckten wir eine Hand voll baufälliger Behausungen, deren argwöhnische Bewohner sich weigerten, uns etwas zu essen zu verkaufen. Huanco, so der Name der Oase, bot uns nur Wasser. Doch wir schwebten nicht in Gefahr zu verhungern. Wir hatten noch etwas Reis und Suppe übrig, und nach Aussage der Einheimischen befand sich nur fünf Kilometer entfernt an der Straße ein weiteres, größeres Dorf.

Am Abend saß ich unglaublich zufrieden da und blickte auf das Kreuz des Südens, das an einem mit Sternbildern verzierten Himmel hing, den New York und Europa so nie zu sehen bekommen werden. Dieselben Sterne hatten auch die portugiesischen, spanischen und englischen Entdecker zu ihrem Ziel geführt. Ich wusste, dass sie auch mir den Weg zu meinem Ziel wiesen.

An jenem Tag wären wir beinahe ums Leben gekommen. Ich gestand es mir nur ungern ein, aber genau aus diesem Grund waren wir hier – weil uns regelmäßige Adrenalinstöße ebenso wichtig waren wie die Fahrt auf dem Fluss. Bevor wir an unserem Ziel anlangten, würden wir das Schicksal immer und immer wieder herausfordern. Uns stand eine gigantische Wildwasserfahrt bevor. Nachdem auf den Straßen heutzutage zu viel Verkehr für eine anständige Hockeypartie herrscht, müssen sich junge Leute eben anderswo einen Kick holen, nicht wahr?

Morgen, dachte ich, werden wir aufstehen und unsere Reise zum Quehuishua, zum Mismi und zur heiligen Geburtsstätte des Amazonas fortsetzen. Inzwischen konnte ich es kaum mehr erwarten, zum Fluss zu kommen. Ich freute mich auf die sechs Wochen, die wir benötigen würden, um 900 Kilometer des gefährlichsten Wildwassers der Welt zu befahren. Egal, was geschah – wir konnten in tosende Strudel geschleudert oder von heftigen Turbulenzen und Strömungen umhergewirbelt werden –, egal, wie uns der Fluss oder das Land mitspielten, wir würden nicht verdursten.

10. Tag: 22. September 1999

Wir standen früh auf und marschierten die gewundene, unbefestigte Straße entlang, die von der Oase weg in die Anden hinauf und weiter nach Arequipa führte. Es dauerte nicht lange, bis sich die Straße in ein Gewirr von Serpentinen verwickelte, als sie die Steigung erklomm. Manchmal kletterten wir die immer steiler werdenden Hänge hinauf, um die mühsamen Schlangenlinien der Hinterland-Hauptverkehrsstraße zu umgehen. Der Anstieg war hart und strapaziös. Wir bewegten uns wie Krebse vorwärts.

Meine Gedanken wanderten, während ich dahinmarschierte. Eine Unterhaltung zwischen uns dreien schien überflüssig. Wir hatten bereits so viel Zeit miteinander verbracht, dass wir das Gefühl hatten, die Gedanken des anderen zu kennen. Das war natürlich nicht der Fall. Wir unterschieden uns voneinander – genau wie alle anderen Menschen auch.

Ich dachte viel über die spanischen Konquistadoren nach, die als erste Europäer Südamerika durchquerten. Ihre direkten Nachfahren haben noch heute auf dem ganzen Kontinent Machtpositionen inne. Wie hart und skrupellos sie gewesen sein mussten – ohne Landkarten und ohne zu wissen, was vor ihnen lag. Doch im Vergleich zu den Einheimischen verfügten sie über eine überlegene Ausrüstung – über Pferde, Wagen, Rüstungen aus Metall und allem voran über Schießpulver.

Den Geschichtsbüchern zufolge war Francisco Pizarro der Erste, der in Peru ankam. Er ist für Südamerika, was Christoph Kolumbus für Nordamerika ist. Jedes Kind kann einem hier sagen, was er getan hat – und der Kontinent ist seitdem nicht mehr derselbe. Die Meinungen über Pizarro sind geteilt. Manche sehen in ihm den Vorboten der westlichen Zivilisation, andere einen Barbaren, der eines der fortschrittlichsten und kultiviertesten Imperien, das die Neue Welt hervorgebracht hat, plünderte und zerstörte.

Alle Reiseführer und Lexika geben die wichtigsten Stationen in seinem Leben wieder. Pizarro (1476-1541) verließ 1507 Spanien, um zu den Westindischen Inseln zu segeln. Etwa ein Jahrzehnt lang lebte er auf Hispaniola, dem wichtigsten spanischen Stützpunkt in der Neuen Welt. 1513 fungierte er als Vasco Núñez de Balboas oberster Befehlshaber bei der legendären Expedition des spanischen Militärs durch den Isthmus von Panama zum Pazifischen Ozean. Nach der Gründung von Panama-Stadt wurde Pizarro zu einem der mächtigsten und wohlhabendsten Mitglieder der Führungsschicht.

Von Panama aus setzte Pizarro die Erkundung der Nordwestküste Südamerikas fort, in der Absicht, Gerüchten über ein indianisches Reich aus Gold auf den Grund zu gehen. Der heftige Widerstand der Einheimischen hinderte ihn jahrelang daran, die sagenhaften Inka zu finden. Doch Pizarro suchte so beharrlich weiter, wie es nur jemandem möglich ist, der von Gier besessen oder dem Goldrausch verfallen ist, und hatte schließlich Ende 1527 oder Anfang 1528 Erfolg. Man kann sich vorstellen, wie beeindruckt er gewesen sein muss, als er die Puzzle-Architektur der Inkastädte erblickte. Die Inka bauten ohne Mörtel mehrstöckige Gebäude aus Stein, die sogar den Erdbeben in dieser geologisch jungen Region standhielten. Aufgrund der Ruinen, die ich bislang auf unserer Reise zu Gesicht bekommen hatte, und der allgegenwärtigen Fotos von Machu Picchu, die ich im Lauf der Jahre gesehen habe, weiß ich ungefähr, wie diese Städte aussahen.

Während ich durch eine geschichtsträchtige Landschaft marschierte, auf einer Straße, die vermutlich schon damals benutzt worden war, konnte ich mir nicht den Gedanken verkneifen: Hier ist genau der Ort, an dem eine Monty-Python-Figur auftaucht und sagt: »Mann, das ist lebendig gewordene Geschichte, nicht wahr?«

Obwohl die Inka nie die Schrift erfanden, waren sie ein kultiviertes Volk mit einer vielschichtigen Gesellschaft, fortschrittlichen Gemeinschaftseinrichtungen und einer effizienten Staatsregierung, die in der Hauptstadt Cuzco, der angeblich ältesten Stadt von Nord- und Südamerika, schaltete und waltete. Ihr Staat erstreckte sich an der Westküste über mehr als 4000 Kilometer und umfasste Teile des heutigen Kolumbiens, Ecuadors, Boliviens, Chiles und Argentiniens. Wie die Römer erkannten auch die Inka, dass ein Imperium eine Infrastruktur erforderte. Sie schufen ein öffentliches Straßen- und Wegesystem und unterhielten ein ausgeklügeltes Verwaltungssystem, dessen Mitarbeiter mittels verknüpften Schnüren, den Quipus, kommunizierten und sich mit Hilfe eines komplizierten Codes aus Knoten und farbigen Fäden Informationen übermittelten.

Pizarro erkannte sofort, dass eine derart straff organisierte politische Struktur Wohlstand bedeutete. Er kehrte nach Spanien zurück und überredete König Karl I., ihn zum Gouverneur von Peru zu ernennen, sammelte eine Menge Geld und machte sich wieder auf den Rückweg, um sein neues Besitztum zu melken. 1531 segelte Pizarro mit etwa 180 Mann von Panama-Stadt los, ging im heutigen Ecuador an Land und begann seinen Eroberungsfeldzug. Die Spanier kämpften sich nach Süden vor und folgten dem Inka-

Wegesystem bis ins Herz des Imperiums. Mit Schwertern, Pferden und einem oberflächlichen Wissen vom Umgang mit Musketen metzelten sie die Inka nieder.

Gegen Ende des Jahres 1533 kontrollierten Pizarro und seine Armee das gesamte Imperium einschließlich Cuzco. Zwei Jahre später gründete Pizarro Lima, das zum Regierungszentrum Südamerikas wurde, als die spanischen Streitkräfte einheimische Schätze plünderten und sich Gold- und Silberminen aneigneten. Als die Konquistadoren eintrafen, gab es etwa sechs Millionen Inka; innerhalb der ersten 50 Jahre der Eroberung ging ihre Zahl auf weniger als zwei Millionen zurück.

Von Peru aus drangen die spanischen Siedler nach Süden und Osten vor. In diese Zeit fallen auch die ersten Versuche, den Kontinent auf dem Landweg zu durchqueren, um eine einfachere Route zurück nach Europa zu finden. Diese Bemühungen stellten die historischen Wurzeln unserer Reise dar. Wir traten in die Fußstapfen von Francisco de Orellana, dem ersten Konquistador, der den Kontinent durchquerte, wenngleich wir eine etwas südlichere Route wählten. Als Orellana 1542 den Napo hinabfuhr, war er der erste Europäer, der das Amazonas-Flusssystem befuhr. Einer seiner Begleiter, der Mönch Gaspar de Carajal, gab dem Amazonas mit seinem fantasiereichen Bericht über Kriegerinnen seinen Namen. Er behauptete, die Frauen seien »auffallend hellhäutig und groß, tragen langes, zu Zöpfen geflochtenes und um den Kopf geschlungenes Haar, sind äußerst kräftig gebaut und bis auf ihre bedeckten Geschlechtsteile nackt. Mit Pfeil und Bogen bewaffnet, ist jede von ihnen im Kampf zehn indianischen Männern ebenbürtig.«

Ich konnte verstehen, warum der gute Mönch von solchen Visionen heimgesucht wurde. Als ich mit schmerzenden Schultern und einem Rucksack voller moderner Juwelen die Anden erklomm, erschienen mir die spanischen Eroberer und ihre Zeitgenossen wie wahre Helden – Männer, die in der Lage waren, körperliche und seelische Strapazen auszuhalten, die kein moderner Mensch ertragen würde.

Wir bahnten uns den Weg durch die graubraune Landschaft wie auf einer Tretmühle. Aufwärts, aufwärts, aufwärts ging es auf der Schräge, die sich scheinbar ins Unendliche erstreckte. Stunden vergingen, und wir hatten den Eindruck, nicht von der Stelle zu kommen. Zumindest der Hintergrund schien sich nicht zu bewegen oder zu verändern. Vielleicht lag es daran, dass jeglicher Kontrast fehlte. Die Umgebung glich einem sepiafarbenen Druckmuster – einem braun getünchten, gemaserten Steingarten. Es gab zwar Kakteen, doch sie hoben den unwirklichen, dalíesken Charakter der Landschaft noch stärker hervor. Vielleicht lag es aber auch daran, dass ich unbedingt zum Fluss kommen wollte. Im Gegensatz zu den Eroberern hatten wir ein Ziel. Wir befanden uns in etwa 2700 Meter Höhe und atmeten noch ziemlich problemlos. Die Gipfel der ersten Bergkette, die wir am nächsten Tag zu überqueren hofften, waren ungefähr 4200 Meter hoch. Sie würden den ersten echten Test für uns bedeuten und zeigen, wie wir auf die dünne Luft und den Mangel an Sauerstoff reagierten. Uns war bewusst, dass wir ein Risiko eingingen, wenn wir die Wasserscheide erklommen, ohne uns Zeit zum Akklimatisieren zu nehmen.

Als wir in größere Höhen kamen, tauchten zunächst kleine Gebirgsblumen auf, später größere. Wir sahen Pflanzen mit leuchtend gelben Blütenblättern, die an Kapuzinerkresse erinnerten, und andere mit kleineren, zarteren Blüten in Rosa, Violett oder Rot. Die Farbkleckse wirkten im monochromen, wüstenartigen Hochland irgendwie fehl am Platz.

Neun Stunden nachdem wir von Huanco aufgebrochen waren, erreichten wir den Grat des nächsten größeren Bergkamms und standen vor einem Plateau. Bis zu dem Dorf, von dem man uns erzählt hatte, waren es noch etwa fünf Kilometer. Wir kniffen die Augen zusammen und suchten den Horizont ab. Scott entdeckte unregelmäßige, offenbar von Menschenhand geschaffene Gebilde, und wir betrachteten sie als unser Ziel. Als wir uns näherten, konnte ich sechs rundliche Gebäude erkennen, doch es war kein Lebenszeichen auszumachen – keine Menschen, kein Hundegebell, nichts. Anstelle üppiger Felder fanden wir eine Landschaft vor, die ebenso trocken und karg war wie der Hang, den wir gerade erklommen hatten.

Die Ansiedlung war ganz offensichtlich verlassen worden. Ich stöhnte, ließ die Schultern sinken und meinen Rucksack zu Boden gleiten. Die Häuser, die jeweils einen Durchmesser von etwa drei Metern hatten, waren heruntergekommen und halb verfallen. In den locker aus Steinen aufgeschichteten Wänden prangten Risse und Löcher. Auf den Mauern befanden sich baufällige Gerüste aus getrockneten Kakteen, die einst mit Dachstroh gedeckt gewesen waren.

Ich ging von einem Haus zum nächsten, in der Hoffnung, Essenvorräte zu finden – eine Dose Bohnen, irgendetwas. Doch auch von innen waren alle Häuser gleich: dunkel, schmutzig und leer.

Scott und Ben schlugen unser Lager auf, während ich mich auf die Suche nach Wasser machte. Unmittelbar unterhalb des Dorfs fand ich einen ausgetrockneten Bach. Ich nahm an, dass die Gegend verlassen worden war, als das Wasser versiegte. Vielleicht nutzten aber auch nomadische Hirten die Ansiedlung, wenn es mehr Wasser gab. Ich folgte dem ehemaligen Bach bis zu einer Spalte in einer nahe gelegenen Felswand. Das Wasser hatte im Lauf der Jahrhunderte einen Cañón in den Fels gegraben.

Ich trat in den *arroyo*, dessen Wände so hoch waren, dass kein Sonnenstrahl bis zum Boden vordrang. Im Innern war es fast dunkel, und die Luft war merklich kühler. Die Felswände standen so eng und ragten so hoch empor, dass ich das Gefühl hatte, mich in einer Höhle zu befinden. Der Abstand zwischen den Wänden betrug ungefähr zwei Meter. Den grauen Boden des Cañóns hatte das Wasser blank geschliffen. Ich genoss die Pause von der sengenden Hitze und drang weiter vor. Wenn es in dem Cañón Wasser gäbe, würden hier doch bestimmt Menschen leben, dachte ich. Schließlich wurde in Peru jeder Quadratzentimeter fruchtbaren Bodens bebaut. Lama-Hirten lebten in 4500 Meter Höhe, und Landwirte bauten in Wüstenregionen in der Nähe winziger Quellen Getreide an.

Der Cañón grub sich in Schlangenlinien in den Berghang hinein. Ich blickte nach oben auf den gezackten Streifen Azurblau. Plötzlich flatterten hunderte, vielleicht sogar tausende aufgeschreckter Vögel schreiend und kreischend an mir vorüber – Andengänse, Kormorane, Seeschwalben, Blässhühner und andere Arten. Sie schienen einfach überall zu sein, als sie in Panik flohen. Wow! Wie in Hitchcocks *Die Vögel*!

Ich ging tiefer in den Cañón hinein, der ein natürlicher Garten war. Die kühle, feuchte Luft und die Unmengen Dünger ließen eine Fülle von Pflanzen gedeihen. Von einigen Felsvorsprüngen hing Spanisches Moos herab. Der Vogelmist, der sich über Jahre angesammelt hatte, bedeckte die gesamte sichtbare Felsfläche und hing wie grauer Zuckerguss von den oberen Rändern des Cañóns. Blumen blühten in allen Farbtönen. Kletterpflanzen krochen über die Felsen, und es wuchsen sogar kleine Büsche. Vor mir sah ich einen Tümpel mit bleiernem Wasser. Es füllte eine tiefe Mulde, die ein längst verstummter Wasserfall in den Boden des Cañóns gegraben hatte. Das Wasser war hellgrün, voller Algen und roch verfault. Vermutlich handelte es sich um die Überreste eines vor Jahren eingetrockneten Bachs oder der Regenfälle einen Monat zuvor.

Ich kehrte in unser Camp zurück, um Ben und Scott Bericht zu erstatten.

Bei Reis und Suppe zum Abendessen diskutierten wir unsere Situation. Wir hatten noch einen Liter Wasser übrig, und nach Huambo, dem nächsten Ort auf der Landkarte, waren es noch 40 Kilometer. Bis dorthin gab es nicht einmal eine Farm. Da wir unsere beinahe tödliche Erfahrung in der Wüste nicht wiederholen wollten, beschlossen wir, uns am nächsten Tag nur von Reis zu ernähren. Wir wollten einen ganzen Berg davon zum Frühstück kochen und ihn mittags und abends kalt essen. Ben und ich beabsichtigten, in den Cañón zu gehen, um das Wasser unter die Lupe zu nehmen.

Ben staunte nicht wenig, als wir von der Wüste in den kühlen, farbenfrohen Cañón traten. Wieder flohen die Vögel und erschreckten uns. Der bleierne Tümpel schimmerte im dämmrigen

Licht wie Jade. Wir beschlossen, das Wasser durch ein T-Shirt zu filtern, es dann mit unserem Wasserfilter zu seihen und es anschließend abzukochen. Bens größte Sorge waren hitzebeständige Giftstoffe.

Der erste Schritt funktionierte ziemlich gut. Das T-Shirt entfernte eine Menge Dreck, doch das Wasser sah anschließend immer noch aus wie dunkles Olivenöl. Der Schmutz setzte sich in unserem Wasserfilter fest, und er verstopfte bereits beim zweiten Mal Nachschütten. Auch kräftiges Schrubben machte ihn nicht mehr durchlässig. Also blieb nur noch das Abkochen. Wir stellten den Topf aufs Feuer. Nachdem das Wasser 20 Minuten lang kräftig gebrodelt hatte, nahmen wir den Topf aus den Flammen und ließen ihn abkühlen. Das Wasser nahm dabei eine kastanienbraune Färbung an. Es sah abscheulich aus.

Scott nahm den ersten Schluck und spülte ihn im Mund hin und her, ehe er ihn hinunterschluckte. »Schmeckt wie Scheiße, Jungs«, sagte er vergnügt. »Die Frage ist: Bringt es mich um?«

Ben und ich zuckten mit den Achseln. Wir ließen den Topf herumgehen, und jeder nahm einen Schluck. So schlimm schmeckte das Wasser nun auch wieder nicht – es hatte einen leichten Fischgeschmack, allerdings nicht ganz so intensiv und aufdringlich wie asiatische Fischsoße.

»Wenn man bedenkt, dass da mehr Vogelmist drin ist als Wasser, schmeckt es gar nicht so übel«, meinte Ben, dem Wasser vom Kinn tropfte. »Vielleicht sind die Algen ja nahrhaft.«

Wir wiederholten die Prozedur, füllten unsere Wasserflaschen und kochten anschließend mit dem Wasser Reis und Suppe. Der nächste Tag würde lang werden, und ich freute mich nicht besonders auf ihn.

11. Tag: 23. September 1999

Ich wachte um fünf Uhr auf und entfachte das Feuer, das Scott in der Nacht zuvor gemacht hatte. Die Luft war bitterkalt, und ich wäre am liebsten in den kochenden Reis geklettert, um mich aufzuwärmen. Ben und Scott standen auf, als der Reis fertig war, und wir aßen große, dampfende Schüsseln. Den Rest verstauten wir mitsamt Topf in Bens Rucksack.

Am Horizont war ein schwacher Schimmer perlmutterfarbenen Lichts zu sehen. Bis zur Morgendämmerung war es nicht mehr lange hin.

Wir erreichten den Gipfel gegen elf Uhr vormittags. Zur Feier des Tages holte Scott den Reis heraus, und wir schlangen die geschmacklosen Kohlenhydrate gierig hinunter. Ich rang nach Atem. Auf unserer nächsten Etappe würden wir ein Stück bergab in den berühmten Cañón del Colca marschieren, und ich konnte es kaum erwarten, wieder richtig Luft zu holen.

Auf der anderen Seite des Bergkamms gab es mehr Leben. Hin und wieder entdeckten wir Tiere – einen Fuchs, der am Rand des Gebüschs entlangtrottete, ein paar *vizcacha* (chinchillaähnliche Nagetiere), die sich auf den Felsen sonnten, ein grasendes Vikunja – eine Lamaart – oder eine Eidechse, die den Tag genoss. Am Spätnachmittag knurrte mein Magen ununterbrochen und verlangte nach mehr als Reis. Was hätte ich für ein gutes thailändisches Restaurant gegeben! Ich fragte mich sogar, wie die *vizcacha* wohl schmecken, wenn man sie langsam an einem Spieß grillte, bis sie überall gleichmäßig durch und knusprig waren. Vermutlich wie Kaninchen. Vielleicht aber auch wie Ratte.

Sechs Tage waren vergangen, seit wir Corire verlassen hatten. Eigentlich hatten wir uns nach nur zwei bis drei Tagen mit neuem Proviant eindecken wollen. Diese Fehlkalkulation hatte zur Folge, dass wir unser Essen stark rationieren mussten. Die Aussicht auf einen Schokoriegel oder eine Cola ließ mir das Wasser im Mund zusammenlaufen.

Als wir in Huambo ankamen, ging die Sonne gerade unter. Kinder liefen neben uns her, plapperten auf Spanisch, und lotsten uns hierhin und dorthin. Vielleicht beschimpften sie uns ja auch wie wild. Wer weiß? Sie führten uns auf Kopfsteinpflasterstraßen an stattlichen Häusern aus Lehmziegeln vorbei. Ein alter Mann schloss sich mit seinem Esel unserer Prozession an, als diese lautstark auf den Hauptplatz der Stadt strömte. Eine beeindruckende Steinkirche dominierte den Platz, daneben gab es zwei Cafés. Wir betraten das näher gelegene und ließen uns auf den drei Stühlen nieder, die um einen einzelnen Holztisch standen.

Eine ältere Einheimische begrüßte uns mit einem freundlichen Lächeln.

»*Hola.*«

Wir bestellten das Menü des Tages, und sie brachte jedem einen großen Teller Suppe, einen Teller mit Reis, garniert mit Huhn-Getreide-Eintopf, hart gekochte Eier und ein Glas Orangensaft. Zum Nachtisch gab es ein Sublime, einen kleinen, quadratischen Schokoladenriegel mit Erdnüssen, hergestellt von Nestlé in Peru. Nachdem wir uns tagelang fast ausschließlich von Reis ernährt hatten, schmeckten die Schokoriegel himmlisch.

Wir saßen auf den Holzstühlen, umgeben von Lehmwänden, an denen zur Dekoration einige Regale mit indianischem Getreide und getrockneten Kürbissen hingen, und rechneten nach, wie weit wir bereits gekommen waren. Die alte Dame warf einen Blick auf unsere auf dem Tisch ausgebreitete Karte und kicherte, als sie Huambo entdeckte. Von Camaná bis Huambo waren es fast 200 Kilometer. Wir kamen gut voran. Huambo gehört zu einer Reihe von Ortschaften am Rand des Cañón del Colca.

Bevor wir gute Nacht sagten, kauften wir der Wirtin Nahrungsmittel ab und leisteten uns etliche Sublimes für unterwegs. Wir campierten unmittelbar außerhalb der Ortschaft.

12. Tag: 24. September 1999

Ich wachte gegen acht Uhr auf und kroch aus dem Zelt. Der Ausblick überwältigte mich. Bis vor kurzem galt der Colca als der tiefste Cañón der Welt – sein Boden befindet sich an einer Stelle 3200 Meter unterhalb seiner Oberkante. Doch jüngsten Erkenntnissen zufolge ist der nahe gelegene Cañón del Cotahuasi noch tiefer.

Ob der Colca nun der tiefste oder der zweittiefste Cañón der Welt ist, spektakulär ist er in jedem Fall. Wir hatten ihn bei unserer Ankunft aufgrund der Dunkelheit nicht gesehen. Bei Tageslicht tat er sich vor meinen Augen auf – eine gigantische Schlucht, die den Grand Canyon verschlucken könnte. Ich hatte das Gefühl, ins Erdinnere zu blicken. Steile, zerklüftete, zimtfarbene Felsen fielen in die Dunkelheit ab. Der Río Colca, der vermutlich am Boden der Schlucht floss, war nicht zu sehen. Die Sonnenstrahlen bohrten sich in den Cañón, wurden jedoch weiter unten in einem Meer aus Schatten verschluckt. Die Wände ragten senkrecht über mir empor, ehe sie allmählich in steile Berghänge übergingen. Diese Hänge führten noch wesentlich weiter nach oben und waren von schneebedeckten Gipfeln gekrönt. Ich war mir nicht sicher, was ich beeindruckender fand – die gezackten Berge über mir oder die gewaltige Leere unter mir.

Nachdem die Spanier das Inkareich unterworfen hatten, erhielt Pizarros Bruder die Befehlsgewalt über das Colca-Tal. Er plünderte das Land und schöpfte seine Ressourcen aus, bis sie versiegt waren.

In den nächsten Tagen wollten wir dem Cañón folgen, bis wir an den Fuß des Nevado Mismi gelangten. Ich freute mich auf diese Etappe: Sie würde verhältnismäßig einfach werden, da eine Straße am Rand des Cañóns entlangführte, und die Landschaft war atemberaubend. Wir bauten unser Lager in Rekordzeit ab – in weniger als 20 Minuten. Das Abbauen des Zelts und das Verstauen der Ausrüstung waren inzwischen zur Routine geworden. Wir waren erfahrene Reisende.

Unser Ziel für diesen Tag war ein Ort namens Cabanaconde in ungefähr 18 Kilometer Entfernung – ein ziemlich entspannender Spaziergang und genau das, was wir nach dem Gewaltmarsch des Vortages brauchten. Auf der gepflegten, unbefestigten Straße begegneten uns zahlreiche Menschen. Die Frauen trugen aufwendig bestickte schwarze Kleider und charakteristische Hüte aus weißem Filz, die oft mit Borten, Münzen oder Abzeichen verziert waren. Die lebhaften Farben ihrer Kleider, vor allem die Pink- und Blautöne, brannten geradezu vor Intensität. Ein alter Bauer, der seine Esel mit gutem Zureden vorantrieb, fasste sich an den Hut, als wir an ihm vorübergingen. Ein paar kichernde Mädchen mit Büchern unter dem Arm grüßten uns. Die meisten jungen Leute, die uns begegneten, trugen westliche Kleidung, während viele der älteren Menschen Kleider aus handgewebtem Stoff anhatten. Sowohl Männer als auch Frauen gingen aufrecht und mit erhobenem Haupt. Die Landschaft war nicht mehr kahl und dürr.

Erstaunlicherweise lagen überall Farmen, obwohl das Terrain alles andere als flach war. Die saftig grünen Hänge waren gestuft wie natürliche Amphitheater. Auf den Feldern arbeiteten Männer und Frauen. Hin und wieder sahen wir Männer mit einem Bullen oder mehreren Ochsen pflügen, die vor eine aufwendig geschnitzte Pflugschar aus Holz gespannt waren. Geduldige Esel trugen Arbeitsgeräte auf die Felder und Getreide von den Feldern.

Die meisten Bewohner des Colca-Tals sind Indianer. In Peru leben mehr Indianer als in allen anderen südamerikanischen Ländern und stellen dort fast die Hälfte der Gesamtbevölkerung von 26 Millionen. Bei den übrigen Peruanern handelt es sich in erster Linie um *mestizos*, Menschen von gemischter, sowohl indianischer als auch europäischer (überwiegend spanischer) Abstammung. Ungefähr die Hälfte der Einwohner Perus leben an der Küste, fast alle anderen, einschließlich des Großteils der indianischen Bevölkerung des Landes, schlagen sich mühsam als sich selbst versorgende Bauern im Hochland durch. Der Himalaja ist die einzige andere Region auf der Erde, wo Menschen in so großen Höhen leben.

Die Straße schmiegte sich an den Rand des Cañóns, und ich war froh, zu Fuß unterwegs zu sein. Vorbeifahrende Fahrzeuge näherten sich dem jähen Abgrund und damit dem tödlichen Fall bis auf wenige Handbreit. Wenn von Zeit zu Zeit ein Auto vorbeiraste, schienen sich die Insassen der Gefahr nicht bewusst, und die Fahrer hupten fröhlich, ehe sie um die nächste Kurve drifteten. Vier von fünf Fahrzeugen waren Kleinbusse, überwiegend Toyota Hiace, voller brauner, lachender Gesichter.

Cabanaconde unterschied sich kaum von Huambo. In der Ortsmitte stand eine wunderschöne kalkweiße Kirche, vor der sich ein blitzsauberer Platz befand. Der Cañón war hier noch beeindruckender – 1200 Meter tief. Auf der gegenüberliegenden Seite ragte majestätisch der Nevado Mismi empor, dessen schneebedeckter Gipfel sich 3200 Meter über den Cañón erhob. Was jedoch wirklich meine Aufmerksamkeit erregte, waren die Gringos. Wir hatten seit 14 Tagen keinen Touristen mehr gesehen. Hier tummelte sich mindestens ein halbes Dutzend auf dem Platz. Der *Lonely Planet*-Reiseführer zählt diese Stadt zu den Sehenswürdigkeiten, die man auf keinen Fall verpassen darf, und sie waren gekommen. Vor Ort gab es einen Aussichtspunkt mit dem Namen Cruz del Cóndor, und Gerüchten zufolge hielten sich in der Gegend Andenkondore auf. Wir bekamen keinen zu Gesicht.

Der Tourismus bringt mehr Annehmlichkeiten und höhere Preise. Unser Hotel kostete das Dreifache von dem, was wir sonst gezahlt hatten, allerdings wohnten wir für 3,30 Dollar wie die Könige. Unsere Betten hatten weiche Kissen, das Essen im Speisesaal schmeckte fast wie im Feinschmeckerrestaurant und das *agua caliente* war tatsächlich heiß und nicht lauwarm oder einfach nur kalt. Der Tourismus hatte auch die Einheimischen verwandelt. Sie betrachteten uns nicht mit natürlicher Neugier, sondern sahen uns mit einem gierigen Ausdruck in den Augen an. Wir waren für sie so etwas wie ein Auszahlungsschalter in der Bank, und sie waren einzig und allein an unseren Geldbörsen interessiert.

Es war jedoch angenehm, endlich wieder mit anderen Menschen Englisch sprechen zu können. Ben, Scott und ich reisten wie eine Gruppe Taubstummer. Da wir nur gebrochen Spanisch sprachen, hatten wir bislang kaum Kontakt mit Einheimischen aufnehmen können und dieselben Sätze immer und immer wiederholt.

»*Nevado Mismi.*«

»*Camaná.*«

»*Canada, Australia y Inglaterra.*«

»*Sí, a pie.*« (»Ja, zu Fuß.«)

Wir verbrachten den größten Teil des Abends damit, mit Sarah und Sarah zu flirten, zwei jungen Amerikanerinnen aus Portland in Oregon. Sie arbeiteten auf freiwilliger Basis im peruanischen Gesundheitsdienst, hatten ein paar Wochen Urlaub und waren mit dem Rucksack in den Bergen unterwegs. Wir waren hingerissen.

13. Tag: 25. September 1999

Als wir das Hotel verließen, waren wir ein wenig orientierungslos, was zum Teil daran lag, dass es sich in einer kleinen Seitenstraße befand. Ich fragte einen jungen Mann mit Baseballkappe nach dem Weg nach Maca, unserem nächsten Ziel.

Er deutete mit einer Kopfbewegung auf einen Pfad am Ende der Straße. Wir gingen bis zum Anfang des Pfads und breiteten die Landkarte aus. Auf der Karte war eine Straße nach Maca eingezeichnet, kein Fußweg.

»Vielleicht ist der Pfad erst entstanden, nachdem die Karte erstellt wurde«, meinte Scott.

»Vielleicht ist es eine Abkürzung«, sagte ich.

»Die Straße besteht wahrscheinlich nur aus Serpentinen, und das ist der direktere Weg«, vermutete Ben.

Ich erspähte eine Frau beim Wäscheaufhängen.

»*Señora, Señora*«, rief ich und gestikulierte, um sie auf mich aufmerksam zu machen.

Sie sah zu mir her. Ich deutete auf den Pfad: »*Maca? Maca?*«

»*Sí.*« Sie nickte und wandte sich wieder ihrer Arbeit zu.

»Ich nehme an, das geht in Ordnung, Jungs«, sagte ich.

Der Pfad führte zunächst am Ortsrand an Bergen stinkenden Abfalls vorbei, dann über die Terrassen nach unten. Wir waren noch nicht weit gekommen, als wir von einer Frau, die über 90 sein mochte, und einem zierlich gebauten, halbwüchsigen Jungen auf Eseln überholt wurden.

»*Hola*«, grüßte ich sie. »Ist das der Weg nach Maca?«

»*Sí*«, erwiderte die Frau.

Ich winkte zum Dank, und wir gingen weiter. Die alte Frau drehte sich zu uns um: »Wollt ihr unsere Esel ausleihen?«

»Wie viel?«

»Fünf Sol.«

Scott, Ben und ich sahen uns an und streiften unverzüglich unsere Rucksäcke ab. Wir marschierten leichtfüßig weiter und saugten die Landschaft in uns auf. Ich konnte nicht umhin, an meine Familie zu denken und mir vorzustellen, wie meine Mutter bei dieser Aussicht den Atem angehalten hätte.

Mein Vater, Colin Angus Senior, ist inzwischen tot, und ich kannte ihn kaum, als ich aufwuchs. Großgezogen wurde ich von meiner Mutter, Valerie Spentzos, einer außergewöhnlichen Frau, deren Courage wahrscheinlich die Quelle meiner eigenen Dreistigkeit ist. Sie ist äußerst wissensdurstig und plant gerade, mit ihren 69 Jahren noch einmal die Schulbank zu drücken. Ich glaube, dass ich meinen Tatendrang und meine unstillbare Neugier von ihr geerbt habe.

Meine Mutter wurde 1932 als Valerie Bremner in Edinburgh geboren. Als der Krieg ausbrach, zog ihre Familie auf die Insel Coll, um den Luftangriffen der Deutschen zu entgehen. Später ging sie in Glasgow an die Universität, wo sie Literatur und Sprachen studierte und meinen Vater kennen lernte. Die beiden waren kurze Zeit ein Paar, doch dann trat er der Handelsmarine bei und wurde Kapitän; sie wanderte nach Kanada aus und wurde Highschool-Lehrerin. Die Beziehung der beiden war damit beendet.

In Thunder Bay in Ontario heiratete meine Mutter ihren griechischen Kollegen George. In der Zeit, in der sie beide dort unterrichteten, bekamen sie drei Kinder, trennten sich jedoch nach sechs Jahren Ehe. Meine Mutter zog mit meinen drei Geschwistern nach British Columbia.

Mein Halbbruder George ist der Älteste von uns – er ist sieben Jahre älter als ich –, gefolgt von Jane und Patty. Die drei sehen sich sehr ähnlich und haben ausgeprägte griechische Züge. Meine Mutter fand eine Anstellung in Golden an der Junior-Highschool, wo es ihr allerdings überhaupt nicht gefiel. Deshalb zog sie, sobald es ging, an die Küste nach Port Alberni. In dieser Arbeiterstadt mit Papierfabrik und Hochseehafen traf sie meinen Vater wieder.

Die beiden hatten über all die Jahre Briefkontakt gehalten, und mein Vater arbeitete für die kanadische Staatsregierung als Skipper auf der *Parazoa*, die Seekarten erstellte. Auch seine erste Ehe war gescheitert. Ich erfuhr später, dass er mit seiner Exfrau, die in Victoria lebte, eine kleine Tochter hatte. Nach der Scheidung adoptierten Verwandte von ihm das kleine Mädchen.

Gegen Ende der einjährigen Liaison zwischen meiner Mutter und meinem Vater war ihre Verliebtheit abgeklungen, doch meine Mutter war schwanger. Ich wurde in Victoria geboren, ein paar Monate, nachdem mein Vater meine Mutter verlassen hatte und in See gestochen war. Da sie vier hungrige Mäuler zu füttern hatte, versuchte sie, meinen Vater ausfindig zu machen. Sie schrieb seinen Verwandten in Schottland, erhielt jedoch nie eine Antwort oder Unterhalt.

Erschwerend kam hinzu, dass die Schulleitung nicht bereit war, meiner Mutter während ihres zweimonatigen Mutterschaftsurlaubs, als sie mit mir schwanger war, ihre Stelle für sie freizuhalten, und so war sie gezwungen, sich eine neue zu suchen. Sie fand schließlich eine Anstellung als Lehrerin in Hope, aber es dauerte zwei Jahre, bis in Alberni wieder eine Stelle frei wurde und wir dorthin zurückkehren konnten.

Kurz bevor ich in die erste Klasse kam, nahm meine Mutter ein Jahr unbezahlten Urlaub, lieh sich eine Menge Geld, zog nach Victoria und erwarb dort einen »Master of Arts«-Abschluss. Mit 56 Jahren, als ich noch ein Teenager war, aber meine Geschwister bereits alle nicht mehr zu Hause lebten, verkaufte sie ihr Haus in Alberni und zog nach Comox an der Ostküste von Vancouver Island. Obwohl in Comox nicht gerade geschäftiges Treiben herrscht, stellte es im Vergleich zum heruntergekommenen Port Alberni eine Verbesserung dar. Mir wurde klar, dass es Wichtigeres im Leben gibt als Arbeit und Häuser. Meine Mutter joggt noch heute jeden zweiten Tag zehn Kilometer und nimmt Akkordeonunterricht. Ihre Lebensfreude hat sie an mich weitergegeben. Mein nomadisches Leben als Kind machte das Reisen für mich reizvoll und führte dazu, dass ich jetzt auf einem Inkapfad zur Quelle des Amazonas unterwegs war.

Als wir in den Cañón del Colca hinabstiegen, hörten die Terrassen auf und die Hänge wurden steiler. Der Pfad führte schwindelerregend steil bergab und verschwand mit hunderten von scharfen Serpentinen in der Dunkelheit. Das Gleichgewicht zu halten und nicht vom Weg abzukommen, erforderte einige Konzentration.

Ich wunderte mich, dass der Pfad bis ganz nach unten zum Boden des Cañóns führte. Befand sich Maca nicht am oberen Rand?

»Sind Sie sicher, dass das der Weg nach Maca ist?«, fragte ich die alte Frau.

»*Sí*«, meinte sie.

Ihr Begleiter nickte. Selbst bei genauer Betrachtung war sein Alter nur schwer zu schätzen. Er hätte auch ein kleingewachsener Mann sein können. Vielleicht war er ein Zwerg. Ich kam mir vor wie in einem Film von David Lynch. Bergab, bergab, bergab. Zwei Stunden lang marschierten wir den steilen, zehennagelmordenden Pfad hinunter, der in die Felswand geschnitten war. Auf der einen Seite der Abgrund, auf der anderen eine senkrechte Felswand. Die Sonnenstrahlen verschwanden unter uns in der Dunkelheit. Wir gingen bergab, bis endlich der Colca ins Blickfeld kam, an dessen Ufer sich einige Häuser schmiegten.

Mir wurde bewusst, dass der Pfad auf dieser Seite des Flusses nicht weiterführte. Die Wände des Cañóns, die senkrecht aus dem Colca emporragten, waren dafür einfach zu steil. Der Fluss schoss mit einer Geschwindigkeit durch diesen Teil des Cañóns wie das

Wasser aus einem Feuerwehrschlauch. Ich erkannte, dass wir gelinkt worden waren.

»Halt!«, schrie ich. »Dieser Pfad führt nicht nach Maca.«

Die Frau drehte sich um und sah mich fest an.

»Nein«, sagte sie mit einer Selbstverständlichkeit, als ob das jeder wüsste.

»Wir wollen aber nach Maca«, beharrte ich.

»Tja, das ist nicht der Weg dorthin«, meinte sie und zuckte mit den Schultern. Sie drehte sich wieder um, verpasste den Eseln einen Klaps und ging weiter.

»Halt, halt, halt«, stammelte ich. »Wir möchten nicht mehr weiter nach unten gehen.«

Die Frau bleib widerwillig stehen. Sie und der Knirps sahen uns beim Abladen unserer Rucksäcke zu. Als wir uns auf den Weg machen wollten, streckte der kindliche Mann die Hand aus: »Geld.«

»Wir wollten nicht hierher«, sagte Ben, »warum sollten wir euch also bezahlen?«

»Ihr habt unsere Esel benutzt«, entgegnete der Knirps.

»Aber nur, weil ihr uns angelogen habt und gesagt habt, dass der Pfad nach Maca führt.«

Ben marschierte los. Der Zwerg, der nicht größer als 1,20 Meter war, überholte ihn und versperrte ihm den Weg. Er zeigte keine Furcht vor dem 1,98 Meter großen Ben, der sich drohend vor ihm auftürmte.

»Geld!«, forderte der Knirps. Seine dunklen Augen funkelten mit der kühlen Intensität von Diamanten. Egal wie alt der Zwerg war, seine Kindheit hatte er längst hinter sich gelassen.

Die alte Frau stand mit wutentbranntem Blick schweigend bei den Eseln.

»Ich mache euch einen Vorschlag«, sagte Ben. »Ihr bringt unsere Sachen wieder diese gottverdammten Felsen hinauf, und ich gebe euch euer Geld.«

»Nein!«, schrie der Knirps. »Wir gehen nicht in die Richtung.«

Ben gab sich geschlagen und hob frustriert die Hände. Er holte eine Hand voll verknitterter Sol-Scheine aus der Hosentasche und hielt dem Zwerg die Hälfte des vereinbarten Preises hin. Drei Sol. »Mehr bekommt ihr nicht.«

Der Knirps schnappte die schmutzigen Banknoten, stopfte sie sich in die Hosentasche und ging fluchend zu der alten Frau zurück. Wir ignorierten ihn, doch seine heiseren Schreie folgten uns den Cañón hinauf, hallten von seinen Wänden wider und bohrten sich in unsere Ohren, bis wir außer Reichweite ihres Echos waren.

Zehn schweißtreibende Stunden später kamen wir in Maca an. Wieder einmal war die Dunkelheit bereits eingebrochen. Wir fanden den Weg zum Hauptplatz und sahen, dass der Glockenturm in sich zusammengestürzt war und in einem Haufen Schutt dalag. Ein Mestize mittleren Alters, der Alpakawolle verkaufte, blieb bei uns stehen.

»Was ist mit dem Turm passiert?«, fragte ich ihn.

»Erdbeben. Viele Tote, mehr als tausend. Eine große Katastrophe.«

Wir nickten mitfühlend. »Gibt es hier ein Café?«

Er deutete auf die andere Seite des Platzes.

Als wir das düster beleuchtete Ziegelgebäude betraten, fanden wir ein Dutzend Männer vor, die an einem langen Holztisch saßen und auf einen kleinen Schwarz-Weiß-Fernseher starrten. Die Männer blicken kurz auf, dann wandten sie sich wieder ihren Arequipeñas zu – dem einheimischen Bier. Ein Halbwüchsiger musterte uns, während er aus einer Flasche Pisco trank, Perus Antwort auf Tequila. Eine matronenhafte Frau erschien, die auf beiden Armen Teller mit Essen trug. Sie sah aus wie ein Baum voller dampfender Früchte. Sie setzte jedem von uns einen Teller vor – Maisbrei auf Reis, dazu ein paar Hähnchenschenkel. Nicht viel, nichts Besonderes, aber genau das, was wir brauchten.

Nachdem wir mit dem Essen fertig waren, fragten uns die Männer, ob wir ihnen eine Runde ausgeben wollten. Sie waren Touristen mit unerschöpflichen Taschen gewohnt. Wir erklärten ihnen, dass unser Budget das nicht zuließ, verabschiedeten uns und traten hinaus in die Nacht, um am Ortsrand unser Lager aufzuschlagen.

14. Tag: 26. September 1999

Wir standen früh auf und marschierten vor Tagesanbruch los. Wir wollten den Cañón durchqueren und die Ortschaft Madrigal erreichen, um von dort aus den Aufstieg zur Quelle des Amazonas zu beginnen. Der Cañón war jetzt weniger tief und steil, und wir bahnten uns ohne Schwierigkeiten den Weg nach unten.

Am Spätvormittag erreichten wir das Ufer des Colca. Da sich die Trockenzeit ihrem Ende näherte, hatte der Fluss seinen niedrigsten Wasserpegel. Wir konnten uns nicht einigen, wo wir ihn durchqueren sollten, also wählte jeder von uns seine eigene Route. Ich entschied mich für eine Stelle, an der die Strömung zwar stark war, aber zahlreiche Felsbrocken im Wasser lagen, die ich als Trittsteine benutzen konnte.

Um nicht überladen zu sein, beschloss ich, mein Gepäck auf zwei Überquerungen zu verteilen. Auf meinem Weg ans andere Ufer wurden nur meine Shorts nass. Ben schaffte es ebenfalls auf die andere Seite, und wir marschierten stromabwärts weiter. Unsere enge Freundschaft, die wir in England genossen hatten, nachdem wir uns kennen gelernt hatten, war wieder aufgelebt. Scott fanden wir pitschnass und fluchend vor. Er breitete den Inhalt seines Rucksacks auf einem Felsen aus, um ihn in der Sonne zu trocknen. »Diese verdammten rutschigen Felsen«, knurrte er.

Kurze Zeit später waren wir wieder unterwegs, diesmal bergauf aus dem Cañón heraus. Als wir den steilen Hang hinaufkletterten, kamen wir an einer Reihe heißer Quellen vorbei. Einige Mädchen planschten im Wasser und machten ein Spiel aus dem Wäschewaschen, mit dem sie beschäftigt waren. Nachdem wir den Rand des Cañóns erreicht hatten, befanden wir uns wieder in einem landwirtschaftlich genutzten Gebiet. Der Pfad nach Madrigal verlief parallel zu einem kleinen Kanal, der zum Bewässern der Felder diente. Ich staunte, wie einfach und wirkungsvoll das winzige Aquädukt war. Der Kanal verzweigte sich in hunderte kleinerer Kanäle, die die Terrassen bewässerten. Miniaturdämme aus Schlamm hielten das Wasser bei Bedarf zurück. Wenn Wasser benötigt wurde, konnten diese Dämme mit einem Fußtritt durchbrochen werden, und das Wasser sprudelte dann durch die Rinnen auf die abgestuften Felder. Die Schwerkraft und das natürliche Gefälle ließen die Bächlein von einer Terrasse zur nächsten hinablaufen. Wenn genügend Wasser freigegeben worden war, konnte der Damm mit etwas Schlamm und ein paar Steinen wieder geschlossen werden. Dieses System wurde von den Inka erfunden, die sich verschiedener Methoden bedienten, um die Landwirtschaft produktiver zu machen, wenngleich sie Historikern zufolge weder über das Rad noch über von Tieren gezogene Pflüge verfügten. Hier stuften sie die Hänge terrassenförmig ab, um die Erosion zu reduzieren und die Bewässerung zu erleichtern. Die Inka pflanzten in erster Linie Mais, Baumwolle, Kartoffeln, eine essbare Wurzel namens *oca* und eine Getreidesorte mit der Bezeichnung *quinoa* an. Diese Erzeugnisse werden auch heute noch angebaut.

Als wir Madrigal erreichten, wurden wir sofort von dem örtlichen Polizisten begrüßt, einem freundlichen Burschen. Er notierte sich unsere persönlichen Angaben und erlaubte uns, unser Gepäck in der Polizeistation zu lassen, während wir uns auf die Suche nach einem Führer und nach Eseln machten, die wir mieten konnten.

Madrigal liegt auf einer Höhe von 3000 Metern. Die Wasserscheide befindet sich nicht weit entfernt auf 4800 Meter Höhe. Der Aufstieg würde sich wesentlich leichter gestalten, wenn wir Esel hätten, die unser Gepäck trugen. Einen 30 Kilo schweren Rucksack in einer solchen Höhe einen 45 Grad steilen Hang hinaufzutragen, ist ein hartes Stück Arbeit. Leider fanden wir niemanden, der bereit war, uns auf den Berg zu begleiten. Die meisten Männer, die wir fragten, lehnten mit der Begründung ab, dass sie sich um ihre Ernte kümmern mussten – offenbar brauchten sie das Geld nicht. Wir kehrten zu dem Polizisten zurück und baten ihn um Hilfe.

Er ging mit uns ein paar Straßen weiter und klopfte an eine Tür. Wir wurden in ein verrauchtes, stickiges Zimmer geführt, in dem acht oder neun Männer saßen, die aussahen wie Leinwandschurken und eine hitzige Debatte führten. Sie trugen Filzhüte, die sie tief ins Gesicht gezogen hatten, und verstummten sofort nach unserem Eintreten. Alle Augen richteten sich auf uns.

Ein Mann, der an einem Schreibtisch in der Ecke saß, wandte sich wieder einem Stoß Papier zu. Der Polizist sprach einen untersetzten Mann mittleren Alters mit schwarzem Umhang an. Die beiden unterhielten sich in rasantem Spanisch, oder vielleicht war es auch eine Mischung aus Spanisch und Quechua, der im Hochland vorherrschenden indianischen Sprache. Hin und wieder mischte sich einer der anderen Männer aufgeregt ins Gespräch ein.

Der dunkelhäutige Mann drehte sich zu uns um und sprach so leise, dass man sich nach vorn beugen musste, um zu hören, was er sagte. Alle hörten ihm zu. In übertrieben langsamem und deutlichem Spanisch sagte er feierlich: »Ihr wollt also auf den Gipfel des Bergs?«

Wir nickten. Ich war mir nicht sicher, ob wir es mit einer Ortsgruppe der Mafia oder mit einer einheimischen Schauspieltruppe zu tun hatten. Der Mann im Umhang fuhr mit der *gravitas* eines Alleinunterhalters fort.

»Ihr wollt Esel?«, fragte er verschwörerisch.

Wir nickten wieder. Die anderen Männer im Zimmer beugten sich vor und sahen uns gespannt an. Der Mann im Umhang fixierte uns.

»Ich habe Esel« – er blickte in die Runde, um sich von der Wirkung seiner Worte zu überzeugen –, »viele Esel«, sagte er und nickte.

Die nüchternen Blicke der Männer ließen meines Erachtens keinen Zweifel daran, dass sie sich einen Spaß mit uns erlaubten. »Können wir ein paar ausleihen?«, fragte ich.

»Vielleicht«, erwiderte der Mann und verfiel in Schweigen.

Überall im Zimmer nickten Köpfe. Ich wartete. Eine Sekunde, zwei Sekunden, drei Sekunden. Niemand sagte etwas.

»Wir müssen es wirklich wissen«, fuhr ich fort. »Wir möchten morgen aufbrechen.«

»Ich muss darüber nachdenken«, entgegnete der Mann, als hätte ich um die Hand seiner Tochter angehalten.

»Wie viel würde uns das kosten?«, warf Ben ein.

»Das können wir besprechen, wenn die Sache erledigt ist«, sagte der Mann gewichtig.

»Wir wüssten es aber gern, bevor wir aufbrechen«, sagte ich ihm.

Er nickte. »Mm, hm.«

»Wie viel?«, drängte ich.

»Hm«, brummte er und nickte abermals.

Das Gespräch war eindeutig beendet. Wir wandten uns zur Tür.

»Auf Wiedersehen«, sagte ich.

Der Mann entließ uns mit einer Handbewegung und sagte: »Wir sehen uns morgen früh auf dem Platz.«

Das war keine Frage, und er erwartete keine Antwort von uns. Wir schlossen die Tür hinter uns.

»Komisch«, sagte ich.

»Mir gefällt das nicht«, erwiderte Ben. »Ich mache mich nicht auf den Weg, ohne vorher den Preis auszuhandeln.«

Die Begegnung hatte uns alle beunruhigt. Als wir zum Ortsrand gingen und nach einer Stelle zum Übernachten suchten, begegnete uns ein junger Mann, der mit seinen Eseln auf dem Heimweg war.

»*Hola*«, rief Scott.

»*Buenas tardes*«, sagte der dünne Mann.

Wir fragten ihn, ob er uns mit seinen Eseln auf den Berg begleiten wolle.

»Morgen ist Sonntag, und ich muss in die Kirche gehen. Warum wollt ihr den Berg besteigen?«

Nachdem wir ihm unser Vorhaben erklärt hatten, bot er uns an, uns für 25 Dollar am Tag mit zwei Eseln zu begleiten. Ein teures Vergnügen, aber wir willigten ein.

»Ich heiße Willie«, sagte er.

Wir gaben uns die Hand.

»Wenn ihr wollt, könnt ihr hinter meinem Haus schlafen.«

15. Tag: 27. September 1999

Gegen fünf Uhr morgens wurden wir von einem penetranten spanischen Wortschwall aus dem Schlaf gerissen, der aus den Lautsprechern in der Kirche dröhnte. Nach einer halbstündigen Ankündigung, die so verzerrt war, dass wir kein Wort verstanden, wurde als Wecksignal blecherne Marschmusik gespielt.

»Das haben wir hier jeden Morgen«, erzählte uns Willie, während wir packten. »Wunderschön, nicht wahr?«

Willies Frau stand mit ihrem Baby auf dem Arm in der Tür und wiegte sich zum Klang der Trommeln und Trompeten.

»Was ist mit den Leuten, die ausschlafen möchten?«, erkundigte sich Scott.

»Hier schläft niemand aus. Wie sollten wir auch, wo wir uns um die Felder kümmern müssen?«

Willie zurrte unsere Rucksäcke mit mehreren geflochtenen Lederriemen auf den Eseln fest. Das größere Tier trug Scotts Rucksack und meinen, das andere Bens Rucksack und einige separat verpackte Essensvorräte. Unsere kleinen Rucksäcke mit Wasser, dem Mittagessen und Sunblocker trugen wir selbst. Willie, der barfuß ging, trug ebenfalls eine Tasche. Sie bestand aus einer farbenfrohen, gewebten Decke, die zu einem bequem zu tragenden Sack gefaltet war. Darin befanden sich mehrere Töpfe mit Maisbrei – dem Haupterzeugnis der Region.

Noch heute überzieht ein riesiges Netzwerk aus Pfaden, von denen die meisten aus der Zeit der Inka oder davor stammen, jeden Quadratzentimeter Perus. Das wichtigste Vehikel der Menschen ist und bleibt der Esel, das perfekte Fortbewegungsmittel auf den holprigen, steilen Pfaden. Unser Ziel war ein Joch, eine Einsattelung in der Wasserscheide auf 4800 Meter Höhe.

Anfangs führte der Pfad durch üppige Vegetation. Wir kamen an Parzellen vorbei, auf denen Mais, Kartoffeln, Zucchini und andere Gemüsesorten angebaut wurden. Obwohl wir uns in tropischen Breiten befanden, sorgte die Höhe für ein gemäßigtes Klima. Bald marschierten wir über steile Serpentinen bergauf. Esel können zwar wesentlich steilere Hänge bezwingen als Autos, doch auch für sie gibt es eine Grenze dessen, was sie sicher erklimmen können.

In 3600 Meter Höhe war die Landschaft karg und braun. Hier wurde nicht mehr bewässert, und die Vegetation bestand überwiegend aus einem strohähnlichen Gras namens *ichu*. Außerdem standen dort zwergwüchsige Bäume, die im Spanischen *quinua* genannt werden, und Büsche, die im Lauf der Evolution gelernt haben, in einer Region mit wolkenlosem Himmel, extremer Sonneneinstrahlung sowie Wind und Kälte zu überleben. Dieses Hochland, eine karge alpine Landschaft, die als *puna* bezeichnet wird, nimmt einen großen Teil Perus ein. Es heißt, die Gegend werde von den fürchterlichsten Dämonen heimgesucht, ähnlich wie Labrador, das »Land Kains«. Nur die zähesten Pflanzen leben in dieser Höhe und die zähesten Menschen.

Die Männer, die uns jetzt begegneten, waren Alpaka-Hirten. Diese einheimischen Tiere, die Lamas ähneln, besitzen die genetischen Voraussetzungen, um dem rauen Klima ihrer alpinen Heimat zu trotzen. Sie ernähren sich vom goldfarbenen *ichu*-Gras oder von jeder sonstigen Vegetation, die sie finden. Die Hirten tauschen Fleisch, Leder und Wolle gegen in tieferen Lagen angebautes Obst oder Gemüse.

In 4200 Meter Höhe rang ich bereits nach Atem. Ich warf den Eseln, die klaglos dahinmarschierten, einen dankbaren Blick zu. Willie ging hinter ihnen und verpasste ihnen von Zeit zu Zeit mit einem Gummistreifen, der von einem Autoreifen stammte, einen Klaps aufs Hinterteil. Wenn er wollte, dass sie schneller gingen, murmelte er: »*Burro vas burro.*« Wie die Esel war Willie die Höhe gewöhnt. Er hatte sein ganzes Leben auf über 3000 Meter verbracht.

Der gefährliche Pfad führte teilweise dicht an der oberen Kante der Felswände entlang. An manchen Stellen war er ausgewaschen, sodass sich nur noch eine Schräge aus Schotter und Geröll zum jähen Abgrund hin neigte. Ich legte solche Abschnitte möglichst schnell zurück, weil ich hoffte, mit Schwung zur anderen Seite zu gelangen, ehe ich den Halt verlor und in die Tiefe stürzte. Willie erzählte uns, dass in der Woche zuvor ein Alpaka-Hirte auf dem Weg ins Dorf hier in der Nähe ausgerutscht und zusammen mit seinem Esel in den Tod gestürzt war.

Um zwei Uhr waren wir in etwa 4350 Meter Höhe angelangt und mussten häufig stehen bleiben, um Atem zu schöpfen. Es schien, als würden wir ununterbrochen nach Luft schnappen. Selbst während unserer Pausen hatte ich das Gefühl, außer Atem zu sein. Bei einem unserer vielen Zwischenstopps holte ich die Sublimes aus dem Rucksack. Ich bot Willie einen Riegel an, doch er lehnte ab. Er sagte, dass er noch nie Schokolade probiert habe – »Ein zu großer Luxus«. Stattdessen schlürfte er seinen Maisbrei, während die Esel das braune Gras fraßen.

»Bist du sicher, Willie?«, hakte ich nach. »Das sind verdammt leckere Schokoriegel.«

Ich hielt ihm einen hin, und er gab nach. Er biss einmal ab, zunächst zögerlich, dann grinste er und schlang den Riegel hinunter.

Wir hatten noch immer 450 Höhenmeter vor uns. Die Entfernung betrug zwar nur ungefähr 900 Meter, da der Anstieg aber extrem steil war, kamen wir nur langsam voran. Alle halbe Stunde legten wir eine Pause ein. Willie bot uns Kokablätter an.

Wir kauten die Blätter zusammen mit einem Stück *llipta*, einer Mischung aus mineralischem Kalk und Asche, das als Beschleuniger wirkt und die Droge in den speichelfeuchten Blättern freisetzt. Angeblich verursacht Kokain ein leichtes Kribbeln und lindert Hunger und Müdigkeit. Die Einheimischen preisen es als

Allheilmittel. Der Klumpen betäubte meinen Mund und Rachen. Wenn ich es schaffte, die Blätter längere Zeit zu kauen, fing mein Mund an zu brennen, als hätte ich zu viele saure Bonbons gelutscht.

Um vier Uhr nachmittags erreichten wir die Wasserscheide. In der Mitte des Bergsattels befand sich ein großer Steinhügel, auf dessen Spitze ein Kreuz stand. Wir waren 4800 Meter über dem Meeresspiegel, und es gab kein pflanzliches Leben, nur scharfkantige Felsen.

Der Pfad selbst war schneefrei, doch er führte an einem riesigen weißen Gletscher und einem Schnee- und Eisfeld entlang. Wir hatten den ganzen Tag auf den Cañón del Colca geblickt. Jetzt erstreckte sich vor uns eine endlose Fläche, die sich nur unmerklich zum Amazonasbecken hin neigte. Wenn wir nach Norden und Süden blickten, versperrten uns Berge die Sicht, die sich ganz in der Nähe auftürmten.

Scott ging hinter den Steinhügel, um zu urinieren.

»Vorsicht, mein Freund«, sagte Ben mit einem trockenen Lächeln, »du verschmutzt den Amazonas.«

Willie war wie versteinert. Er war noch nie hier oben gewesen. Und er hatte noch nie etwas von einer kontinentalen Wasserscheide gehört, schien das Prinzip aber zu verstehen. Die Esel zeigten sich völlig unbeeindruckt. Sie sahen erbärmlich aus, wie sie sich gegen den eisigen Wind lehnten, der gespenstisch durch das Joch heulte.

Von Osten rollten dunkle Wolken heran, und wir beschlossen, unseren Weg fortzusetzen. Wir wollten mindestens 300 Meter absteigen, ehe wir unser Basislager aufschlugen. Zum einen war der Pass der Witterung ausgesetzt, zum anderen war die Höhe zu viel für unseren Körper. Innerhalb eines Tages von 3000 auf 4800 Meter Höhe aufzusteigen, überschreitet die Grenze des Machbaren. Eine Faustregel besagt, dass man oberhalb von 3600 Metern für 300 Höhenmeter einen Tag braucht, um sich zu akklimatisieren.

Scott und ich litten bereits unter Soroche, der gefürchteten Höhenkrankheit, die auch Ridgeway und Odendaal auf ihrem Weg zur Quelle niederstreckte. Wenn wir über Nacht auf dieser Höhe blieben, würden wir vermutlich richtig krank werden und vielleicht sogar einen dauerhaften Schaden davontragen. Oberhalb von 4500 Meter riskiert man Lungen- und Hirnödeme.

Wir wollten uns aber nicht die Zeit nehmen zu warten, bis wir uns akklimatisiert hatten. Wir hinkten bereits hinter unserem Zeitplan her und hatten das Gefühl, unter Druck zu stehen. Wir mussten so schnell wie möglich mit unserem Raft auf den Fluss. Die Regenzeit nahte, und es wäre Selbstmord gewesen, den Apurímac zu befahren, wenn er angestiegen war. Bei Hochwasser durch die Stromschnellen zu navigieren kam nicht in Frage. Wir mussten den Mismi und den Quehuishua so bald wie möglich besteigen.

Diese beiden Berge, die den umstrittenen Ursprung des Amazonas darstellen, ragten südlich von uns in den Himmel. Der vulkanische Kegel des Quehuishua türmte sich unmittelbar vor uns auf. Dahinter befand sich der Mismi. Als wir uns auf der Ostseite der Wasserscheide den Weg bergab bahnten, begann es zu schneien. Willie, der barfuß unterwegs war, stolperte, beklagte sich aber nicht. Während einer Pause holte Scott ein Paar Ersatzturnschuhe aus seinem Rucksack und überreichte sie Willie, der sie dankbar in Empfang nahm.

Es waren etwa 15 Zentimeter Schnee gefallen, und der Wind heulte. Willie beharrte darauf, dass es in der Nähe eine Hütte gab, in der wir Zuflucht suchen konnten, doch inzwischen war es halb sieben und fast dunkel. In der grau-weißen Suppe war es unmöglich, irgendetwas zu erkennen. Wir hörten ein Bellen, dann tauchte ein großer, schwarz-weißer Hund auf. Wir versuchten, seinen Spuren zu folgen – sein Zuhause musste sich ganz in der Nähe befinden. Doch der Wind hatte die Fährte des Hundes bereits wieder verwischt.

»Geh nach Hause«, sagte Scott, aber der Hund wedelte nur mit dem Schwanz.

»Lasst uns hier campieren«, sagte ich. »Die Hütte finden wir niemals. Wir können uns schon irgendwie zu viert in unser Zelt zwängen.«

Willie, der weder ein Zelt noch einen Schlafsack hatte, schüttelte den Kopf.

»Willie kann alle unsere Klamotten anziehen, dann friert er sicher nicht«, schlug ich vor.

Er zitterte bereits, und ich sah, wie er daran zweifelte, dass uns unser Zelt vor dem Sturm schützen könnte. »Okay«, lenkte ich ein. »Gehen wir noch 20 Minuten weiter.«

Mir war übel. Mein Körper verlangte nach dicker, sauerstoffreicher Luft. Der Sauerstoffmangel ließ meinen Kopf pochen, und geschmolzener Schnee lief mir den Rücken hinunter. Der Wind heulte.

»*¡La casa!*«, rief Willie.

Vor uns tauchte ein dunkles Gebilde auf, das ebenso gut ein Felsblock hätte sein können. Als ich näher torkelte, sah ich, dass es sich tatsächlich um eine Hütte handelte, um eine robuste, fensterlose Hütte aus Stein. Die Ritzen zwischen den Steinen waren mit Lehm verschlossen, und das Dach war dick mit Stroh gedeckt. Wir fanden die niedrige Holztür und traten ein wie Goldilocks bei den drei Bären.

Ben holte seine Taschenlampe hervor und ließ ihren Strahl durch den kleinen Raum wandern. Schon allein die Tatsache, nicht mehr dem Schneegestöber ausgesetzt zu sein, war eine Wohltat. Die Hütte hatte einen festen Lehmboden und eine Feuerstelle ohne Kamin. In einer Ecke stapelte sich ein Stoß Lamafelle. Neben der Feuerstelle lag ein Bündel Zweige, das irgendjemand aus dem Tal heraufgetragen haben musste. In dieser Höhe gab es kein Holz. Die Wände und die Decke waren schwarz vor Ruß.

Willie machte Feuer, und Sekunden später flüchtete ich mit Tränen in den Augen nach draußen ins Schneetreiben. Ich wurde von einem Hustenanfall geschüttelt. Geschwächt von pochenden Kopfschmerzen und einer Übelkeit aufgrund der Höhenkrankheit schnappte ich nach frischer Luft. Kurze Zeit später trieb der Rauch auch Ben und Scott ins Freie.

Wir bauten im Windschatten der Hütte unser 99-Dollar-Zelt auf, während Willie drinnen über dem Feuer fröhlich das Essen zubereitete. Schließlich trieb uns die Kälte wieder in die Räucherkammer. Ich vergrub den Kopf in meiner Jacke, hatte aber trotzdem mit Erstickungsanfällen und Übelkeit zu kämpfen. Willie, der putzmunter wirkte wie eh und je, verkündete, dass das Abendessen fertig sei – ein Teller Reis, durchtränkt mit Tomatensoße, in der Thunfisch schwamm. Ich zwang mich, ein paar Löffel hinunterzuwürgen, ehe ich es gut sein ließ und mich schlafen legte. Ich war fix und fertig.

16. Tag: 28. September 1999

Ich erwachte mit einer schweren Last auf mir. Das Zelt war unter dem Neuschnee zusammengebrochen, und mein 34-Dollar-Kaufhaus-Schlafsack war pitschnass. Zitternd befreite ich mich aus meinem durchnässten Kokon, doch sobald ich mich aufgerichtet hatte, wütete ein Dämon in meinem Schädel mit einem Holzhammer, und mein Magen schlug Purzelbäume. Ich torkelte mit einer Hand an der Stirn ins Schneetreiben hinaus und übergab mich. Ich litt höllische Qualen. Wo waren die schmerzstillenden Wundermittel, wenn man sie brauchte? Die extrastarken Kopfschmerztabletten halfen überhaupt nicht.

Scott, der auch nicht besser aussah, wand sich aus dem eingestürzten Zelt und schnitt eine Grimasse. Selbst die Esel, die zehn Meter entfernt angebunden waren, machten keinen glücklichen Eindruck. Auf ihrem Rücken lagen mehrere Zentimeter Schnee, und sie hatten seit dem Nachmittag zuvor nichts mehr gefressen. Als Scott den Schnee vom Zelt schüttelte, richteten sich seine Wände prompt wieder auf.

Ich stolperte in die Hütte, wo Willie einen weiteren Berg Reis mit Thunfischsoße zum Frühstück kochte. Nur Willie und Ben hatten es geschafft, die Version vom Vorabend bei sich zu behalten. Ich probierte ein paar Bissen von dem, was noch übrig war, aber sie kamen sofort wieder hoch.

Nach dem Frühstück breitete Ben die Karte aus. Unser Lager befand sich am Boden einer V-förmigen Senke, gebildet von zwei Tälern, die von der kontinentalen Wasserscheide wegführten. In beiden Tälern befand sich ein Quellfluss des Amazonas. Aber welcher war länger? Der längere war die wahre Quelle des Amazonas. Die Bäche flossen von zwei Bergen herab: dem Mismi und dem Quehuishua. Wir hatten vor, die Gipfel beider Berge zu besteigen, damit wir guten Gewissens behaupten konnten, am entferntesten Oberlauf des Amazonas gewesen zu sein. Heute der Mismi, morgen der Quehuishua. Willie würde im Camp bleiben, während wir den zehnstündigen Aufstieg zum Mismi in Angriff nahmen, der momentan vor lauter Schnee nicht zu sehen war.

Mein Kopf pochte noch immer, als wir aus dem Tal hinauskletterten. Ich blieb stehen, um mich zu übergeben, würgte allerdings nur noch Gallenflüssigkeit hoch. Scott färbte den Schnee mit seinem eigenen flüssigen Lachen. Ben konnte die Höhe nach wie vor nichts anhaben. Er rang nach Luft, war aber wohlauf.

In etwa 4800 Meter Höhe übergab sich Scott abermals. »Ich kann nicht mehr weitergehen«, sagte er und wischte sich den Mund ab. Er war grau im Gesicht. »Geht ihr beide weiter, ich warte bei der Hütte.« Er drehte sich um und taumelte wieder bergab.

Ich ging weiter, war aber nicht in der Lage, mit Bens Tempo mitzuhalten. Alle 20 bis 30 Schritte blieb ich stehen und würgte, und mein Körper wurde von Krämpfen geschüttelt. Vor meinen Augen flackerten Lichter auf. Mein Kopf drohte zu zerspringen. Wie hießen die Inka-Götter, die in diesen ausgestorbenen Gefilden hausen sollten? Die *apus* und *wamanis*? Mächtige Gottheiten der Anden, die als bärtige, hellhäutige Männer beschrieben werden, im Inneren der Berge wohnen und versöhnlich gestimmt werden müssen. Ich hatte das Gefühl, als zerspalteten sie mir den Kopf, weil ich in ihr Reich eindrang. Meine Lunge brannte wie Feuer. Ich konnte nicht mehr weitergehen.

»Ich kann nicht mehr!«, rief ich Ben hinterher, dessen große, gegen den kreischenden Schneesturm gelehnte Silhouette langsam verschwand. Er hörte mich offenbar nicht.

»Ich gehe zurück!«, schrie ich nochmals. »Ich gehe zurück!«

Der Schatten blieb stehen, drehte sich um und winkte mir zu, ehe er vom Schneegestöber verschluckt wurde.

Nachdem Scott und ich wieder im Camp angekommen waren, verbrachten wir den größten Teil des Tages unruhig schlafend in unseren Schlafsäcken. Mein Kopf tat mir so weh, dass ich nicht einmal imstande war, zu lesen oder in mein Reisetagebuch zu schreiben. Ich dachte über die Gefahr nach, in der wir schwebten, wenn sich die Krankheit noch verschlimmerte, und versuchte, die aufkommende Panik zu unterdrücken.

Irgendwann stand ich auf und ging in die Hütte, wo Willie sich mit dem Besitzer unterhielt, einem Hirten, der plötzlich aufgetaucht war und uns hier vorgefunden hatte. Ich hätte den beiden gern Gesellschaft geleistet, sie über das Leben in den Bergen befragt und ihren Erfahrungen gelauscht, aber ich fühlte mich einfach zu schlecht. Ich war nicht in der Lage, mich länger als ein paar Minuten auf den Beinen zu halten.

Gegen Mittag hörte es auf zu schneien, und der Himmel klarte auf. Scott und ich fragten uns, wie es Ben erging. Er brauchte diese Wetterverbesserung, wenn er den Gipfel erreichen wollte. Ich aß den ganzen Tag lang nichts. Erst um fünf Uhr würgte ich etwas von den Nudeln hinunter, die Willie gekocht hatte. Es war nicht gerade ein Genuss, aber ich schaffte es, sie bei mir zu behalten.

Als es gegen sechs Uhr dunkel wurde, überkam mich die erste Welle der Angst um Ben. Wir konnten ihn unmöglich suchen gehen, wenn er nicht zurückkehrte. Scott und ich waren dafür zu krank. Willie war zwar körperlich zu einer Such- und Rettungsaktion in der Lage, hatte aber deutlich gemacht, dass er sich nur ungern in noch größere Höhen begeben wollte. Was sollten wir also tun?

Es begann erneut zu schneien, und wir warteten. Wir kauerten uns zitternd und schweigend im Zelt zusammen. Ich dachte darüber nach, was ich Bens Mutter erzählen würde, falls er nicht zurückkam. Der 5597 Meter hohe Berg war gefährlich. Bei schlechtem Wetter war der Mismi wie jeder andere Berg eine Todesfalle. Ich dachte an die anderen Amazonas-Expeditionen, die Mitglieder verloren hatten.

Acht Uhr kam und ging, Schneeverwehungen türmten sich auf, und der Wind kreischte unablässig wie ein Fingernagel, der über eine Kreidetafel kratzt. Wir mussten etwas unternehmen. Mit Taschenlampen bewaffnet, wagten Scott und ich uns in die tückische Nacht. Willie weigerte sich, sich von der Stelle zu rühren: tollkühne Rettungsmanöver waren in den 25 Dollar pro Tag nicht inbegriffen.

Es war ein Albtraum. Völlige Finsternis, Schneetreiben, Sturm, kein Stern und kein Mond – Furcht erregender als die Hölle. Ein falscher Schritt, und man konnte in eine Felsspalte fallen oder einen Abhang hinunterstürzen.

»Ben!«, schrie ich.

Nichts, außer dem Geräusch des Windes.

»Ben!«, schrie Scott.

Nichts.

Wir schalteten unsere Taschenlampen an und aus, leuchteten in die eine Richtung, dann in die andere. Es kam mir vor, als würden wir nach Außerirdischen suchen. Scott und mir wurde bald bewusst, dass Ben das Camp in der undurchdringlichen Dunkelheit nicht finden würde. Die Hütte war so gut wie unsichtbar. Ich beschloss, weiter talaufwärts zu gehen, weil ich hoffte, dort auf Ben zu stoßen. Scott blieb in der Nähe der Hütte, um uns mit der Taschenlampe zurückzulotsen.

Die körperliche Anstrengung brachte die Übelkeit zurück. In meinem Kopf dröhnten Basstrommeln. Ich stemmte mich gegen den Wind und Schnee. Ich hatte keinen Zweifel daran, dass es um Ben geschehen war.

»Ben!«, brüllte ich. »Hörst du mich, du Scheißkerl?!«

Ich schaltete meine Lampe an und aus, an und aus, während ich dort hinaufwankte, wo ich den Pfad vermutete. Während ich dahinstolperte, schrie ich immer wieder.

»Ben!«

Ich hatte bereits die Hoffnung verloren und machte mir Sorgen um die Taschenlampenbatterien, als ich es sah. Ja. Da war es. Das Flackern eines Lichts. Schwach, aber unverkennbar.

Ich ging auf den funkelnden Stern zu. Eine halbe Stunde später stieß ich auf einen frierenden, müden, hungrigen, aber triumphierenden Ben. Er hatte es bis auf den Gipfel geschafft und war überglücklich. Das schlechte Wetter war herangezogen, nachdem er auf dem Gipfel angelangt war, erklärte er atemlos.

»Es war noch viel schlimmer als hier«, prahlte Ben freudestrahlend im schneidenden Wind. »Ich konnte nicht mal meine eigenen Füße sehen. Ich bin völlig blind durch hüfttiefen Schnee gestolpert und wäre mehrmals fast ins Leere getreten. Überall Abhänge. Ich muss da oben stundenlang herumgeirrt sein und nach dem Weg nach unten gesucht haben. Ich kam mir vor wie ein Blinder.«

Er nahm die Gefahr, in der er geschwebt hatte, nicht mehr wahr. Das Adrenalin hatte ihn auf natürliche Weise high gemacht, und die Ängste, die er ausgestanden hatte, verschwanden sofort, sobald er sich wieder in Sicherheit wiegte. Das körpereigene Äquivalent zu Heroin hatte ihn in einen Rauschzustand versetzt. Scheiß auf den Sturm!

Ich grinste ebenfalls. Warum nicht? Schließlich war das unser erster Erfolg als Team.

»Es war der absolute Wahnsinn«, sagte er.

Ben erzählte, wie er mehrere kleinere Abhänge hinuntergeklettert war und anschließend vor einem besonders einschüchternden Abgrund gestanden hatte. »Ich wusste, wenn ich wieder hinaufklettere, komme ich nie mehr von diesem Berg runter«, sagte er. »Wenn es erst mal dunkel wurde, hätte ich überhaupt keine Chance mehr gehabt, es nach unten zu schaffen. Also bin ich diesen Furcht einflößenden Abhang hinuntergeklettert«, fuhr er aufgeregt fort. »Als ich halb unten war, konnte ich mich nirgends mehr festhalten. Der Wind zerrte an mir, und ich hing vier oder fünf Minuten lang an der Felswand und überlegte, was ich machen soll.«

Er hielt inne, um Luft zu holen.

»Und dann habe ich den Halt verloren«, sagte er. »Ich dachte schon, das wär's gewesen. Ich bin gerutscht, habe wild mit den Armen gerudert und versucht, mich irgendwo festzuhalten. Das muss ein toller Anblick gewesen sein. Tja, wie du siehst, habe ich einen Felsvorsprung zu fassen bekommen, nachdem ich knapp drei Meter abgerutscht war. Mein Gott, hatte ich ein Glück!«

Ben schaffte es, unversehrt unten anzukommen.

»Am Fuß der Felswand wurde das Gelände wieder flacher, und ich bin einfach den Hang hinuntermarschiert. Ich rechnete damit, irgendwann auf unser Camp zu stoßen.«

Drei Stunden später hatte er meine Lichtsignale erspäht.

Als Ben anschließend in der Hütte Nudeln und Thunfisch in sich hineinschlang, verkündete er, dass er bei der Besteigung des Quehuishua am nächsten Tag aussetzen würde. »Jetzt seid ihr an der Reihe, uns Ehre zu machen, Jungs«, meinte er grinsend. »Ich habe meinen Teil getan.«

Da mir die Höhenkrankheit noch immer schwer zu schaffen machte, war ich nicht gerade enthusiastisch, als ich von seiner qualvollen Exkursion hörte.

Wir hätten wirklich noch ein paar Tage gebraucht, um uns zu akklimatisieren, uns standen aber weder Zeit noch genügend Essensvorräte zur Verfügung. Außer einer Dose Sardinen und etwas Reis war nichts mehr übrig. Wir fragten den Besitzer, ob er uns etwas zu essen verkaufen könne. Er hatte nichts.

Es hätte eine Woche gedauert, ins Tal hinabzusteigen, Proviant zu kaufen und akklimatisiert zurückzukehren. Wir konnten es uns nicht leisten, eine Woche zu verlieren. Wir mussten den Quehuishua am folgenden Tag besteigen.

17. Tag: 29. September 1999

Als ich aufwachte, fühlte ich mich etwas besser. Ich schaffte es, eine halbe Schale von Willies Thunfischreis zu essen. In den letzten 36 Stunden hatte ich gerade einmal einen Teller Nahrung zu mir genommen.

»Hol bitte die Sublimes aus deinem Rucksack, Ben«, bat ich. Die Schokoladenriegel waren als Mittagessen für Scott und mich gedacht.

Er wühlte eine Zeit lang in seinem Rucksack und machte ein verdutztes Gesicht.

»Wir haben sie gestern für unsere Tour zum Mismi eingepackt«, sagte ich. »Erinnerst du dich? Wir haben sie nicht gegessen, weil wir umgekehrt sind.«

Ben sah mich verblüfft an und kramte abermals scheinbar verständnislos in seinem Rucksack. »Ich finde sie nicht«, sagte er, ohne eine Miene zu verziehen.

»Was soll das heißen, du findest sie nicht?«, fragte ich ihn. »Dein Rucksack ist winzig, und es ist fast nichts drin.«

»Um ehrlich zu sein, Kumpel«, sagte er verlegen, »ich habe sie gegessen.«

Mir klappte die Kinnlade hinunter.

»Als ich gestern Abend vom Berg heruntergekommen bin… hatte ich Hunger… und dachte, ich würde vielleicht sterben.« Er drehte sich weg.

»Wir wollten sie mittags essen«, jammerte ich.

Scott holte Zitronenbonbons aus seinem Rucksack. Sie mussten uns jetzt als Mittagessen dienen. Am Abend würde es nichts geben.

Ich war stinksauer, aber was sollte ich sagen? Wenn ich am Tag zuvor auf dem Berg gewesen wäre, hätte ich die Sublimes vermutlich ebenfalls gegessen, vor allem bei dem Gedanken, dass sie meine letzte Mahlzeit wären.

Willie, Ben, Scott und ich verließen gemeinsam das Camp und machten uns auf den Weg zum Grat. Die erste Etappe von Willies

Heimweg führte in Richtung Quehuishua. Ben wollte uns auf dem ersten Streckenabschnitt begleiten, bei dem wir dem kleinen Quellfluss folgten, der den bescheidenen Anfang des Amazonas darstellte. Er war ungefähr einen Meter breit und schlängelte sich leise plätschernd durch den Schnee. Vom Wasser stiegen Nebelschwaden auf, die sich in der Brise auflösten. Wir wollten den Quellfluss bis zu der Stelle zurückverfolgen, wo die ersten Tropfen ihre 7000 Kilometer lange Reise antraten.

Auf den ersten fünf Kilometern war die Steigung nicht besonders steil, und wir kamen gut voran. Im strahlenden Sonnenschein schmolz der Schnee schnell dahin. Unser unbekümmerter kleiner Bach gluckerte und gurgelte fröhlich, während ihn die Schneeschmelze anschwellen ließ. Er machte zierliche u-förmige Schleifen, und wir sahen, dass er sich weiter oben über eine Kante nach unten stürzte. In der Nähe schimmerte ein Gletscher blau und goldfarben in der Morgensonne.

In meinem Magen rumorte es, und der Presslufthammer in meinem Kopf war noch immer am Werk. Ich nahm extrastarke Kopfschmerztabletten, die diesmal zu wirken schienen – zumindest wesentlich besser als die Kokablätter. Ich musste mich nicht mehr übergeben, und das war ein gutes Zeichen.

Auf dem Pass mussten Scott und ich nach links abdrehen, um die Flanke des Quehuishua zu besteigen, Willie musste mit seinen Eseln zurück über den Pass und hinab ins Colca-Tal gehen, Ben kehrtmachen, um im Camp auf uns zu warten.

Der Bach hatte ungefähr denselben Wasserdruck wie ein Hydrant und führte eine ähnliche Wassermenge. Wir sahen, dass er weiter oben, auf ein Rinnsal reduziert, gänzlich unter dem losen, scharfkantigen Schiefergestein verschwand. Ich trank einen Schluck von dem eiskalten Wasser, das wunderbar belebend schmeckte. Dieses Wasser stellte einen Anfang dar, die Geburt des mächtigsten Flusses der Welt. Die Vielfältigkeit des Ökosystems, das hier begann, war nur schwer zu begreifen. Das kühle Wasser glitt meinen Rachen hinunter.

»Auf Wiedersehen, *amigos*«, sagte Willie und schüttelte uns die Hand.

»Viel Glück, Jungs«, fügte Ben hinzu, dann war auch er verschwunden.

Um Scotts Gesundheitszustand war es ähnlich schlecht bestellt wie um meinen. Vor uns erstreckte sich ein steiler, von mehreren schiefergrauen Felswänden unterbrochener Hang. Etwa die Hälfte der Strecke war mit Schnee bedeckt, der Rest ein Trümmerfeld aus losen, scharfkantigen Felsbrocken. Der Wind war eingeschlafen, und wir hörten das Wasser gluckern, als es zwischen den Felsen durchsickerte.

Auf Meereshöhe hätte ich diesen Hang hinaufhüpfen können. In 5000 Meter Höhe, ohne mich ausreichend akklimatisiert zu haben, konnte ich mich kaum auf den Beinen halten. Vor meinen Augen flimmerte und flackerte es noch immer. Die losen Felsbrocken gaben oft nach und rutschten ab. Wir schleppten uns dahin, erklommen eine Reihe kleinerer Felswände, bis wir schließlich auf der Schulter des Bergs standen. Wir konnten deutlich den Gipfel sehen, der jetzt vielleicht noch zwei Kilometer von unserem Standpunkt entfernt war.

Scott kramte zwei Bonbons hervor. Ich lutschte meines vorsichtig, um es nicht versehentlich einzuatmen, während ich keuchte und nach Luft japste. Die Aussicht war unglaublich – wir waren von einem Panorama mit zerklüfteten, schneebedeckten Gipfeln umgeben. In den darunter liegenden Tälern bekam man die Berge niemals so zu Gesicht. Die Gipfel im Vordergrund verdeckten immer die dahinter und versperrten die Aussicht. Hier war die Sicht uneingeschränkt und überwältigend.

Wir folgten dem Rinnsal, das inzwischen kaum mehr als ein feuchter Streifen auf dem felsigen Boden war. Wo die oberste Felsschicht lose war, verschwand er völlig. Kurz vor dem Gipfel konnten wir das letzte Mal ein Fließen ausmachen. Unmittelbar oberhalb dieses Rinnsals begann ein kleiner Gletscher, der in der Mittagssonne weinte.

Scott verkündete feierlich: »Jeder Fluss beginnt als einzelner Tropfen.«

Ich hielt die Hand unter die eiskalten Tränen und trank das Schmelzwasser. »*Cheers*! Trinken wir darauf, dass wir den Anfang des mächtigsten Flusses dieses Planeten gefunden haben.«

Ich blickte mich um. Der Gipfel des Quehuishua, der majestätisch und stolz in den Himmel ragte, kam mir vor wie ein stiller Segen. »Wow«, sagte ich schwer atmend. »Hier ist es schöner, als ich mir je hätte vorstellen können. Jeder Mensch auf der Welt kennt den Amazonas. Und trotzdem weiß niemand, dass es diesen Ort gibt. Die Geburtsstätte des Amazonas.«

Wir befanden uns auf knapp 5400 Meter Höhe. Ich übergab mich.

Glücklicherweise dauerte es nicht mehr lange, bis wir triumphierend auf dem Gipfel standen. Keuchend bewunderte ich das 360-Grad-Panorama. Im Westen befand sich das Einzugsgebiet des Pazifik, im Osten der Atlantik. Weit unten, von der Schulter des Bergs verdeckt, lag Ben im Zelt und las ein Buch mit dem Titel *Unsterblichkeit*.

Das war es. Ich fühlte mich jetzt unsterblich – genau das empfand ich. Ich fühlte mich den Inka nahe und allen anderen, die vor mir hier oben gestanden und über die Gipfel, Spitzen und Zacken geblickt hatten. Ich fühlte mich mit den Spaniern verbunden, die mit ähnlicher Ehrfurcht auf den Kontinent vor ihnen gestarrt haben mussten. Das Gefühl war überwältigend, aber ich konnte es nicht auskosten.

Es war schon drei Uhr, und wir mussten uns beeilen, um den tückischen Abstieg vor Einbruch der Dunkelheit hinter uns zu bringen. Wir warfen alle Vorsicht über Bord und kletterten, so schnell wir konnten, über lose Felsbrocken und rutschiges Geröll bergab. Ich hatte das Gefühl, in eine Plastiktüte zu atmen. Ich atmete wie wild ein und aus, doch das machte es nicht besser.

Während der nächsten Stunden marschierten wir mit vollem Tempo, bis Scott einen stechenden Schmerz in der Brust spürte.

Wir blieben stehen und ruhten uns aus. Als seine Schmerzen nachließen, setzten wir den Abstieg fort. Mein Gesicht war völlig verbrannt. Trotz Hut und Sonnencreme hatten die vom Schnee reflektierende Sonne und die ultraviolette Strahlung meine Haut mit Blasen überzogen. Scotts Gesicht war ebenfalls mit Blasen übersät.

Gegen sechs Uhr verschwand die Sonne hinter den Gipfeln. Zunächst empfanden wir es als Erleichterung, dass sie uns nicht mehr das Gesicht versengte. Doch das Dämmerlicht wich bald völliger Dunkelheit, die uns blind machte und verängstigte.

Wir hatten die Schulter des Bergs hinter uns gelassen, und wenn wir in der richtigen Richtung weitergingen, würden wir auf keine Felswände mehr stoßen – zumindest versicherten wir uns das gegenseitig. Ich hörte Scotts Magen wie wild knurren, doch wir hatten nichts zu essen dabei, und im Camp erwartete uns ebenfalls nichts – außer unseren feuchten Schlafsäcken.

Unsere Taschenlampen schnitten einen schmalen Kegel in die pechschwarze Nacht, der allerdings nur ein kurzes Stück weit reichte. Wir hatten keine Ahnung, was sich hinter dem drei Meter langen Lichtstrahl befand. Das hatte zur Folge, dass wir in zwei Schluchten ohne Ausgang stolperten und beinahe einen der Abhänge hinabgestürzt wären, die eigentlich gar nicht existierten.

Die Abschnitte, die bei Tageslicht flach und nichts sagend gewirkt hatten, waren im Dunkeln unergründlich. Irgendwann stolperte ich und schleuderte im Fallen meine Taschenlampe in die Nacht. Sie landete auf einem Felsen und ging aus. Wir suchten nach ihr, aber sie war weg. Noch frustrierender war die Tatsache, dass meine Ersatzbatterien nicht in Scotts Taschenlampe passten, die bereits nachließ. Mit nur einer Lichtquelle stolperte ich häufig über Felsen, die uns den Weg versperrten. Als auch noch Scotts Taschenlampe den Geist aufgab, krochen wir dahin wie Blinde.

Wir zogen bereits in Erwägung, uns bis Tagesanbruch auf dem Boden zusammenzurollen, als ich in der Ferne ein Blinken sah. Das musste Ben sein. Unglücklicherweise konnten wir keine

Ben (links), Scott und ich am »Punta Bonita«, nachdem wir als Zeichen für den Beginn unserer Reise die Stiefel in den Pazifik getaucht hatten.

Beim Campieren im Majes-Tal. Der Stock neben dem Feuer markiert die Stelle, an der wir den Gaskocher begraben haben.

Oben:
Am zweiten Tag unserer Wüstendurchquerung bereiten unsere veralteten und möglicherweise fehlerhaften Karten Scott und mir Kopfzerbrechen.

Scott und ich suchen für kurze Zeit Schutz vor der erbarmungslosen Sonne.

Wir stapfen weiter. Was aussieht wie der Gipfel der Bergkette (oben im Bild), ist nur eine Stufe im Hang. Zu diesem Zeitpunkt hatten wir bereits keinen Tropfen Wasser mehr.

Rechts:
Die Oase – der hinreißende grüne Fleck, an dessen Existenz wir bereits gezweifelt hatten.

Links:
Beim Rehydrieren in der Oase, während über uns das Kreuz des Südens am Himmel funkelte.

Mitte:
Neugierige Kinder in Huambo, einer Ortschaft am Rand des Colca-Cañóns.

Unten:
Während einer Pause beim Aufstieg zur kontinentalen Wasserscheide mit Willie, dem Bauern, der uns Esel lieh. Der gezackte Gipfel im Hintergrund gehört zum Quehuishua, der Quelle des Amazonas.

Rechts:
Scott und ich feiern unsere Besteigung des Quehuishua.

Mitte:
Scott blickt vom Gipfel des Quehuishua auf die kontinentale Wasserscheide.

Unten:
Ein Blick auf den Gletscher, aus dem der Amazonas entspringt.

Oben:
Der Beginn der Wildwasserfahrt am oberen Apurímac. Nach den Torturen in der Wüste war es eine Erlösung, den Fluss unser Gepäck transportieren zu lassen.

Scott und ich beim Tragen des Schlauchboots – harte Arbeit, aber die einzige Möglichkeit, die scharfkantigen Granitbrocken im Flussbett zu umgehen, die das Schlauchboot hätten in Stücke reißen können.

Ben (rechts) und ich (links) aus Scotts Perspektive bei der Einfahrt in Stromschnellen.

Rechts:
Nach dem Durchfahren einer Schlucht der Kategorie Wildwasser V legen wir eine Pause ein, um uns zu orientieren und unsere strapazierten Nerven zu beruhigen.

Der Polizist Ricardo serviert uns Frühstück vor der Polizeistation von Cunyac. Er und seine Kollegen glaubten nicht, dass wir es durch die Acobamba-Schlucht schaffen würden, wollten uns aber nicht hungrig sterben lassen.

Die Kinder von Carhuasanta helfen uns beim Tragen unserer Rucksäcke. In dem Ort, der vom Anisanbau lebt, roch die Luft verlockend nach Lakritz.

Lichtzeichen zurücksenden. Mach weiter, betete ich. Doch er hörte auf.

Als das Licht erloschen war, verloren wir schnell die Orientierung. Ohne Anhaltspunkt trieben wir hilflos im Meer der Nacht. Etwa eine Stunde lang stolperten wir in der Richtung weiter, in der wir das Licht vermuteten.

Dann flackerte es erneut auf – diesmal wesentlich näher und fast neben uns.

»Ben!«, schrie ich.

Er hatte mich gehört. »Hier drüben!«, antwortete er.

Wir waren überwältigt vor Erleichterung. »Gib uns weiter Lichtzeichen!«, rief ich ihm zu. »Wir haben keine Taschenlampe.« Wir stolperten auf seine Lichtzeichen zu.

»Ihr seht ziemlich beschissen aus, Jungs«, stellte Ben fest. »Habt ihr es geschafft?«

»Na klar«, erwiderte Scott.

Gegen zehn Uhr kamen wir bei der Hütte an und sackten auf den Lamafellen zusammen.

»Und, hast du die Sublimes gefunden?«, fragte ich geistesabwesend. Meine Höhenkrankheit hatte sich gelegt, und ich stand vor dem Verhungern.

»Tut mir Leid, Kumpel.«

Wir waren völlig erschöpft und ausgehungert, strahlten aber vor Selbstzufriedenheit. Unsere Reise entlang des Amazonas hatte begonnen, und ich konnte es kaum erwarten, aufs Wasser zu kommen. Komplett angezogen kletterte ich in meinen durchnässten Schlafsack. Wenige Minuten später schlief ich tief und fest.

18. Tag: 30. September 1999

Wir waren früh auf den Beinen, nachdem uns unser Hunger und das Hochgefühl zu wissen, dass es von nun an nur noch bergab ging, aus den Federn getrieben hatten. Mein Körper fühlte sich an, als wäre ich von einem Bus überfahren worden, und mein Gesicht war verbrannt. Unser Lager war schnell abgebaut, und wir brachen auf, um dem Bach zu folgen, der sich friedlich am Camp vorbeischlängelte. Etwa 300 Meter weiter unten vereinigte er sich mit einem anderen Bach, der von den Hängen des Mismi herabfloss. Ben lächelte, als wir »seinen« Bach passierten.

»Die wahre Quelle des Amazonas«, sagte Ben mit einer Kopfbewegung zum Mismi, der jetzt von einer Anhöhe verdeckt wurde.

»Wir haben unseren Zeitplan eingehalten«, sagte Scott, der beim Gehen hinkte.

»Aber nur, weil wir uns wie die Blöden abgerackert haben«, meinte Ben. »Wenn wir das nächste Mal einen Berg mit mehr als 4500 Metern besteigen, geben wir das Zehnfache für unsere Ausrüstung aus, packen mehr zum Essen ein und nehmen uns Zeit für das Akklimatisieren.«

Er blickte zurück zu den Bergen und auf den Bach neben ihm. Endlich folgten wir dem Amazonas flussabwärts. »Ach, scheiß drauf!«, meinte er. »Wir kommen schon zurecht mit dem, was wir haben.«

Die Vegetation blieb spärlich, als wir bergab gingen. Vor uns tat sich ein großes, breites Tal auf, das sanft nach Osten anstieg. Braunes Gras wechselte sich mit felsigen Hängen ab. An einer Stelle verschwand der Bach, dem wir folgten, in einem großen, mit schwammigem Torfmoos bedeckten Sumpf. Wir gingen am Rand des Sumpfs entlang, da es sicherlich einfacher war, ihn zu umgehen als ihn zu durchqueren. In der Ferne sahen wir Alpakas grasen.

Wir rechneten damit, gegen Mittag auf die Häuser zu stoßen, von denen uns Willie erzählt hatte. Unsere Rechnung ging auf. Neben einer Gruppe von vier Häusern häuteten mehrere Männer frisch geschlachtete Alpakas. Sie sahen uns kommen und riefen in eins der Häuser hinein. Weitere Männer tauchten auf.

»*Hola*.«

»*Hola*«, erwiderte einer von ihnen. Sie wirkten nervös, aber nicht aggressiv.

»Können wir hier etwas zu essen kaufen?«

Sie erwiderten, dass sie nichts zu verkaufen hätten, uns aber gern einladen würden. Ein Mann in einer schmutzigen Jacke aus Lamaleder und alten schwarzen Bügelfaltenhosen fragte uns, ob wir mit ihm und seiner Familie zu Abend essen wollten. Ich hätte ihn küssen mögen.

Wir folgten ihm in das nächstgelegene Haus, das der Hütte, in der wir die letzten Tage verbracht hatten, zum Verwechseln ähnlich sah. Auf dem Boden saßen drei Kinder auf Lamafellen; neben der Kochstelle aus Lehm, von der Rauch in die ohnehin schon dicke Luft aufstieg, stand eine Frau. Ich musste husten, als Ben den Mann fragte, warum sie keinen Kamin hatten.

»Holz ist rar«, sagte er. »Ein Kamin lässt die ganze Wärme hinaus. Wenn man das Holz mit Eseln hier herauf transportieren muss, ist ein Kamin Verschwendung. Außerdem«, erklärte unser Gastgeber und machte eine Handbewegung, »ist der Geruch des Rauchs angenehm.«

Mit tränenden Augen hustete Ben seine Zustimmung.

Unsere erste ordentliche Mahlzeit seit langer, langer Zeit bestand aus gekochten Kartoffeln, die mit stattlichen Brocken Lamafleisch garniert waren. Ich schlang das durchwachsene Protein hinunter und vergaß dabei den Rauch. Nachdem ich mir sicher war, dass sich unsere Gastgeber nicht daran stören würden, leckte ich meinen Teller ab. Die Frau lächelte und lud mir eine weitere deftige Portion auf den Teller. Ich fühlte mich wie im siebten Himmel. Mein Magen war voll, und meine Übelkeit war verschwunden.

Anschließend sahen uns die Kinder ehrfürchtig dabei zu, wie wir unser Kuppelzelt aufbauten. Sie hatten noch nie solche seltsamen Materialien gesehen. Ihre Welt bestand aus dem, was die karge Landschaft darbot. Im Vergleich dazu wirkte unsere Welt komplex und schwierig. Das Zelt gefiel ihnen nicht.

Wir waren von unserem Basislager nur etwa 300 Höhenmeter abgestiegen, doch die Luft fühlte sich bereits wesentlich dicker an. Vielleicht lag es aber auch nur daran, dass ich mich langsam akklimatisierte.

19. Tag: 1. Oktober 1999

Ich erwachte um halb sechs und hörte, wie Lamas am Reißverschluss des Zelts knabberten. Als ich ins Freie kroch, suchten die flauschigen, scheuen Tiere das Weite. Der Himmel war milchig weiß und hatte dieselbe Farbe wie die Lamas, die weit oben auf dem Hang Reißaus nahmen.

Fernando, ein Sohn der Familie, kam und lud uns ein, mit ihnen zu frühstücken.

Nachdem wir ein weiteres Mal Lamafleisch und Kartoffeln gegessen hatten, schenkte ich unseren Gastgebern ein T-Shirt. Es war ein ziemlich dürftiges Geschenk und entsprach vermutlich genau dem Klischee, doch auf mehr konnte ich bei meiner ohnehin knappen Ausrüstung nicht verzichten. Sie schienen sich sehr darüber zu freuen, und der Vater zog seine Lamajacke aus, um stolz sein neues T-Shirt zur Schau zu tragen.

Nachdem wir Höflichkeiten ausgetauscht hatten, machten wir uns auf den Weg zu der ungefähr 40 Kilometer entfernten Ortschaft Yauri. Man hatte uns versichert, dass wir dort getrocknetes Alpakafleisch und Reis kaufen konnten.

Es schneite, der Schnee war nass, und als die Temperaturen am Vormittag anstiegen, ging er in Regen über. Wir befanden uns noch immer in 3900 Meter Höhe, doch ich hatte das Gefühl, die Höhenkrankheit überwunden zu haben. Trotzdem war ich noch immer schwach und erschöpft. Nachdem ich tagelang mit einem Minimum an Ernährung an meine Grenzen gegangen war, fühlte ich mich völlig entkräftet. Ich träumte davon, mich in ein großes, weiches Bett zu legen und ein paar Tage lang durchzuschlafen.

Zu unserer Rechten floss der Río Hornillos, wie dieser Zufluss des Amazonas genannt wurde. Der Platzregen machte ihn schlammig und ließ seinen Wasserpegel ansteigen. Es war der erste Regen seit unserer Ankunft. Wir befanden uns jetzt auf der »feuchten« Seite der Anden, und die Regenzeit nahte. Ich war dankbar, dass ich während der letzten zwei Wochen Regenbekleidung mit mir herumgeschleppt hatte.

Der Regen prasselte ins Tal, als wir auf dem Pfad dahinstapften, der sich nie weit vom Flussufer entfernte. Wir kamen an einigen Steinhäusern vorbei und trafen vor jedem eine austauschbare Ansammlung scheuer Kinder, schlecht gelaunter Alpakas, bellender Hunde und neugieriger Erwachsener an.

Yauri erreichten wir erst lange nach Einbruch der Dunkelheit. Der Regen, der nur am Nachmittag kurzzeitig nachgelassen hatte, fiel noch immer in Strömen. Wir bauten unser Zelt neben einem verlassenen, dachlosen Steinhaus am Rand der Ortschaft auf. Sämtliche Bemühungen, Feuer zu machen, blieben erfolglos. Es war einfach alles zu nass. Zum Abendessen gab es getrocknetes, salziges Alpakafleisch, das wir in unserem Zelt kauten, in dem es nach schimmligen Schlafsäcken stank. Seit Tagen hatten wir keine Möglichkeit gehabt, sie zu trocknen. Wir waren eine bedauernswerte Truppe.

20. Tag: 2. Oktober 1999

Als wir frierend und hungrig aufwachten, stellten wir fest, dass eine Schar Einheimischer mit großen Augen unser Zelt umringte. Sie hatten gespannt darauf gewartet, was daraus auftauchen würde, und wirkten richtig enttäuscht, als sie uns zu Gesicht bekamen. Ich weiß nicht, womit sie gerechnet hatten, aber unsere ungepflegte, stinkende und bärtige Erscheinung und unsere blutunterlaufenen Augen schreckten sie offensichtlich ab.

»*Hola*«, sagte ich mit klappernden Zähnen.

Einige der Erwachsenen lächelten. Die Kinder wirkten verängstigt.

»Gibt es hier einen Laden?«

Ein Mann trat nach vorn. »Ich habe einen Laden. Kommt mit.«

Wir wurden an mehreren Reihen Lehmhäusern vorbei zu einem kleinen, ordentlichen Haus geführt, das etwas größer als die anderen war. An der Außenwand hing ein abblätterndes Coca-Cola-Schild, das nur noch anhand der charakteristischen Coke-Flasche zu identifizieren war.

Im Innern saß eine faltige Frau auf dem Boden und murmelte vor sich hin. Ein kleiner Hund kaute verspielt an ihren Zehen. Sie schien weder das Hündchen noch uns wahrzunehmen. Der Frau gegenüber befanden sich drei Regalbretter, von denen zwei leer waren. Das andere bog sich unter der Last von zwei Beuteln Reis, zwei Packungen Nudeln, einer vertrockneten Zwiebel, fünf Dosen Thunfisch, zwei Büchsen Sardinen, einem großen Gefäß mit Bohnen und einem kleinen Glas mit Kaugummis.

Bis auf die Kaugummis und ein bis zwei Hand voll Bohnen nahmen wir alles mit. Die Frau murmelte weiter, der Hund knabberte an ihren Füßen, und der Ladenbesitzer grinste breit.

In Anbetracht der Tatsache, dass sich Yauri inmitten einer abgeschiedenen Mondlandschaft befand, war die Ansiedlung mit etwa 700 Einwohnern verhältnismäßig groß – eine richtige Ortschaft, verglichen mit den winzigen Nestern, die wir bislang passiert hatten. Es gab dort sogar eine beeindruckende Kirche, die jedoch alles andere als freundlich wirkte.

Wir aßen in der örtlichen *casa comida* – dem Eckzimmer eines Privathauses, wo für umgerechnet etwa 80 amerikanische Cent Abendessen serviert wurde. Das Menü bestand aus einer Suppe, einem undefinierbaren fleischigen Brei mit Kartoffeln und einem Glas Fruchtsaftkonzentrat.

Wo der Hornillos und der Apurímac zusammenflossen, war das Wasser tief genug, um einen Kajak zu tragen. Wir folgten jetzt dem eigentlichen Apurímac, der über eine breite, von bedrohlichen vulkanischen Felsen gesäumte Fläche Schwemmland floss. Aufgrund des schwankenden Wasserpegels und des steilen, abweisenden Terrains befanden sich die meisten Häuser und kleinen Dörfer ein Stück vom Ufer entfernt. Unser Pfad führte an der Oberkante der Felswände entlang, die neben dem Fluss emporragten. Manchmal verloren wir das Wasser ganz aus den Augen, dann wieder sahen wir, wie es am Fuß einer 100 Meter hohen Felswand entlangrauschte.

Der Fußmarsch wurde zu einer Belastungsprobe. Wir waren im Durchschnitt 13 Stunden am Tag unterwegs und setzten alles daran, Boden gutzumachen. Je mehr ich mich selbst antrieb, desto weniger Spaß machte mir die Wanderung und desto mehr bemühte ich mich, sie hinter mich zu bringen. Ich ärgerte mich über die Blasen, hasste die Schmerzen und Qualen und verabscheute unsere fade Verpflegung, die ausschließlich aus Reis, Bohnen und Thunfisch bestand. Ich fand es schrecklich, wie dürr ich wurde. Ich hatte die monotone Routine satt.

Gegen Mittag stießen wir auf einen Mann, der mit seinen beiden Söhnen ein Lehmhaus neben zwei anderen Häusern baute, die jeweils so groß wie ein kleiner Schuppen waren. Als wir an ihnen vorbeigingen, deuteten sie eine Trinkbewegung an und fragten uns, ob wir mit ihnen ein Glas selbst gebrautes *chicha* trinken wollten. Wir nahmen das Angebot an.

Der Vater, der Martilo hieß, erklärte uns, dass sie ein Haus für seinen ältesten Sohn bauten, der erst vor kurzem ein Mädchen aus Yauri geheiratet hatte. Sie würden dazu ungefähr drei Tage brauchen. Die Ziegel bestanden aus einer Mischung aus Stroh, Mist, Erde und Wasser. Ein Esel zerstampfte die Masse mit den Hufen, bis sie die richtige Konsistenz hatte. Anschließend wurde der Brei in rechteckige Behälter gefüllt und zum Trocknen in die Sonne gestellt.

Wir saßen auf ausgehärteten Lehmziegeln, und während der Mann sprach, wurde eine mit *chicha* gefüllte Plastikflasche herumgereicht. Dann kochten wir unsere Nudeln.

»Mein Sohn José ist der beste Fischer der Gegend«, verkündete Martilo stolz.

José wischte sich mit dem Ärmel den Mund ab und sagte: »Im Fluss gib es nicht mehr so viele Fische wie früher. Ich werde Lamas züchten müssen, um meine Frau und meine Kinder ernähren zu können.« Er sprach abfällig vom Lama-Hüten, als sei es viel ehrenwerter, seinen Lebensunterhalt durch den Fluss zu verdienen. Ein gefährliches Unterfangen: Die Schätze des Apurímac zu ernten, war nur etwas für echte Männer.

Als wir unseren Weg wieder fortsetzten, rief uns José hinterher, dass er seinen ersten Sohn nach uns benennen würde – »Gringo.«

Armes Kind.

Es dauerte nicht lange, bis der Pfad, dem wir folgten, plötzlich endete, weil sich der Fluss in die Wand des Cañóns fraß. Wir mussten ihn durchqueren und auf der anderen Seite weitergehen, wo das Gelände schwierig war. Scott schaffte es als Erster zum anderen Ufer, indem er von einem rutschigen Felsen zum nächsten sprang. Ich folgte ihm und verlor dabei einmal das Gleichgewicht, kam jedoch unbeschadet auf der anderen Seite an.

Ben hatte weniger Glück. Er rutschte aus. Überraschenderweise brach er sich keine Knochen, und auch sein Rucksack blieb trocken. Allerdings hatte er anschließend Schmerzen und hinkte.

Um acht Uhr abends erreichten wir die Inka-Hängebrücke – ein Wahrzeichen, das von den Einheimischen als zeremonielles Zentrum bewahrt wurde. In der Dämmerung war die Brücke allerdings kaum zu erkennen. Wir sahen das nahe gelegene Dorf Hurinchiri und die moderne Brücke ganz in der Nähe, waren aber zu erschöpft, um sie zu besichtigen.

Als ich im Zelt lag und meinen Bauch und Rücken abtastete, stellte ich fest, dass jegliches Fett verschwunden war. Ich fühlte mich schwach und ausgelaugt. Ich sah den abgespannten Ausdruck in den Gesichtern von Ben und Scott und wusste, dass mein Gesicht wie ihr Spiegelbild aussah. Das Wildwasser würde dieser Hölle hoffentlich ein Ende setzen. Jeder Tag würde spannend werden, und die Stromschnellen versprachen einen kontinuierlichen Adrenalinrausch. Wir würden uns vorkommen wie im Paradies.

Ich hatte schon lange kein Sublime mehr zwischen die Zähne bekommen – viel zu lange …

21. Tag: 3. Oktober 1999

Ich wachte hungrig auf, und die brennende Leere in meinem Magen trieb mich dazu, das bisschen Wärme, das mein Schlafsack spendete, zu verlassen. Die ganze Nacht hatte ich vom Essen geträumt, von Cuzco und den dortigen Restaurants mit chinesischer, italienischer und indischer Küche. Ich hatte keinen Zweifel daran, dass ich dabei war zu verhungern.

Ich kroch aus dem Zelt und staunte, als ich einen ersten Blick auf die Inka-Hängebrücke warf. Die Konstruktion aus Holz und Lianen – mit Seilen aus geflochtenen Gräsern, so dick wie Baumstämme – hatte Widerlager aus Felsen, die ursprünglich von den Inka in Position gebracht worden waren. Angeblich konnten ganze Armeen die Brücke überqueren.

Die Inka verbrannten solche Brücken, als sie sich vor den Spaniern zurückzogen, weil sie hofften, die Apurímac-Schlucht würde ihnen Schutz bieten und die Invasion verhindern. Doch diese Hürde schob das Unvermeidliche nur auf.

Wir ließen das Frühstück ausfallen, um so schnell wie möglich Pilpinto zu erreichen, die Endstation unseres Fußmarschs.

Oberhalb der Hängebrücke war der Boden für kaum etwas anderes als das Hüten von Lamas oder Alpakas zu gebrauchen. Unterhalb war die oberste Bodenschicht dicker, und die vielen Quellflüsse des Apurímac sowie der Fluss selbst lieferten genug Wasser, um zahlreiche Höfe zu versorgen. Der Wasserpegel im Fluss reichte hier fast schon aus, um mit dem Rafting zu beginnen. Leider war er noch an vielen Stellen von riesigen Felsbrocken versperrt und deshalb unbefahrbar.

Als der Pfad um eine Ecke bog, bot sich uns ein schauerlicher, grausiger Anblick: Ein Indianer schlug einem kreischenden Esel mit der Schaufel auf den Kopf. Ich brauchte einen Moment, um zu begreifen, dass das Tier in einer steilen Serpentine ausgerutscht und die Felswand hinabgestürzt war. Seine Vorderbeine waren beide gebrochen. Mit aufgeblähten Nüstern drehte sich das verletzte, verängstigte Tier auf der Brust liegend, unter Zuhilfenahme seiner Hinterbeine, um die eigene Achse und versuchte verzweifelt, den Schaufelschlägen auszuweichen.

Der Mann ließ den Spaten immer und immer wieder herabsausen und schlug auf den Kopf des Esels ein. Er wollte ihn töten, um ihn von seinem Leid zu erlösen, doch der Esel schrie mit jedem Hieb lauter. Seine kehligen Klagelaute verschluckten das Rauschen des Flusses und jedes andere Geräusch in der Welt. Das Schauspiel war erschreckend und abscheulich.

Ben hob einen großen Felsbrocken auf und hielt ihn hoch über den Kopf. Dann machte er einen schnellen Schritt nach vorn und warf ihn auf den Schädel des Esels, wo er mit einem mächtigen Krachen landete. Die glänzend schwarzen, weit aufgerissenen Augen des Tiers erstarrten und wichen in ihre Höhlen zurück. Der Esel war tot.

Es herrschte völlige Stille. Erst nach einer Weile nahm ich den Fluss wieder wahr. Dann ertönte der letzte Atemzug des Esels, ein leises Pfeifen wie das eines Wasserkessels, der vom Herd genommen wurde. Eine eisige Bö kräuselte das stumpfe graue Fell des Tiers.

Der Mann sah uns an. Sein gleichgültiges Gesicht glich einer Maske. Er sagte kein Wort, winkte zum Abschied und ging davon.

Scott betrachtete den Kadaver. »Tja, wenn man den Esel nennt, kommt er gerennt. Hat jemand Lust auf fette Steaks zum Abendessen?«

»Ich verzichte«, sagte ich.

Wir marschierten noch zwei Stunden weiter, dann schlugen wir kurz vor der Ortschaft Surimana unser Lager auf. Ich war guter Dinge. Nachdem wir die Karten studiert hatten, beschlossen wir, am nächsten Tag bis Pilpinto durchzumarschieren.

22. Tag: 4. Oktober 1999

Pilpinto gehört zu den wenigen Ortschaften, die unmittelbar am Apurímac liegen. Die Apurímac-Schlucht weitet sich an dieser Stelle, und auf der Fläche am Fuß der steilen Wände kann etwas Getreide angebaut werden. Terrassen gibt es keine, da die Wände des Cañóns zu steil sind. Auf der Südseite des Tals sahen wir eine zickzackförmige Schneise – die Straße, die in etwa 30 Serpentinen von der Felswand herunterführte.

Die Gebäude in Pilpinto bestanden aus Lehmziegeln, manche hatten Blechdächer, andere waren mit Stroh gedeckt. Das einzige bedeutende Bauwerk war die gemauerte Kirche. Die Straßen waren allesamt unbefestigt. Die meisten Einwohner schienen nichts anderes zu tun zu haben, als uns zu beobachten, die Attraktion des Tages, und wir lockten von Minute zu Minute mehr Zuschauer an.

Da Pilpinto nur etwa 400 Einwohner hat, verirren sich nur selten Touristen hierher. Der Ort ist erst seit kurzem über eine lange und tückische, unbefestigte Straße mit dem Auto zu erreichen. Also glotzten uns die Leute an – und sie machten keinen besonders freundlichen Eindruck.

Ich weigerte mich, mir von den mürrisch dreinblickenden Anwohnern die Laune verderben zu lassen. Wir waren beim Abstieg von den Bergen erstaunlich gut vorangekommen, und ich wusste, dass wir die kommende Nacht in Cuzco, der legendären Hauptstadt der Inka, verbringen würden.

Wir humpelten auf einen ramponierten Toyota Hiace zu, der als öffentliches Verkehrsmittel diente. Der Kleinbus fuhr nur einmal am Tag nach Cuzco – um 20 Uhr –, also waren wir gerade rechtzeitig angekommen. Mir behagte der Gedanke an einen Tag in der großen Stadt, an ein gutes Restaurantessen und daran, den Rest der Reise in einem Boot zu verbringen. Ich legte mich im Sitz zurück und schlief ein.

Zweiter Teil:

Der wilde Apurímac

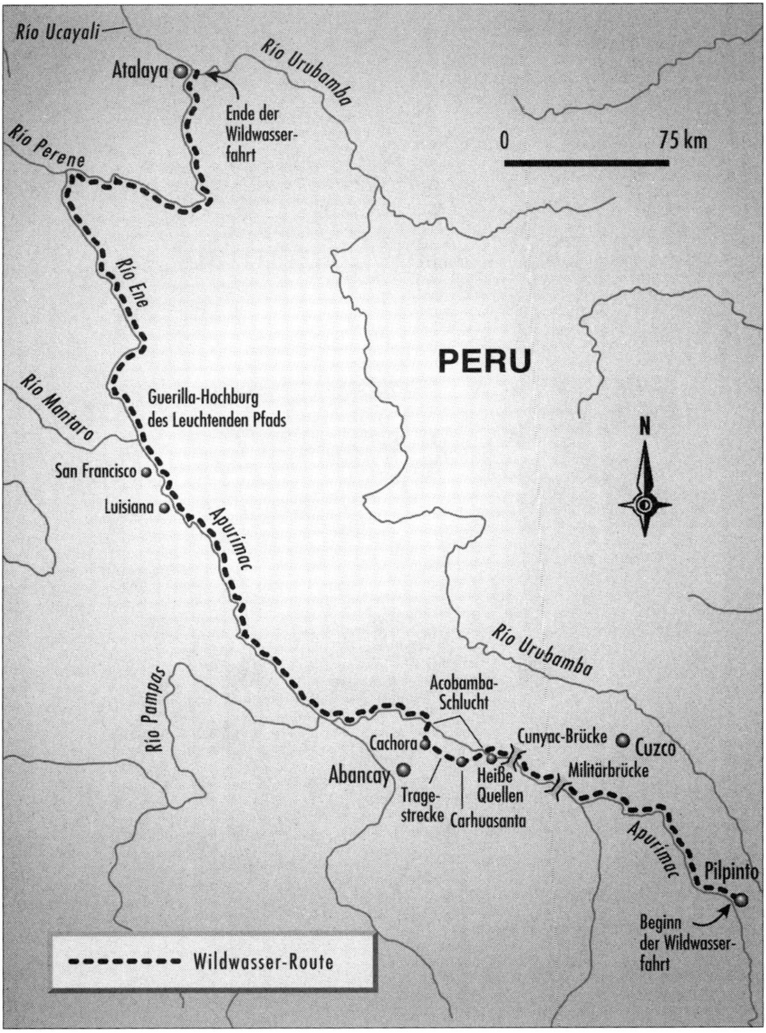
Río Ucayali
Atalaya
Río Urubamba
Ende der Wildwasser-fahrt
Río Perene
0
75 km
Río Ene
PERU
Río Mantaro
Guerilla-Hochburg des Leuchtenden Pfads
N
San Francisco
Luisiana
Apurímac
Río Urubamba
Río Pampas
Acobamba-Schlucht
Cachora
Cunyac-Brücke
Cuzco
Abancay
Heiße Quellen
Militärbrücke
Trage-strecke
Carhuasanta
Apurímac
Pilpinto
Beginn der Wildwasser-fahrt
Wildwasser-Route

23. Tag: 5. Oktober 1999

Rauschgluckergurgelgurgelrausch. Jemals einem Fluss gelauscht? Ich finde, jeder Fluss hat seine ganz eigene Stimme und Persönlichkeit, genau wie Schriftsteller und andere Menschen. Jeder hat einen anderen Charakter. Die Themse, der Hudson, der Ganges, der Nil, der Irawadi, der Jangtsekiang – jeder von ihnen hat eine ganze Zivilisation hervorgebracht, und jeder von ihnen ruft ein anderes Ethos hervor. Flüsse spielen in unserer heutigen Kultur eine ebenso zentrale Rolle wie in der Vergangenheit.

Abbildungen und Piktogramme von Flößen schmücken die Gräber alter Ägypter. Von Nepal bis Venedig ist der Fährmann eine universelle Figur. Charon trägt viele Verkleidungen. Die ägyptische Schrift *Die Lehre des Amenemope* enthält eine eigenartige Warnung: »Lass niemals einen Menschen beim Überqueren eines Flusses zurück, wenn du noch Platz auf der Fähre hast. Bau kein Boot, um Gebühr zu verlangen: Fordere Gebühr von denen, die sie bezahlen können, und verweigere sie von jenen, die sie sich nicht leisten können.« Es gibt den Fluss des Lebens und den Fluss des Todes, den Fluss der Weisheit und den Fluss der Vergesslichkeit. Alexander der Große überquerte Stromschnellen mit aufblasbaren Booten aus zusammengenähten, mit tierischem Fett imprägnierten Kuh- und Pferdehäuten. Die Lederboote irischer Mönche stellten eine andere Variante desselben Themas dar. Genau dieselbe Art Boote wird noch heute überall auf dem Erdball benutzt – für genau dieselben Zwecke.

Flüsse sind wichtige Kommunikations-, Diplomatie- und Handelswege. Sie dienten Invasionen, auf ihnen wurden Botschafter ausgesandt und Waren zu ihrem Ziel geschickt. Als wir über die Berge wanderten, freute ich mich darauf, den Apurímac genau kennen zu lernen. Wir würden an seinem Ursprung losfahren und uns bis zu seiner Mündung tragen lassen.

Als ich mich ausgeruht und satt im Bett ausstreckte, dachte ich über unseren Trip nach und darüber, was vor uns lag. Wasser hat in meinen Augen eine ganz besondere Aura, etwas Mystisches. Seit ich denken kann, ist Wasser für mich mehr als nur eines der Elemente: Es ist mein Element. Ich bin mir nicht sicher, warum. Flüsse und Meere faszinieren mich einfach. Vielleicht steckt das in uns allen. Auf jeden Fall war das Wasser der Grund, weshalb ich mich auf diesen Trip begeben hatte.

Wie fast jeder Junge hatte ich eine Schwäche für Piratengeschichten und *Die Schatzinsel*. Farley Mowats *Das Boot, das nicht schwimmen wollte* mag kitschig sein, mir gefiel es aber trotzdem. Wie zwei starrköpfige Liebende liegen der Protagonist und das Boot ständig im Clinch miteinander. Eine der originellsten Abenteuererzählungen, die ich je gelesen habe, ist Don Starkells *Paddle to the Amazon*. Es ist die Geschichte eines Vaters und seines Sohns, die in zwei Jahren in einem Kanu von Winnipeg in Kanada nach Belém in Brasilien paddelten. Was die beiden gemeinsam erlebt und durchgemacht haben! Ich dachte an meinen eigenen Vater, der Kapitän war, und wie es gewesen wäre, wenn wir uns gemeinsam auf eine solche Reise begeben hätten. Doch dazu war es nie gekommen.

Obwohl ich den Namen meines Vaters trug, war er ein Rätsel für mich. Meine Mutter nannte ihn immer »Onkel Colin«, wenn sie von ihm sprach. Als Kind war mir seine Abwesenheit nicht wirklich bewusst, da ich seine Gegenwart nie kennen gelernt hatte. Ich kannte nichts anderes; für mich war das die Normalität.

Meine Mutter schickte meinen Bruder aufs St.-Michaels-Internat nach Victoria, als er 14 war und ich sieben. Von da an war ich mit meiner Mutter und meinen beiden Halbschwestern Jane und Patty allein. Den Großteil meiner Jugend verbrachte ich also in einem reinen Frauenhaushalt. Ich lernte nie, wie ein Motor funktioniert oder wie man ein Fahrrad repariert. Das einzige Werkzeug im Haus war ein ramponierter Schraubenzieher, und ich entwickelte nie Interesse für Mannschaftssportarten. Abgesehen davon war ich aber ein ziemlich normaler Junge. Ich war fasziniert von Flugzeugen und verbrachte Stunden damit, Modellflugzeuge mit stoffbespannten Balsaholzrahmen zu bauen, die von Gummibändern angetrieben wurden. Ich hatte eine Schwäche für Segelflugzeuge, Drachen und Wasserbomben – für fast alles, das flog. Das Nonplusultra wäre für mich ein ferngesteuertes Flugzeug mit Verbrennungsmotor gewesen, doch dafür hatten wir kein Geld.

Ich hing nie mit großen Cliquen herum, sondern hatte immer ein oder zwei wirklich gute Freunde, auf die ich mich verlassen konnte. Mit zwölf las ich *Mein Schiff war die Taube* von Robin Lee Graham, das mich mehr als alles andere vor einem Stubenhockerdasein bewahrte. Diese Geschichte über einen 16-jährigen Amerikaner, der in fünf Jahren die Erde umrundet, führte mir vor Augen, dass die Welt nicht nur aus Lattenzäunen und Kombiwagen besteht. Ich plante umgehend mein erstes Abenteuer – die Soloüberquerung des Pazifischen Ozeans.

Mein Gott, was für ein Trip! Ich habe so viele Erinnerungen daran, und er führte mich direkt hierher, nach Cuzco, hoch in den Anden. Manchmal öffnet sich die Welt auf Umwegen.

Als ich zur Highschool ging, beschloss ich, dass ich mir ein Segelboot anschaffen und damit die Welt erkunden wollte. Fliegen war zu einfach und zu langweilig. In meinem eigenen Boot zu segeln, entsprach genau dem, was ich unter einem Abenteuer verstand. Ich malte mir aus, wie ich über Karten von wenig bekannten Gebieten brütete, durch fürchterliche Stürme segelte oder mit bildhübschen Polynesierinnen unter Palmen faulenzte, während meine Yacht draußen in der Bucht vor Anker lag.

Ich erzählte nicht vielen Menschen von meinem Vorhaben. Die

wenigen, die ich einweihte, sahen mich an und lächelten. Mein Plan schien ihnen zu weit hergeholt, um auch nur ein Wort darüber zu verlieren. Ich sah jedoch nichts, was mir meinen Traum vereiteln könnte. Harte Arbeit würde mir ermöglichen, das Boot zu kaufen, mit stundenlanger Vorbereitung würde ich mir das erforderliche Wissen aneignen, und ansonsten brauchte ich nichts als eine steife Brise. Alles war ganz einfach.

Dan Audet, ein guter Freund von mir, der erst kurz zuvor von Quebec in den Westen gezogen war, war der einzige Mensch, mit dem ich mein Vorhaben im Detail besprach, und der einzige, der es für durchführbar hielt. Bald nachdem ich in die elfte Klasse kam, kaufte ich mir von dem Geld, das ich als Zeitungsausträger und Tellerwäscher verdient hatte, ein vier Meter langes Enterprise-Segelboot. Mit diesem Boot eignete ich mir die Grundlagen des Segelns an, und es eignete sich hervorragend zum Tagträumen. Dan und ich luden am Wochenende oft eine Campingausrüstung in das Boot und segelten zwischen den Inseln in der Georgiastraße umher.

Ursprünglich hatte ich vorgehabt zu studieren, einen Abschluss zu machen und anschließend loszusegeln. Doch bereits während meines ersten Jahrs an der University of British Columbia, wo ich Naturwissenschaften studierte, fragte ich mich, ob dies für mich das Richtige war. Ich war nur deshalb immatrikuliert, weil die Gesellschaft, meine Mutter und meinesgleichen es von mir erwarteten. Doch ich war nicht glücklich damit, in langweiligen Seminaren eingesperrt zu sein. Was ich lernte, machte mir keinen Spaß. Ich erinnere mich, wie ich in einem Englischseminar saß (in meinem einzigen Seminarraum mit Fenstern) und auf die Bucht hinausblickte, während die Stimme des Professors monoton leierte. Vom Wetter gezeichnete Fischerboote stampften stolz durch die Wellen, und Segelyachten flitzten durch den Hafen. Sie verkörperten die Art und Weise, wie ich entdecken und lernen wollte. Von jenem Tag an widmete ich meine Energie dem Lesen von Segelbüchern und dem Pläneschmieden.

Ich verließ die Universität am Ende meines ersten Jahres und stach einige Monate später mit meinem Segelboot in See, um den Pazifik zu überqueren. Alle waren der Meinung, dass ich eine Menge aufgab, doch ich hatte das Gefühl, nichts aufzugeben. Es war mir egal, wenn ich niemals reich wurde. Es war mir egal, wenn ich nie ein eigenes Haus besaß. Ich musste vergessen, was mir die Gesellschaft diktierte, und tun, was mich glücklich machte, was auch immer es war. In einem Boot loszusegeln machte mich glücklicher als alles andere auf der Welt. Natürlich waren nicht alle meiner Meinung. Die Leute sagten, Dan und ich seien einfach zu jung, um mit unserem eigenen Boot in See zu stechen. »Hochseesegeln ist kein Sport für junge Leute. Man muss 20 Jahre Erfahrung auf dem Buckel und 200 000 Dollar auf dem Konto haben, um die Sache durchzuziehen.« Kein Wunder, dass so viele Menschen zu Hause und an Land bleiben!

Im Yachtclub erkundigte sich ein Seebär unbestimmbaren Alters: »Ihr Jungs habt also vor, die Welt zu umsegeln?« Ich nickte im Wissen, was als Nächstes kommen würde.

»Ich will euch ja nicht euren Trip vermiesen«, meinte er, »aber das schafft ihr niemals.« Die Adern auf seinen Wangen und seiner Nase waren vom Scotch gerötet. »Ihr habt weder die Erfahrung noch das nötige Taschengeld, um einen so langen Törn durchzustehen.«

»Ich schlage es mir gleich wieder aus dem Kopf«, sagte ich. Warum mit jemandem diskutieren, der sich bereits festgelegt hat?

Tatsache ist, dass gerade junge Menschen um die 20 den Globus erkunden, weil sie noch wenige Verpflichtungen haben und sich guter Gesundheit erfreuen. Abgesehen von einigen finanziell Unabhängigen und den nicht mehr Erwerbstätigen ist es vor allem unsere Generation, die über genug Freizeit, über flüssiges Kapital und – Bart Simpson zum Trotz – über Fernweh verfügt. Ich möchte keinen Moment unseres Trips missen, der mir den Beweis lieferte, dass die Schwarzseher oft Unrecht hatten. Wie sich herausstellte, bedurfte die Navigation wesentlich weniger der Zauberkunst und Hexerei, als man mich glauben machen wollte.

Dan und ich finanzierten unsere Reise mit einem begrenzten Budget. Ich bereitete das erste Mal eine Expedition vor, und auf der Grundlage des dabei Gelernten plante ich diesen Trip auf dem Amazonas. Als Erstes nahmen wir ein paar Stunden Segelunterricht. Als Nächstes kauften wir für 15 000 Dollar eine acht Meter lange Slup mit Langkiel. Selbstverständlich war an dem Boot einiges zu reparieren, aber die Substanz war gut und der Dieselmotor in einwandfreiem Zustand. Drei Monate harte Arbeit und noch einige tausend Dollar, und unsere *Odine* sah aus wie neu und war hochseetüchtig.

Am 1. Juli 1992, einem trüben und kalten Tag, stachen wir in See. Unter den wenigen Menschen, die uns verabschiedeten, war auch die Mutter eines anderen Freunds von mir. Sie sagte uns einen schrecklichen Tod auf hoher See voraus und erinnerte mich dabei ein wenig an den alten Mann in Bill Peets Kinderbuch *Cyrus the Unsinkable Sea Serpent*, der auf dem Kai steht und warnt: »Ihr werdet es niemals schaffen, ihr werdet es niemals schaffen. Wenn euch die Kalmen nicht erwischen, werden es die Stürme tun. Und wenn euch die Stürme nicht erwischen, werden es die Piraten tun. Ihr schafft es niemals.«

Wir erwischten einen katastrophalen Start. Zunächst gerieten wir vor der Küste Oregons in einen schweren Sturm, dann ging uns das Geld aus, und wir mussten uns in Alameda durchschlagen. Ich erinnere mich noch, welche Ängste wir ausstanden, als wir manövrierunfähig im Schifffahrtsweg trieben und in den großen Dünungswellen unter der Golden Gate Bridge auf und ab schaukelten. Ohne Maschine, ohne Wind, ohne Radar. Die Frachter pflügten so knapp an uns vorbei, dass ihre Sirenen direkt von oben zu kommen schienen, und mir war, als müsste ich nur meine Hand ausstrecken, um in der dicken Nebelsuppe ihren Rumpf zu berühren. Wir überlebten. Doch bereits wenige Tage später wurden wir vor der Küste von 50 Knoten Gegenwind gebeutelt und auf eine wilde Achterbahnfahrt geschickt. Die Schadensmeldungen im kanadischen Fernsehen versetzten meine Mutter derart in Angst und Schrecken, dass sie verzweifelt versuchte, mich zu erreichen.

Ich werde nie das Festessen vergessen, das wir auf der Isla del San Francisco in der Nähe von La Paz in Kalifornien veranstalteten. Wir hatten vier Tage auf der Insel mit Wandern, Schwimmen, Angeln und Erkunden verbracht. Am Abend vor unserer Abreise feierten wir ein tolles Fest. Von den benachbarten Inseln kamen andere Boote und gesellten sich zu uns, zusammen mit mexikanischen Fischern, die frische Tacos mitbrachten. Das Festessen am Lagerfeuer, bei dem wir Geschichten austauschten und becherweise Punsch tranken, dauerte bis spät in die Nacht. Ich betrachtete die unterschiedlichen Gesichter, die die flackernden Flammen umringten. Alte und junge Gesichter aus den verschiedensten Teilen der Welt. Wir alle würden unsere eigenen Wege gehen, und die meisten würden sich nie wieder begegnen, doch bei dieser einen Gelegenheit waren wir vereint. Es war einer der Momente, in denen sich die wahre Magie des Reisens offenbart.

Nach einer 32-tägigen Überfahrt von Mexiko zu den Marquesas-Inseln segelten wir von Tahiti westwärts nach Neukaledonien. Während der folgenden sieben Monate bereisten wir Papua-Neuguinea, Palau, China und Hongkong. Unterwegs beschloss Dan, in der Südsee zu bleiben und auf einem Kreuzfahrtschiff zu arbeiten. Ende Februar 1994 segelte ich die *Odine* allein nach Brisbane in Australien. Ein Jahr später, auf dem Rückweg nach Kanada über London, lernte ich Scott und Ben kennen.

Frisch erholt wagten wir uns nach Cuzco. In den schönsten Ecken der Stadt finden sich herrliche breite Boulevards, in ihren hässlichsten Ecken leben die Menschen zusammengepfercht in Slums. Die uralte Inka-Hauptstadt war voller Bettler. Angeblich ist Cuzco die älteste bewohnte Stadt der Neuen Welt und wurde ursprünglich in Form eines Jaguars angelegt, den die Inka als Gottheit verehrten. Die Stadt liegt in einem fruchtbaren, von majestätischen Bergen umgebenen Tal, und ihre gepflasterten Straßen müssen einst im Sonnenschein geglitzert und die Besucher geblendet haben. Doch das ist lange her.

In den 1960er-Jahren hielt sich der exzentrische Schriftsteller und Journalist Hunter S. Tompson hier auf und beschrieb, wie Inka in die mit Touristen überfüllten Lokale spähten. Schon damals waren auf Tischdecken und Türklopfern Tumis-Messer und andere zeremonielle Gegenstände der Inka-Kultur verewigt. Seither hat sich nichts verändert. Die Kluft zwischen Arm und Reich ist nach wie vor abgrundtief. Die Ruinen und die mit Vogelmist bedeckten Statuen zeugen von längst verblasstem Ruhm, denn die Gegenwart ist eine Schande. Cuzco ist eine triste, wuchernde Andenmetropole und hat den Charme verloren, der geschichtsträchtigen Orten normalerweise anhaftet.

Wir gingen zum South American Explorers' Club und holten unsere Ausrüstung ab. Ich wollte unbedingt aufs Wasser und konnte selbst kaum glauben, wie aufgeregt ich war. Nach dem langen Fußmarsch würde ich endlich auf dem Wasser sein, wo ich mich mehr zu Hause fühlte.

24. Tag: 6. Oktober 1999

Um fünf Uhr früh holperten wir im Dunkeln aus Cuzco hinaus und kamen gegen elf wieder in Pilpinto an, wo wir unsere Ausrüstung vom Dachgepäckträger des Kleinbusses abluden.

Das Wetter war heiß und trocken. Auf dem Platz entstand ein Menschenauflauf, als der Fahrer mit dem Schlauchboot, den Paddeln, Pumpen, Neoprenanzügen, Trockentaschen und anderen, mit Ausrüstungsgegenständen und Nahrungsmitteln voll gestopften Taschen kämpfte. Die Berge von modernster Ausrüstung faszinierten die Schaulustigen. Ich hatte Gewissensbisse, als ich die Kinder von unseren Taschen wegzerrte. Sie waren gewohnt zu teilen. Doch wir brauchten alles selbst.

Ben, Scott und ich bildeten eine Kette, um die Ausrüstung zum

Flussufer zu befördern. Ich möchte nicht behaupten, dass Peruaner weniger ehrlich sind als andere Menschen, aber warum sollten wir das Schicksal herausfordern? Gegen halb drei waren wir bereit zur Abfahrt. Wir pumpten das feuerwehrrote Raft auf und verstauten unsere Sachen sorgfältig in den 115-Liter-Trockentaschen, die aus demselben widerstandsfähigen, gummierten Material bestanden wie das Schlauchboot.

Das Schlauchboot verkörperte den neuesten Stand der Technik. Es verfügte über sechs unabhängig voneinander aufblasbare Luftkammern, die doppelwandig waren wie ein Fahrradreifen mit Schlauch. Die Außenhaut bestand aus extrem unempfindlichem und haltbarem hypalonbeschichteten Gewebe. Über stabile Reißverschlüsse gelangte man an die im Inneren befindlichen Luftkissen aus gummiartigem Plastik. Wenn eine dieser Kammern beschädigt war, würden die übrigen das Boot über Wasser halten – wie es auch die Konstrukteure der *Titanic* vorgesehen hatten. Es handelte sich um ein selbst lenzendes Boot, was bedeutete, dass eingedrungenes Wasser innerhalb von vier Sekunden wieder abfloss. Der Boden war eine unabhängige Einheit, die einer aufgeblasenen Luftmatratze glich und mit einem Riemen, der durch am Rand angebrachte Ösen lief, mit der Bootsunterseite aus wasserdurchlässigem Gewebe verbunden war. Wenn das Boot voll lief, hob sich der luftgefüllte Boden an, und das Wasser konnte durch das darunter liegende Gewebe abfließen. Die Spanngurte zur Befestigung des Gepäcks im Boot verliefen durch die Ösen am Boden und über die Taschen.

Das Boot war breit genug, um zwei Trockentaschen der Länge nach nebeneinander auf den Boden zu legen. Darauf stellten wir zwei weitere Taschen. Zwei Ersatzpaddel, eine Pumpe, ein Aluminium-Tragegestell (zum Transport des Boots nach Ablassen der Luft) und unsere Isomatten verstauten wir neben den Taschen und verzurrten sie mit langen Spanngurten so fest wie möglich. Die wertvolle Videokamera und die Bänder verpackten wir in doppelwandigen Trockentaschen – nur für den Fall. Das Boot konnte schaukeln, sich aufbäumen und sogar umkippen, ohne dass unser Gepäck verloren gehen oder nass werden würde. Das hofften wir zumindest.

Unsere Paddel bestanden aus einer Kombination aus Kunststoff und Aluminium. Sie waren preiswert, strapazierfähig und wurden auch von kommerziellen Rafting-Veranstaltern verwendet. Das »Bootsführer-Paddel«, das wir zum Steuern des Boots vom Heck aus benutzten, war etwas länger als die anderen.

Jeder von uns trug die »Basis-Uniform«: Helm, Rettungsweste, Neoprenfüßlinge und einen Schutz gegen das kalte Wasser. Ich trug als Spritzwasserschutz ein Oberteil und Hosen aus wasserdichtem Nylon mit Neoprenmanschetten an den Handgelenken, am Hals, an der Taille und an den Knöcheln und kam mir darin vor wie eine wandelnde Sauna. Ben und Scott trugen Neoprenanzüge, die sich als ähnlich schweißtreibend erwiesen.

Bevor wir ablegten, kam Ben mit einem gut angezogenen alten Mann aus der versammelten Menschenmenge ins Gespräch, der offenbar einer der Dorfältesten war. »Wie sieht der Fluss stromabwärts aus?«, fragte Ben.

»*Esta río aqui es tranquilo*«, begann der Mann, »aber weiter flussabwärts sieht es anders aus. Dort ist er reißend und voller Wasserfälle und Katarakte. Dort kommt kein Boot durch.«

Ben tätschelte einen Seitenwulst des Rafts. »Dieses Boot ist genau für solche Wasserverhältnisse konstruiert. Wir schaffen das schon.«

Der Mann schüttelte den Kopf und drehte sich um. Gringos! Die Leute hinter ihm schüttelten ebenfalls den Kopf und lachten nervös. Woher sollten wir wissen, was uns flussabwärts erwartete?

Extremrafting ist eine verhältnismäßig neue Sportart. 1951 organisierte die Georgie White Company erstmals die Befahrung des Colorado, und jahrelang nahmen nur wohlhabende Adrenalinjunkies daran teil. Wie das Skilaufen – einst die Domäne abenteuerlustigster Draufgänger – hat Extremrafting im Lauf der Zeit immer mehr Menschen angezogen.

1972 rafteten bereits so viele Menschen auf dem Colorado River, dass die Nationalparkverwaltung der Vereinigten Staaten ihre Zahl auf jährlich 17 000 beschränken musste, um die Umweltschäden in Grenzen zu halten. Die Sportart erlebte einen wahren Höhenflug: 1985 gab es in Nordamerika bereits 400 000 registrierte Rafter und 150 Ausrüster. Inzwischen lässt sich ihre Zahl nicht mehr schätzen. Sogar Bill Clinton war bereits mit Tochter Chelsea und Männern vom Geheimdienst in einem Schlauchboot im Wildwasser unterwegs. Aktuellen Umfragen zufolge gehen in den Vereinigten Staaten mittlerweile 15,2 Millionen Menschen raften. Wer den Colorado River im Grand-Canyon-Nationalpark befahren möchte, muss sich in eine Warteliste eintragen und sich sieben Jahre gedulden. In Europa, wo italienische und französische Ausrüster Flussbefahrungen in den Alpen und im Zentralmassiv anbieten, ist der Sport ähnlich populär.

Ich selbst hatte eine Saison lang als Raftguide gearbeitet und verfügte deshalb über einige Erfahrung auf dem Wasser. Ben kam zwei Monate vor unserer Abreise nach Kanada, um mit mir unseren Trip zu planen und vorzubereiten. Scott wollte ebenfalls kommen, ging aber zuerst in Südafrika auf Safari. Sein verspätetes Eintreffen hatte zur Folge, dass Ben und ich allein alle Vorbereitungen trafen und die gesamte Ausrüstung kauften. Außerdem übten Ben und ich auf den Flüssen der kanadischen Rocky Mountains – auf dem Kicking Horse River, dem oberen Bow River, dem Red Deer River und auf den Flüssen der Kananskis Range –, wo wir lernten zu manövrieren und uns mit Flussströmungen vertraut machten. Nach und nach eigneten wir uns an, wie man einen Fluss liest, eine Fähigkeit, die für Neulinge äußerst mühsam zu erlernen ist und sich erst mit viel Übung und zunehmendem Selbstvertrauen entwickelt. Wenn Adrenalin ausgestoßen wird und man sich inmitten chaotischen Wildwassers befindet, gilt es, einen kühlen Kopf zu bewahren und entschlossen zu handeln. Man muss die Geschwindigkeit der Strömung einschätzen, die eigene Geschwindigkeit und den Winkel, der zum Erreichen eines bestimmten Ziels erforderlich ist.

Beim Auskundschaften des Flusses ist es von größter Bedeutung, sich ein Bild von der Strömung, der Beschaffenheit und dem Gefälle des Flussbetts und von vorhandenen Hindernissen zu machen. Die Strömung hängt von der Wassermenge ab, die durch den jeweiligen Flussabschnitt fließt. Zusammen mit Veränderungen im Gefälle und in der Struktur des Flussbetts bestimmt die Strömung die Fließgeschwindigkeit des Flusses. Die durchschnittliche Fließgeschwindigkeit nimmt bei stärkerem Gefälle zu und bei Unebenheiten im Flussbett ab. Eine gleichzeitige Zunahme von Geschwindigkeit und Unebenheit kann starke Turbulenzen hervorrufen.

Schnelle und turbulente Flüsse sind in der Lage, tiefe Täler zu graben und beeindruckende natürliche Einwölbungen und Höhlen im Fels zu hinterlassen. Im Lauf von Millionen Jahren können sie ihre eigenen Landschaften formen. Wasserfälle entstehen durch Einbrechen des Flussbetts. Da Wasser über und um größere Hindernisse fließt, kommt es zu Verwirbelungen und Strudeln.

Jeder Fluss ist eine Welt für sich und in Bezug auf seine Tücken, Hindernisse und seinen Fließrhythmus einzigartig. Man muss nur genau hinsehen und hinhören. Für eine aufregende Wildwasserfahrt ist ein durchschnittliches Gefälle von zwei bis sieben Metern pro Kilometer und ein Durchfluss von mindestens 15 bis 20 Kubikmetern in der Sekunde erforderlich. Flüsse fließen nur selten schneller als zehn Stundenkilometer. In langsamen Flüssen fließt das Wasser weniger als einen viertel Meter in der Sekunde, in schnellen etwa einen halben Meter. Reißende Gebirgsflüsse können bei Hochwasser eine Fließgeschwindigkeit von drei bis vier Metern in der Sekunde erreichen.

Bei der Beurteilung eines Flusses spielt auch die Farbe des Wassers eine Rolle. Selbst wenn es klar und weitgehend schlickfrei ist, sind Stromschnellen nebst der dazugehörigen Gischt, den Wellen und dem Sprühnebel nur schwer auszumachen. Wenn der Abfluss aus dem Hochland das Wasser kaffeebraun verfärbt, ist es beinahe unmöglich, Hindernisse, Gefahren und Fallen zu erkennen.

Extremrafting ist eine Sportart, bei der Erfahrung und Urteilsvermögen von enormer Wichtigkeit sind, wenn man bedenkt, wie schwierig es ist, zu beurteilen, was auf einen zukommt, wenn man am Ufer steht oder – im schlimmsten Fall – bereits durch mehrere aufeinander folgende Stromschnellen rast. Ein Kajak ist wendig und lässt sich auch in Stromschnellen manövrieren, während ein Raft langsamer, unhandlicher und weniger agil ist.

Wildwasser gibt es in jeder Größenordnung, Beschaffenheit, Farbe und Heftigkeit: Manche Stromschnellen stellen keine Gefahr dar; andere entwickeln sich zu tosenden Albträumen aus Stufen, Wasserfällen, Löchern, Verblockungen und anderen Hinterhalten und Fallen. Wer nicht genau weiß, was er tut, begibt sich in akute Lebensgefahr. In Europa hilft eine offizielle Wildwasserskala den Raftern, einen Fluss und seine Strömung zu beurteilen:

Wildwasser I: Unschwierig. Freie Fahrt; regelmäßiger Stromzug, regelmäßige Wellen, kleine Schwalle; einfache Hindernisse.

Wildwasser II: Mäßig schwierig. Freie Durchfahrten; unregelmäßiger Stromzug, unregelmäßige Wellen, mittlere Schwalle, schwache Walzen, Wirbel, Presswasser; einfache Hindernisse im Stromzug, kleinere Stufen.

Wildwasser III: Schwierig. Übersichtliche Durchfahrt, Stufen im Stromzug; hohe unregelmäßige Wellen, große Schwalle, Walzen, Wirbel, Presswasser; einzelne Blöcke und andere Hindernisse im Stromzug.

Wildwasser IV: Sehr schwierig. Durchfahrt nicht ohne weiteres erkennbar, Erkundung notwendig; kräftige Walzen, Wirbel, Presswasser; Blöcke versetzt im Stromzug, höhere Stufen mit Rücksog.

Wildwasser V: Äußerst schwierig. Erkundung unerlässlich; extreme Walzen, Wirbel, Presswasser; enge Verblockungen, hohe Gefällestufen mit schwierigen Ein- und Ausfahrten.

Wildwasser VI: Im Allgemeinen nicht, bei bestimmten Wasserständen eventuell befahrbar; hohes Risiko.

Der Apurímac sprengt den Rahmen dieser Skala. Die Anden sind junge Berge voller Ecken und Kanten, mit Felswänden so scharfkantig wie Glasscherben. Anders als der Colorado mit seinen großen Wassermengen und seinen hohen Wellen stürzt sich der Apurímac von den Gipfeln über steile, felsige Hänge in die Tiefe. Wo der Apurímac in nordnordwestlicher Richtung nach Kolumbien fließt, ist sein Gefälle fünfmal so steil wie das des Colorado im Grand Canyon, und er gräbt sich dabei seine eigene, viel tiefere Schlucht. Der Apurímac versprach einen kontinuierlichen Adrenalinrausch.

Wir stießen uns mit dem Boot in den Fluss ab. Die Menschen am Ufer blickten finster und grimmig drein – wir paddelten gegen den Rat der Einheimischen in den Tod. Die Strömung ergriff das Boot und zog es in Richtung des fernen Ozeans. Wir waren unterwegs.

»Juhu!«, schrie ich

»Juhu!«, schallte das Echo von Ben und Scott.

Wir waren überglücklich, endlich auf dem Wasser zu sein, und paddelten, was das Zeug hielt. Ben und Scott saßen vorn, ich saß hinten und steuerte. Wir kreuzten eine Reihe kleiner stehender Wellen und gelangten in die Hauptströmung, wo das Wasser flach und gleichmäßig floss. Ich warf einen Blick auf unser Gepäck, das in der Mitte festgezurrt war, und staunte, mit welcher Leichtigkeit alles auf engstem Raum zu transportieren war.

Mit Proviant und Gepäck beladen wog das Schlauchboot ungefähr 270 Kilogramm. Als wir zu Fuß unterwegs waren, hatten wir maximal etwa 100 Kilo Gepäck dabei gehabt. Ein Fußmarsch ist strapaziös, und wenn man sich ausruht, kommt man nicht von der Stelle. Jetzt bewegten wir uns sogar ohne zu paddeln schneller vorwärts, als wir jemals zu Fuß vorangekommen waren. Ich war begeistert.

Auf dem Pfad entlang des Flusses liefen etwa 30 Kinder neben uns her. Ihre Eltern hatten vorhergesagt, dass wir sterben würden, und das wollten sie sich nicht entgehen lassen. Sie blieben an jeder Stromschnelle stehen und schrien und kreischten, wenn wir durch kabbeliges Wasser und über kleinere Wasserfälle fuhren.

»*¡Mas!, ¡Mas!*«, schrien die Kinder und lachten vor Begeisterung.

Die Stromschnellen mussten noch wesentlich größer werden, um uns wirklich in Gefahr zu bringen. Wir hatten einen Mordsspaß. Bis jetzt war die Fahrt ungefähr so gefährlich wie ein Strandspaziergang, doch wir wussten nicht genau, wo die großen Stromschnellen begannen. Der Maßstab unserer Landkarten war zu klein, um Stufen im Gefälle exakt herauslesen zu können. Wir hatten festgestellt, dass uns eine Karte fehlte, was bedeutete, dass ein Abschnitt des Flusses ein völliges Rätsel für uns war.

Die Wände des Cañóns kamen sich immer näher und ließen bald nur noch dem Fluss Platz, der, von Schlick eingetrübt, über den Boden der Sandsteinschlucht rauschte. Einmal mehr fanden wir uns in einer Welt aus Brauntönen wieder, in der nur das eine oder andere Fleckchen Wolke oder Himmel weit oben über dem Rand des Cañóns für Abwechslung sorgte.

Wir hörten auf zu paddeln und überließen die Arbeit dem Fluss. Ich holte eine Wasserflasche heraus, hielt sie hoch und trank auf den Beginn unserer Wildwasserfahrt. »Auch wenn wir jetzt noch nicht ordentlich raften können, in zwei Monaten können wir es bestimmt.«

»Wenn nicht, werden wir im großen Wildwasser des Himmels raften«, erwiderte Ben lachend. »Aber so wie es im Moment läuft, wächst mein Selbstvertrauen von Minute zu Minute.«

Der Fluss war bislang ziemlich zahm. Er floss über kleine Wasserfälle, die jedoch nicht schlimmer waren als Rüttelschwellen auf der Straße. Die Cañónwände ragten auf beiden Seiten hunderte von Metern empor. Wir wurden unten am Boden einer riesigen Spalte in der Erde entlanggespült. Die Strömung änderte sich ständig. An manchen Stellen, wo die Flussufer breiter wurden, wurde das Wasser tiefer und bewegte sich nur noch sehr langsam. Dann brannte die Sonne herunter und badete uns in unserer Kälteschutzkleidung in Schweiß. An anderen Stellen, wenn die Flussufer schmaler wurden, wurde das Wasser seichter, nahm Geschwindigkeit auf und riss uns mit einem beachtlichen Tempo vorwärts. Auf diesen Abschnitten drangen die Sonnenstrahlen nur selten bis zum Fluss vor.

Hin und wieder stießen wir gegen einen Felsen unter der Wasseroberfläche oder wurden von einer Welle durchgeschüttelt. Einmal fiel der Fluss abrupt über mehrere treppenähnliche Stufen ab. Doch das Schlauchboot nahm die Stöße und Schläge mit Bravour. Einige Male rutschte mir der Magen in die Stiefel, aber es war auch nicht schlimmer als bei einer Achterbahnfahrt in Disneyland.

Wir waren drei oder vier Stunden lang unterwegs und wechselten uns mit dem Steuern ab. Die Streckenabschnitte mit ruhigem Wasser boten eine gute Gelegenheit, an unseren Paddelkünsten und Kommandos zu arbeiten. Wir mussten lernen, das Boot zu kontrollieren, und uns Disziplin aneignen, um für die anspruchsvollen Stellen gerüstet zu sein. Da jeder Wildwasserabschnitt ein Minenfeld aus potenziell tödlichen Felsen ist, trägt derjenige, der steuert, die volle Verantwortung. Er gibt den vorn sitzenden Paddlern die Kommandos, während er das Boot mit Hilfe seines Paddels in diese oder jene Richtung lenkt.

Beim Durchfahren von Stromschnellen muss man wie bei einem Computerspiel ständig in Sekundenbruchteilen Entscheidungen treffen. Unser Boot lief in seichtem Wasser häufig auf Grund. Die Wasserfälle waren gelegentlich so eng, dass sich das Schlauchboot zwischen den Felsen der Cañónwände verkeilte. Wir konnten es allerdings immer wieder befreien.

Unsere größte Sorge war, mit einer Verblockung zu kollidieren, die entsteht, wenn riesige Felsbrocken herabstürzen und dem Fluss provokativ den Weg versperren. Der Fluss rauscht an ihnen vorbei, wäscht das Geröll fort, das den Felsrutsch begleitet hat, und lässt eine Barriere aus großen Felsbrocken zurück. Doch stattdessen verbreiterte sich der Apurímac ohne Vorwarnung und floss an einem großen Sandstrand und einer gartenähnlichen Grünfläche vorbei, die von einem winzigen, von der Cañónwand herabstürzenden Zufluss bewässert wurde.

Scott drehte das Boot in Richtung Ufer. »Vorwärts paddeln.«

Wir machten Feierabend, zogen das Boot weit auf den Sand hinauf und banden es an einem Baum fest, falls das Wasser nachts steigen sollte.

Beim Raften zu campieren war eine wesentlich komfortablere Angelegenheit als beim Wandern. Als wir mit dem Rucksack unterwegs waren, hatten wir nur das Allernötigste im Gepäck. Jetzt hatten wir ein zweites Zelt, einen 20-Liter-Wasserkanister, eine Plane und zusätzliche Kochutensilien dabei. Wir wollten abwechselnd allein schlafen, im »Masturbationszelt«, wie Scott es getauft hatte.

Wir stellten die Zelte auf und machten Feuer. Wir hatten einen kleinen Butangaskocher dabei, den wir uns jedoch für Notfälle aufsparen wollten. Er war extrem unwirtschaftlich und verbrauchte zum Kochen einer einzigen Mahlzeit eine ganze Gaspatrone. Die Patronen hatten in Cuzco etwa fünf Dollar das Stück gekostet, deshalb hatten wir nur Gas für acht Stunden gekauft – genug, so glaubten wir, für die Tage, an denen es regnete, oder wenn wir kein Brennmaterial finden konnten. Ein Großteil des Treibholzes, das von einer am Ufer wachsenden Bambusart stammte, war strohtrocken. Die braunen Blätter fingen leichter Feuer als Zeitungspapier.

Die Sonne war hinter den Cañónwänden verschwunden, und im Fluss sprangen Fische von der Größe kleiner Forellen. Scott erschien mit einer Angel. »Ich fange uns einen dicken Fisch, Leute«, sagte er, befestigte ein Stück getrocknetes Fleisch am Haken und warf die Angel aus.

Ich blickte mich um: Ben beim Reiskochen, Scott beim Angeln. Wie lange würde diese Idylle anhalten? Es war einer jener unheilschwangeren Momente, wie ich sie aus der Fernsehserie *Unbekannte Dimensionen* kannte. Ich konnte es genau spüren. Es kam mir vor wie die Ruhe vor dem Sturm. Man hätte es Ahnung nennen können, Intuition oder Angst.

Der Apurímac ist einer der reißendsten Flüsse der Welt. Seine Geschichte ist eng mit dem Tod verknüpft. Er fällt auf einer Strecke von nur 600 Kilometern von 5400 Meter Höhe auf 1500 Meter ab. Dazu war ein gewaltiger Wasserfall oder eine Serie treppenförmiger Kaskaden nötig.

1953 ließ ein französisches Paar seine Kajaks im Apurímac zu Wasser, um den Fluss bis hinunter zum Dschungel zu befahren. Die Frau ertrank in der reißenden Strömung. Im Jahr 1976 musste eine Gruppe deutscher Abenteurer aufgeben, nachdem der Expeditionsleiter an einer Verblockung ums Leben kam. 1986 beendete ein weiteres Team Kajakfahrer die Befahrung des Amazonas, als sich einer der Teilnehmer ein Bein zertrümmerte und beinahe umkam. Und im Jahr 1997 versuchte ein sechsköpfiges Team aus der Schweiz die Befahrung in einem Wildwasserraft. Ihre Unternehmung endete wie so viele andere in einer Tragödie, als zwei Teilnehmer in einem Loch ertranken – eine der gefährlichsten Erscheinungen im Wildwasser.

Während ich Scott dabei zusah, wie er friedlich die Angel nach den springenden Fischen auswarf, wog ich in Gedanken die Zahlen ab. Von den bislang sechs Versuchen, den Amazonas zu befahren, waren nur zwei von Erfolg gekrönt gewesen. Alle anderen endeten in Tod, Verletzung und Leid. Wir wurden zum Narren gehalten. Je idyllischer und beschaulicher alles wirkte, desto klarer wurde mir, dass wir dazu verleitet wurden, uns zu entspannen und die Herausforderung zu unterschätzen, die vor uns lag.

Ben rief uns zum Abendessen und zerstreute meine düsteren Gedanken.

25. Tag: 7. Oktober 1999

Die Sonne war noch lange nicht über die Wände des Cañóns gekrochen, als wir am nächsten Morgen aufbrachen. Zunächst war das Wasser ein paar Stunden lang ruhig, dann stießen wir auf Stromschnellen der Kategorie Wildwasser III. Sie machten Spaß und waren verhältnismäßig ungefährlich, doch wir wurden dabei nass. Das Boot benahm sich wie ein temperamentvolles Fohlen, das umherhopste und sich aufbäumte.

Auf diese Stromschnellen folgte eine weitere, etwas heftigere Serie. Dann noch eine. Die Stromschnellen wurden von Mal zu Mal schwieriger, und wir rechneten bereits mit dem Schlimmsten. Die einzige Lösung war, anzuhalten, auszusteigen und auszukundschaften, was auf uns zukam. Wir kletterten über die riesigen Felsbrocken, die auf dem Boden des Cañóns verstreut lagen, um uns ein Bild vom weiteren Verlauf des Flusses zu verschaffen.

Wir standen da, beobachteten, welchen Weg das Wasser nahm, und berieten, wo die sicherste Route war. Sechs Augen sehen mehr als zwei, und drei Bewertungen sind besser als eine. Bei der Planung unserer Route versuchten wir, das Risiko zu verringern, indem wir den einfachsten Kurs wählten. Der Fluss hatte vermutlich seinen niedrigsten Wasserpegel, da das Ende der Trockenzeit nahte. In dem engen Cañón mussten wir sämtliche Richtungsänderungen und Manöver blitzschnell ausführen, um eine Katastrophe zu verhindern.

Der Fluss stürzte über einen schmalen Wasserfall von ungefähr zwei Meter Breite. Die Gewalt, mit der das Wasser durch diese Rinne rauschte, erinnerte tatsächlich an die Stimme eines Gottes. Leider war es nicht möglich, ihr zu folgen, da uns Felsbrocken die Sicht auf den Stromzug versperrten. Wenn uns die Geschwindigkeit und Kraft der Strömung nicht über Bord warfen, wartete immer noch das zerklüftete Flussbett aus Granit unterhalb des

Wasserfalls darauf, das Schlauchboot aufzuschlitzen und in Stücke zu reißen.

»Wir müssen umtragen«, meinte Scott.

Ich nickte. Wir gingen zum Boot zurück und begannen mit der anstrengenden Arbeit, unser Gepäck auszuladen und es an dem Wasserfall vorbeizutransportieren. Wir brauchten dazu ungefähr eine Stunde, aber es war nicht so schwierig, wie ich erwartet hatte. Unglücklicherweise schürfte sich Ben den Fuß auf – keine schlimme Verletzung, aber lästig und unangenehm.

Während Ben seinen Fuß verarztete, gingen Scott und ich voraus, um zu erkunden, wie es flussabwärts aussah. Wir mussten nicht weit gehen, bis wir auf eine weitere Serie großer, lauter Stromschnellen der Kategorie Wildwasser IV+ stießen. Wir hielten sie für befahrbar und arbeiteten eine Route aus, auf der wir das schlimmste Wildwasser hinter uns bringen wollten. Die beängstigendste Stelle befand sich ganz am Ende, wo sich der Fluss eine zwei Meter hohe Stufe im Fels hinunterstürzte. Wenn wir den Wasserfall zu weit rechts nahmen, würden wir gegen einen Felsbrocken von der Größe eines Autos geschleudert werden. Die linke Seite war frei.

»Wie sieht's aus?«, erkundigte sich Ben, als wir zum Boot zurückkamen.

»Ziemlich beschissen«, erwiderte ich.

Wir kletterten ins Boot und stießen uns von der steilen Granitböschung ab. Ich steuerte, Scott saß vorn links und Ben vorn rechts. Wir paddelten vorwärts und glitten aus dem Kehrwasser zurück in die Strömung. Ben und Scott hielten ihre Paddel im Anschlag, als das Boot Geschwindigkeit aufnahm. Wir konnten die Gischt und den Beginn der Turbulenzen bereits sehen. Das Rauschen der hinabstürzenden Wassermassen war ohrenbetäubend.

Vor uns tauchte ein Strudel auf, der so groß war, dass allein die Verwirbelungen an seinem Rand das Boot umgeworfen hätten. Er hätte das Schlauchboot zwar nicht unbedingt unter Wasser gesaugt, wenn wir jedoch in seine Reichweite gerieten, würde er zu einem nassen Grab für uns werden.

»Rückwärts paddeln!«, schrie ich.

Wir mussten dem Rand des schwarzen, gierigen Schlunds unbedingt ausweichen.

Scott und Ben paddelten verzweifelt rückwärts, und das Boot glitt aus der unmittelbaren Gefahrenzone.

»Stopp!«, rief ich.

Die beiden nahmen ihre Paddel aus dem Wasser, und die Strömung erfasste uns wieder und trieb uns auf die Wasserfälle zu. Das Boot rutschte eine Zunge aus grünem Wasser mit schäumenden Strudeln auf beiden Seiten hinunter, die das Wasser neben dem Stromzug beinahe senkrecht aufwarfen.

»Vorwärts!«

20 Meter vor uns verblockten mehrere Felsen den Fluss. Nur eine Stelle war breit genug für das Schlauchboot. Doch ich schätzte den Winkel falsch ein, und wir trieben auf die Verblockung zu.

»Los, Leute! Gebt alles!«, schrie ich verzweifelt.

Scott und Ben stießen ihre Paddel mit aller Kraft in das tosende Wasser. Ich sah, wie sich ihre Armmuskeln anspannten und wie ihnen der Schweiß und die Gischt vom Gesicht tropften.

»Los, paddeln!«, feuerte ich sie an, als die Felsen bedrohlich näher rückten.

Die Strömung drückte das Bootsheck gegen den ersten Felsen. Die Wucht des Aufpralls katapultierte uns in die Flussmitte – halleluja! –, und genau dorthin wollten wir. Dann packte uns die Strömung erneut und schob uns seitwärts auf die breiteste Lücke in dem gewaltigen Wall aus Felsbrocken zu.

»Yeah!«, brüllten Ben und Scott, als wir auf der anderen Seite hinausschossen und mit dem Bug voraus auf einen Wasserfall zurasten – dem letzten Hindernis in dieser Serie Stromschnellen.

Wir mussten die Strömung abermals queren, um nicht über den Wasserfall auf den riesigen Felsbrocken geschleudert zu werden, der unten auf der rechten Seite lag. Ich stützte mich mit den Beinen ab, lehnte mich übers Wasser und rammte das Steuerpaddel in das schäumende Chaos. Ich zerrte mit meinem ganzen Gewicht daran, und das Boot drehte sich mit dem Paddel als Angelpunkt um die eigene Achse.

»Vorwärts!«, schrie ich.

Ben begann wie wild zu rudern, doch Scott erstarrte und hielt sein Paddel über dem Wasser.

»Los, du Penner!«, schrie ich ihn an. »Paddle, paddle, paddle!«

Scott rührte sich nicht. Wir würden es nicht auf die andere Seite schaffen, wenn Scott nicht mitpaddelte.

»Paddle, verdammt!«, schrie ich noch einmal, in der Hoffnung, dass er mich im infernalischen Getöse der Stromschnellen einfach nicht gehört hatte. »Paddle!«

Zu spät. Da nur Ben auf einer Seite paddelte, drehte sich das Boot mit der Breitseite zur Strömung. Wir wurden in einem Winkel von ungefähr 30 Grad über den Wasserfall gespült. Der Bug sackte als Erstes ab.

»Scheiße!«

Als Ben und Scott von der Bildfläche verschwanden, hob sich das Bootsheck unter mir plötzlich an und schleuderte mich wie ein Katapult in die Luft. Ich flog über den Wasserfall und landete auf den Felsen darunter. Ich schrie vor Schmerzen. Gott sei Dank trug ich einen Helm.

Ich rang nach Luft und versuchte zu atmen, merkte aber, dass ich zurück in den Fluss gezogen wurde. Ich lag auf meinem Paddel, das am Boot festgebunden war – Letzteres trieb mit der Unterseite nach oben flussabwärts.

Ich presste das Paddel an die Brust. Das Boot zog mich durch das aufgewühlte Wasser, das um mich herum schäumte und brauste. Prustend, hustend, blutend, schwer mitgenommen und voller blauer Flecken trieb ich hinter dem gekenterten Boot her, das schließlich im Kehrwasser zum Stehen kam, nachdem der Fluss sich wieder beruhigt hatte.

Ich sah, dass auch Ben und Scott in der Strömung schwammen – offenbar hatten wir alle überlebt. Ben kletterte auf das umgedrehte Schlauchboot, wickelte ein Seil ab, das er um die Taille geschlungen hatte, hakte es mit einem Karabiner auf der Seite des Boots ein und lehnte sich zurück. Mit Hilfe seines Körpergewichts zog er das beladene Boot langsam in eine aufrechte Position, wie man auch eine kleine Segeljolle aufrichten würde.

»Warum hast du nicht gepaddelt, verdammt?«, schrie ich Scott an, als wir tropfnass im Boot saßen. »Du hättest uns fast umgebracht!«

»Ich dachte, der Felsen wäre auf der anderen Seite des Wasserfalls«, antwortete er.

»Kannst du dich nicht mehr erinnern? Als wir es uns angesehen haben, hast du gesagt: ›Ach, du Scheiße, wir müssen zusehen, dass wir auf die linke Flussseite kommen, sonst sind wir erledigt.‹« Ich zitterte.

»Komisch«, sagte er, »in dem ganzen Chaos muss ich links und rechts verwechselt haben. Ich war mir sicher, dass der Felsen links ist. Als du ›vorwärts‹ gesagt hast, hat sich irgendwas in mir gesträubt. Ich dachte, du steuerst uns direkt darauf zu.«

»Hattet ihr nicht gesagt, das wäre eine einfache Angelegenheit, Leute?«, warf Ben ein. »Scheiße! Wenn ich das vorher gesehen hätte, wäre ich für umtragen gewesen.«

»Es hätte wie am Schnürchen geklappt, wenn alle gepaddelt hätten«, sagte ich und warf Scott einen finsteren Blick zu.

Er sah weg.

Wir kletterten wieder ins Boot – unser Gepäck war noch an Ort und Stelle, als wäre nichts passiert, nur Wasser rann von den fest verzurrten Taschen. Wir stießen uns wieder in die Strömung ab und fuhren mürrisch schweigend weiter.

Der restliche Tag verlief ereignislos, und gegen drei Uhr nachmittags entschieden wir uns zu campieren. Es würde zwar noch drei Stunden lang hell bleiben, aber wir waren völlig erschöpft. Angst, Konzentration und extreme körperliche Anstrengung hatten uns alle Kraft gekostet. Wir brauchten Zeit, um uns zu erholen. Wir brauchten Zeit an Land.

Das ist einer der erstaunlichen Aspekte von Flussreisen: Man befindet sich immer in der Nähe des einen oder des anderen Ufers, und doch gibt einem nichts eine solche Sicherheit wie fester Boden. Der Fluss ist ständig in Bewegung, fließt und verändert sich. Ganz egal, wie angenehm die Fahrt gerade sein mag, hinter der nächsten Kurve kann eine tödliche Bedrohung lauern. An Land ist das völlig anders. Es ist fest, unveränderlich und stets bereit, einen willkommen zu heißen und in seine Obhut zu nehmen.

Der Cañón war an dieser Stelle sehr schmal, und es gab kein richtiges Ufer. Zwischen den gewaltigen Felsbrocken, die den Cañón verstopften, fanden wir eine winzige Sandfläche zum Campieren. Für beide Zelte war nicht genug Platz, also mussten wir zu dritt in einem schlafen.

Da nur sehr wenig Sonnenlicht bis zum Boden des Cañóns vordrang, kam es uns viel später vor, als es tatsächlich war. Die Felswände und Berge zu beiden Seiten vermittelten das Gefühl, als befänden wir uns nicht auf dem Boden, sondern in einem Loch tief im Inneren der Erde.

Diesmal war ich mit Kochen an der Reihe. Ich bereitete Kartoffelpüree mit Sardinen zu (die wie Katzenfutter schmeckten, aber von den Einheimischen als »Thunfisch« bezeichnet wurden), während uns Millionen Sandfliegen bei lebendigem Leib verspeisten. Das Insektenabwehrmittel wirkte etwa 20 Minuten lang, bis der Schweiß es wegspülte und die Tierchen zurückkamen.

Ben und ich hatten Safarihüte mit ringsum an der Krempe befestigtem Moskitonetz, das man sich über Gesicht und Ohren ziehen konnte und das am Hals von einem Gummiband zusammengehalten wurde. Die Hüte, die wir in Kanada erstanden hatten, waren heiß und stickig, sahen albern aus und schränkten die Sicht stark ein. Trotzdem waren sie das geringere Übel. Scott litt ohne Hut, und seine Hände waren ununterbrochen in Bewegung, um die Sandfliegen zu verscheuchen. Er versuchte, sich in den

Rauch des Feuers zu stellen, doch auch das nützte nichts. Erst die Dunkelheit vertrieb sie.

Die Nacht war wunderbar. Ich saß mit einer Tasse Pulverkaffee in der Hand da, den Rücken an die Felsen gelehnt, und genoss den Augenblick. Keine Insekten, keine sengende Hitze, kein tückisches Wildwasser und kein knurrender Magen. Die Luft war sauber und klar. Über mir sah ich einen gezackten Streifen samtschwarzen Himmel, eingerahmt vom Rand des Cañóns, und Sternschnuppen, die aussahen wie rote und gelbe Kratzer. Ich erkannte sogar das schwache Pulsieren von Satelliten, die über das Himmelszelt krochen. Mobiltelefone, Fernseher, Faxgeräte, Computer – sie passten nicht in diese Umgebung, und doch waren sie da, ein Universum aus 500 Kanälen, das uns zublinzelte.

In diesem Moment unterschied sich unser Leben allerdings kaum vom Leben der Menschen längst vergangener Epochen. Es gab nur das Boot, den Fluss und uns, eine Konstellation, die so alt war wie die Zivilisation – von den alten Ägyptern über Alexander den Großen, über die polynesischen Entdecker, die den Pazifik eroberten, über Sir Francis Chichester bis hin zu uns.

Scott lachte.

»Was freut dich denn so?«, fragte ich ihn.

»In England ist es jetzt gerade sechs Uhr morgens und vermutlich regnerisch und kalt«, sagte er. »Meine Freunde stehen etwa um diese Zeit auf und fahren zur Arbeit. Es dauert nicht mehr lange, dann sind sie in der U-Bahn, schubsen und drängeln und beeilen sich, um rechtzeitig ins Büro zu kommen.«

Auch er blickte verträumt in den Himmel. »Ich bin gespannt, ob wir das Kreuz des Südens sehen können, sobald wir den Cañón hinter uns gelassen haben und uns die Felswände nicht mehr die Sicht versperren.«

»Wahrscheinlich«, sagte Ben.

Unsere Unstimmigkeiten waren vergessen, und wir verfielen wieder in unsere stillen Träumereien. Von Zeit zu Zeit hörten wir neben dem Rauschen des Flusses das Poltern von Felsbrocken, die in den Cañón hinabpurzelten. Es war ein komisches Gefühl zu wissen, dass wir im Schlaf zerquetscht werden konnten.

26. Tag: 8. Oktober 1999

Nach einem Haferflocken-Frühstück stießen wir uns voller Optimismus und Freude über das tolle Wetter in den Fluss ab. Etwas Angst schwang allerdings mit, da wir uns jetzt auf dem Abschnitt des Flusses befanden, für den wir keine Karte hatten. Wir hatten nicht die geringste Ahnung, was uns auf den nächsten Kilometern erwarten würde. Die Anschlusskarten, auf denen der Bereich des Flusses oberhalb und unterhalb eingezeichnet war, deuteten darauf hin, dass das Gelände auf diesem Stück mehr als 100 Meter abfiel. Das hieß, dass wir mit gewaltigen Stromschnellen oder einem riesigen Wasserfall zu rechnen hatten.

Wir mussten oft anhalten und die Stromschnellen auskundschaften. Die Durchfahrung planten und bewältigten wir jedes Mal mit äußerster Präzision. Wir rauschten durch die kräftige Strömung, als wären wir dafür geboren worden, und hatten eine Menge Spaß. Wir arbeiteten uns vorsichtig voran und nahmen alle Hürden mit einem Minimum an Hektik. Hin und wieder war der Fluss rau und ruppig, als er sich durch die Felslandschaft wälzte, aber er jagte uns nirgends wirklich Angst ein.

Nach etwa drei Stunden solcher Körperertüchtigung begann hinter einer Stromschnelle ein offenbar verhältnismäßig ruhiger Abschnitt. Der Fluss schlängelte sich sanft dahin. Noch perlte das ganze Boot vom Spritzwasser der letzten heftigen Stromschnellen. Ich begann, ans Mittagessen zu denken.

»Frauen!«, rief Scott.

»Wo, wo?«, fragte Ben.

Wir drehten uns um.

»Am rechten Ufer.«

Ich kniff die Augen zusammen, und tatsächlich, dort lagen zwei Mädchen in Badeanzügen. Neben ihnen stand etwas, das aussah wie ein Picknickkorb. Sie fingen an zu kichern und winkten uns zu sich. Scott, der gerade steuerte, lenkte das Boot in Richtung Ufer.

Die beiden Mädchen kamen ans Wasser und halfen uns, das Boot zu landen. Die schlankere der beiden hielt eine Zwei-Liter-Plastikflasche mit Orangenlimonade in der Hand.

»*¿Gaseosa?*«

»Es muss doch einen Gott geben!«, meinte Scott und griff nach der Flasche.

Die andere hatte den Picknickkorb und eine Canon-Autofokuskamera in der Hand.

»Vielleicht sind wir ja gar nicht mehr in Peru, geschweige denn in einem abgelegenen Cañón in den Anden«, sagte ich. »Vielleicht hat es uns ja irgendwo an den Mississippi verschlagen.«

»Woher kommt ihr?«, fragte das Mädchen mit dem Fotoapparat.

»Kanada, Australien und England«, erwiderte ich.

Die beiden nickten. »Ich wette, in Kanada ist es gerade ziemlich kalt«, sagte das schlankere Mädchen.

»Was? Du weißt, wo Kanada liegt?«, fragte ich ungläubig. Bislang hatten die meisten Peruaner, denen wir begegnet waren, noch nie von Kanada gehört.

»Wir haben Kanada in der Schule durchgenommen«, sagte sie. »Und Australien ebenfalls. Dort gibt es Unmengen Kängurus.«

»Woher kommt ihr denn?«, fragte Ben.

»Aus Cuzco«, antwortete das Mädchen mit der Kamera und trat einen Schritt zurück, um ein Foto zu schießen. »Wir besuchen hier Franciscas Onkel.«

»Ich bin Francisca«, sagte die andere. »Mein Onkel wohnt im nächsten Dorf flussabwärts.«

»Dort ist ein Dorf?« Scott sah zufrieden aus.

»Sicher. Ihr braucht ungefähr zehn Minuten dorthin. Es gibt dort eine Straße und viele Leute.«

»Wie sieht's mit einem Laden aus?«, erkundigte ich mich.

»Den gibt es auch.«

»Bekommt man dort Sublimes?«, wollte Ben wissen.

»Wahrscheinlich«, erwiderte Francisca.

Wir grinsten. Die kleinen Schokolade-Nuss-Quadrate waren für uns inzwischen ein Gradmesser für Zivilisation. Wenn es in einem Ort Sublimes gab, gab es dort alles, was wir brauchten. Sublimes waren ein Luxusnahrungsmittel.

»Nehmt ihr uns ein Stück in eurem Boot mit?«, fragte sie charmant.

»Klar«, erwiderte Scott. »Steigt ein.«

Die beiden ließen ihren Picknickkorb und den Fotoapparat am Ufer und kletterten ins Boot. Als wir uns abstießen und auf die breite, flache Wasserfläche hinausglitten, kicherten sie sprichwörtlich wie die Schulmädchen, die sie schließlich auch waren. Wir waren noch keine 20 Meter vom Ufer entfernt, als sie uns sagten, dass sie zurückmüssten, und über Bord sprangen.

Zehn Minuten nachdem sich die Mädchen verabschiedet hatten, sahen wir am Ufer Leute – zunächst einen Fischer, dann eine schnatternde Schar Teenager beim Baden und schließlich Scharen *campesinos*, die sich um kleine Parzellen kümmerten. Als wir um eine Ecke bogen, wurden wir von einer Holzbrücke begrüßt, die sich über den Fluss spannte. Auf beiden Seiten standen jeweils eine Hand voll windschiefer, heruntergekommener Lehmhäuser.

Wir banden das Boot unter der Brücke fest und begannen den steilen Aufstieg zur Brückenstraße. Oben angekommen, standen wir hinter einem Haus. Wir kletterten über eine Mauer aus Lehmziegeln und gingen durch ein Gehege voll magerer Hühner, Enten und Schweine. Wir hörten einen Hund bellen, konnten ihn aber nicht erblicken. Die Tür zum Haus stand offen, und wir sahen mehrere Holzregale, auf denen sich Nahrungsmittel befanden.

»*Hola?*«, rief ich.

Durch eine Seitentür tauchte ein kleine einheimische Frau auf, die ihr pechschwarzes Haar zu einem Knoten gebunden hatte.

»Verkaufen Sie hier Lebensmittel?«, erkundigte sich Scott.

»Noch nicht, später. Woher kommt ihr?«

»Wir sind flussabwärts gefahren«, antwortete Ben. »Verkaufen Sie Sublimes?«

»Nein.«

»Hm, gibt es auf der anderen Seite der Brücke einen Laden?«, fragte ich.

»Ja, vielleicht bekommt ihr dort etwas Warmes zu essen.«

Wir sagten im Chor »*gracias*«, und wandten uns zur Tür.

Als wir über die Brücke gingen, blickten wir zu unserem roten Schlauchboot hinab, das 75 Meter weiter unten angebunden war. In der bräunlichen Brühe des Flusses sah es winzig und unbedeutend aus.

Auf der anderen Seite begrüßte uns ein kleiner Laden, vor dem drei Holztische standen. Einheimische Arbeiter, die ein großer Mercedes-Lastwagen ausgespuckt hatte, belegten zwei der drei Tische.

Wir setzten uns und bestellten drei »Menüs« – wie das Tagesgericht genannt wurde – bei einem Mädchen, das aus der Küche auftauchte. Zwischen unseren Füßen spazierte ein kleines Huhn umher und suchte nach Krümeln. Scott ging nach drinnen und kam grinsend zurück. Er hielt sechs Sublimes hoch.

»Genießt sie. Anscheinend kommt flussabwärts lange Zeit nichts mehr.«

Das Mittagessen bestand aus Hühnchenfleisch mit Bohnen auf Reis und schmeckte vorzüglich.

Satt kletterten wir die steile Böschung wieder hinunter. Bald verschwanden die Brücke und die Häuser hinter uns. Die Wände des Cañóns rückten wieder näher, steiler denn je, und das Stromschnellen ankündigende Rauschen wurde immer lauter.

Wir kamen jetzt wesentlich langsamer voran, da das Auskundschaften und Analysieren der Katarakte und das Festlegen der Fahrtroute mehr und mehr Zeit in Anspruch nahmen. Ganz egal, wie viel Zeit es in Anspruch nahm, einen sicheren Kurs auszuarbeiten, das Befahren der jeweiligen Sektion dauerte nie länger als vier oder fünf nicht gerade magenfreundliche Minuten. Die größte Herausforderung war dabei, sich im Boot zu halten. Es bäumte sich auf und tauchte ein, verwand und drehte sich und schoss in diese oder jene Richtung. Einmal fiel es in ein Loch, hüpfte mit dem Heck voran wieder hinaus und raste dann in halsbrecherischem Tempo weiter flussabwärts. Wir klebten Fußschlaufen auf den Boden, um uns besser im Boot halten zu können. Wenn es seitwärts schlingerte, wurden wir manchmal mit dem Oberkörper in den Fluss geschleudert und hielten uns nur noch mit den Füßen im Boot fest.

Nachdem wir fast den ganzen Nachmittag gegen den Fluss gekämpft hatten, stießen wir auf Stromschnellen der Kategorie Wildwasser V. Sie befanden sich unmittelbar oberhalb eines Sandstrands, an dem wir campieren wollten. Das Wildwasser machte anfangs keinen besonders schwierigen Eindruck, bis die Strömung vor einem schmalen Wasserfall plötzlich stark beschleunigte. Wir schossen über die Stufe und prallten gegen einen überhängenden Felsvorsprung.

Die Wucht des Aufpralls schleuderte Scott auf die andere Seite des Boots auf Ben. Die beiden fielen wie zwei Ringer über Bord und ins tosende Wasser – Ben klammerte sich verzweifelt an sein am Boot befestigtes Paddel, und Scott klammerte sich an Ben. Das Boot schoss rückwärts auf den großen Strudel zu, den wir gerade umfahren hatten.

Ich packte Ben und zerrte ihn ins Boot zurück. Scott ließ Ben los, kletterte ebenfalls wieder an Bord und packte sein Paddel. Die beiden paddelten wie wild gegen den Rücksog des Strudels an. Wir waren so nahe an dem Wasserfall, dass Wellen ins Boot schlugen. Einen Moment lang sah es aus, als würden der Wasserfall hinter uns oder die Turbulenzen, die er verursachte, das Boot zum Kentern bringen.

Ben und Scott schlugen mit ihren Paddeln, während ich mein ganzes Gewicht auf das Steuerpaddel drückte. Wir befreiten uns aus dem Griff des Flusses und trieben stromabwärts auf ruhiges

Kehrwasser und ein Stück Sandstrand zu, auf dem wir übernachten wollten.

Wir luden unser Gepäck aus und drehten das Raft auf den Kopf, um die Schäden zu inspizieren, die der Fluss im Lauf des Tages hinterlassen hatte. Ein Boot aus Holz oder Fiberglas hätte die Torturen nicht überstanden, die Außenhaut unseres Schlauchboots war allerdings kaum beschädigt.

Obwohl das Risiko gering war, machten wir uns Sorgen, dass das Schlauchboot im falschen Moment kaputtgehen könnte. Wir hatten ein Reparaturset ähnlich denen für Reifen dabei, das Ersatzgewebe, Kontaktklebstoff, eine dicke, gebogene Nähnadel, starken Bindfaden und ein Spezialklebeband für provisorische Reparaturen enthielt. Doch all das hätte uns nur bei einem kleineren Loch weitergeholfen. Diese Felsen und dieses Wasser konnten das Boot jedoch so zerfetzen, dass es nicht mehr zu reparieren war, und davor hatten wir wirklich Angst.

Außerdem hatten wir eine kleine Ersatz-Fußpumpe dabei, falls die große Handkolbenpumpe kaputtgehen sollte. Zur heißesten Tageszeit ließen wir Luft aus dem Boot ab, da sich eingeschlossene Luft bei Hitze ausdehnt. Während der kühlen Nächte zog sich die Luft zusammen, sodass wir jeden Morgen das weiche, schwabbelige Boot wieder aufpumpen mussten. Ein schlaffes Boot und keine Pumpe zu haben wäre ebenso fatal gewesen.

Lange Abschnitte des Apurímac-Cañón waren auf beiden Seiten zu Fuß unpassierbar und die Felswände ohne Kletterausrüstung nicht zu erklimmen. Wir hatten zwar für den Fall, dass wir an solchen Wänden hochklettern mussten, Kletterseile, Klettergurte und Karabiner dabei, waren aber trotzdem nur notdürftig ausgerüstet. Wenn unser Raft auf einem solchen Streckenabschnitt sein Leben aushauchte, säßen wir in der Patsche. Wir hätten versuchen müssen, uns schwimmend zu befreien, und das hätte höchstwahrscheinlich tödlich geendet.

27. Tag: 9. Oktober 1999

Die Fahrt am nächsten Vormittag war ruhig und eintönig.

»Zwei Katzen veranstalten ein Wettschwimmen über den Apurímac«, sagte Scott kurz vor dem Mittagessen. »Eine kommt aus England. Sie heißt One-Two-Three. Die andere kommt aus Frankreich und heißt Un-Deux-Trois. Welche der beiden kommt zuerst auf der anderen Seite an?«

»Ich glaube, ich höre Stromschnellen«, sagte Ben.

»Die englische Katze gewinnt«, sagte ich. »Un-Deux-Trois *quatre cinq*.«

Scott schmollte, weil ich ihm die Pointe verdorben hatte. Dann runzelte er die Stirn. »Das hört sich aber ganz schön heftig an«, meinte er.

Wir bemühten uns zu erkennen, was auf uns zukam. In etwa 300 Meter Entfernung lag ein dünner Nebelstreifen über dem Fluss und versperrte uns die Sicht. Ben, der am Heck saß, erhob sich, um besser sehen zu können.

»Siehst du irgendwas?«, fragte Scott.

»Nichts.«

Das Grollen wurde lauter. Es klang wie ein Wasserfall. Vor uns stiegen Nebelschwaden und Gischtwolken auf.

»Lasst uns anhalten, bevor wir zu nahe kommen«, schlug Scott vor.

Wir waren inzwischen alle drei aufgestanden. Ben steuerte das Schlauchboot ins Kehrwasser, und wir banden es fest.

Wir bahnten uns den Weg in die Richtung, aus der das Donnern ertönte. Ben sprang wie eine Gazelle voraus. Plötzlich blieb er stehen und drehte sich entsetzt zu uns um.

Der Fluss fiel über zwei ungefähr 100 Meter voneinander entfernte Wasserfälle von ungefähr drei Metern Höhe, zwischen denen sich steile Stromschnellen befanden, insgesamt etwa 15 Meter ab. Der obere Wasserfall war etwas größer als der untere, aber nur unwesentlich. Zusammen konnten sie einem wirklich Furcht einflößen. Die hinabstürzenden Wassermassen und die gewaltigen Strömungskräfte ließen Löcher und Strudel entstehen, neben denen Zerberus, der monströse, dreiköpfige Höllenhund des Hades, harmlos gewirkt hätte. Das Donnern war so laut, dass wir unser eigenes Wort nicht mehr verstanden.

Als wir wieder beim Boot waren, hielten wir eine Lagebesprechung ab und kamen zu dem Ergebnis, dass es machbar war. Wir mussten die Wasserfälle gerade und mit hohem Tempo nehmen, um die Rücksoge, Löcher und Strudel darunter zu überwinden. Das letzte Loch unterhalb des zweiten Wasserfalls war das größte, das ich je gesehen hatte. Wenn das Schlauchboot hineingeriet, würde es höchstwahrscheinlich umkippen, und wir würden ertrinken. Wir mussten uns ganz links halten, wenn wir ihm ausweichen wollten.

»Es ist deine Entscheidung, Ben«, sagte ich. »Du steuerst.«

»Ich weiß nicht«, meinte Scott besorgt. »Das ist echt verdammt groß.«

»Es ist riesig«, sagte Ben leise. »Packen wir's an.«

Bevor wir uns abstießen, gingen wir den Ablauf noch ein letztes Mal durch. Wir wollten am äußersten rechten Rand des Flusses beginnen, über den größeren Wasserfall fahren und dann wie verrückt paddeln, um die Strömung zu kreuzen und zum linken Flussrand zu gelangen, ehe das Boot den zweiten Wasserfall hinabsauste. Anschließend wollten wir scharf nach rechts steuern, um einem riesigen Felsbrocken auszuweichen, dann wieder nach links am letzten Loch vorbei. Eigentlich war nichts dabei.

»Seid ihr bereit, Leute?«, rief Ben.

Scott und ich drehten uns um und nickten. Wie grinsten uns wie Idioten an.

Mein Magen krampfte sich zusammen. Ich versuchte, einen freien Kopf zu bekommen, blickte nach vorn und dachte an nichts anderes mehr. Ich unterdrückte einen Angstschauder. Wie gingen andere Menschen mit ihrer Furcht um? Ich konzentrierte mich fest darauf, bereit zu sein, und fixierte alle Unregelmäßigkeiten, Verwirbelungen und Wellen im tosenden Stromzug. Ich versuchte, die Zeit anzuhalten, als befände ich mich in Trance oder in einem Traum. Ich versuchte, mir jede Bewegung zuerst vorzustellen und sie dann auszuführen.

»Leicht rückwärts paddeln, Leute!«, schrie Ben. »Und stopp!«

Das Boot war gerade weit genug vom Ufer entfernt, um den Felsbrocken und dem Kehrwasser auf der rechten Seite auszuweichen, bewegte sich aber kein Stück weiter in Richtung Flussmitte. Es war alles entscheidend, dass wir den ersten Wasserfall so nah am rechten Ufer wie möglich nahmen. Ungefähr 20 Meter vor der Stufe richtete Ben den Bug parallel zur Strömung aus. Wir hofften, den Wasserfall mit so viel Tempo und Schwung zu nehmen, dass wir durch den Sog und die Unterströmungen darunter schießen würden.

»Vorwärts paddeln!«, schrie Ben, und wir nahmen Kurs auf die Gischtwolken. »Los, schneller, schneller, schneller!«

Ich lehnte mich übers Wasser und paddelte mit aller Kraft. Der donnernde Lärm des Flusses pulsierte in meinen Ohren, und ich spürte einen kräftigen Adrenalinstoß. Immer und immer wieder stach ich das Aluminiumpaddel ins Wasser, bis der Fluss unter mir verschwand. Dann paddelte ich in der Gischt weiter, als sich der Bug unter mir im 45-Grad-Winkel senkte und das Boot in das schäumende Wasser tauchte.

Wir landeten in einer brodelnden weißen Hölle. Der Bug sank ein, und eiskaltes Wasser prasselte auf mich herab.

»Vorwärts paddeln!«, brüllte Ben, als mir die kalten Finger des Flusses über die Brust strichen. »Vorwärts!«

Das Schlauchboot schien sich in dem Chaos nicht von der Stelle zu bewegen, obwohl wir unsere Paddel wie wild ins Wasser rammten. Ben schrie, so laut er konnte: »Vorwärts!«

Kein Wunder, dass wir nicht vorankamen. Der Wasserfall, über den wir gerade gefahren waren, befand sich nur Zentimeter hinter Bens Rücken und drohte das Heck zu versenken. Wenn uns der Rücksog nur zwei Handbreit zurückdrängte, war unser Schicksal besiegelt.

»Vorwärts!«, brüllte Ben, während er mit aller Kraft das Paddel bewegte.

Meine Arme wurden schwach. Ich warf einen Blick nach hinten. Kamen wir voran? Wir kamen voran. Als Ben das Heck drehte, um auf die andere Flussseite zu steuern, schoss das Schlauchboot plötzlich nach vorn.

»Rückwärts paddeln!«, befahl er.

Ich rammte mein Paddel in den lehmfarbenen Fluss und drehte meinen Körper ein Stück, sodass der Schaft auf meiner Hüfte auflag. Ich benutzte meine Hüfte als Widerlager, zog mit der linken Hand kräftig am Schaft, und das Boot glitt rückwärts zwischen zwei Strudeln hindurch über den Fluss. Ben richtete das Boot für den nächsten Wasserfall aus.

»Vorwärts paddeln!«

Wir rasten auf die zweite Stufe zu. Dieses Mal war ich zuversichtlich, da wir den ersten, größeren Fall überstanden hatten. Ich war bereit, als wir über die Kante schossen. Der Bug des Schlauchboots sackte ab, bohrte sich ins schäumende Wasser und tauchte eine Sekunde später wieder auf. Genauso macht man das, dachte ich.

Der Bug wirbelte herum, und ich drehte mich um, weil ich sehen wollte, was Ben machte. Er war verschwunden.

»Ben ist über Bord gegangen«, rief ich Scott zu. In eben diesem Moment sah ich seinen Kopf etwa drei Meter vor dem Boot auftauchen – zwischen dem Boot und den Felsen. Er klammerte sich an seinem Paddel fest und rang nach Atem. Ihm blieb nur eine Sekunde, um Luft zu schnappen, ehe ihn das Boot gegen die Felsen drückte. Das Heck wirbelte herum und zog uns rückwärts stromabwärts, ohne dass wir etwas dagegen tun konnten. Ich verlor Ben aus den Augen, als er unterging.

Scott und ich kämpften weiter, während das außer Kontrolle geratene Schlauchboot Geschwindigkeit aufnahm. Das große Loch, das wir zuvor voller Ehrfurcht angestarrt hatten, tat sich drohend unmittelbar vor uns auf. Scott und ich paddelten wie die Wahnsinnigen, da aber niemand mehr am Heck saß und steuerte, drehte sich das Boot wie wild um die eigene Achse. Wir streiften den Rand des Lochs, und der Sog seiner Strömung stoppte die Kreiselbewegung. Das Schlauchboot schwebte am Rand des Lochs, als der kreiselnde weiße Sog es nach unten saugte und unser Paddeln es flussabwärts zog. »Paddeln!«, schrie ich.

Wenn wir mit dem Heck in das Loch gerieten, würden wir mit Sicherheit kentern und ertrinken. Scott rammte sein Paddel ins Wasser. Das Boot schüttelte sich, während es am Rand des langsam und gleichmäßig kreiselnden Strudels verharrte. Das Tauziehen schien wenige Sekunden lang unentschieden, bis wir blitzartig freikamen und das Boot stromabwärts schoss.

»Wo ist Ben?«, schrie Scott.

Wir blickten flussaufwärts. Nichts.

Als wir ein heftiges Japsen hörten, drehten wir uns wieder um. Ben trieb vor dem Schlauchboot im Wasser. Ich beugte mich vor und zog ihn an Bord. Er war schlaff und tropfnass und hielt noch immer das Paddel in den Händen. Er hatte sich daran festgehalten, während die Unterströmung an ihm gezerrt und gezogen hatte. Als er seinen Neoprenanzug auszog, kam ein scheußlicher violetter Bluterguss zum Vorschein, der von der linken Hüfte bis zum Knie reichte – das Resultat seiner Kollision mit dem Felsen.

»Der letzte Strudel hat mich unter Wasser gezogen«, erzählte er, »und mich immer und immer wieder herumgewirbelt. Ich war mir schon sicher, dass meine letzte Stunde geschlagen hat, da kam ich plötzlich wieder frei. Gott sei Dank habe ich das Paddel nicht losgelassen.«

Wir hielten an und zogen das Boot an Land. Schweigend aßen wir zu Mittag. Wir waren ziemlich mitgenommen, und unser Selbstvertrauen war erschüttert. Wir umtrugen den nächsten anspruchsvollen Wildwasserabschnitt und machten anschließend Feierabend, um unser Glück nicht noch mehr herauszufordern.

Ich empfand unser Erlebnis als äußerst deprimierend. Wir durchfuhren die Stromschnellen nicht, sondern wurden mehr oder weniger hilflos durch sie hindurchgespült. Wir hatten überall blaue Flecken, und ich muss zugeben, dass ich ernsthaft darüber nachdachte, ob wir wirklich weitermachen sollten. Hatten wir überhaupt das Zeug dazu fortzufahren? Heute hatten wir noch einmal Glück gehabt, doch wenn es so weiterging, Tag um Tag, Woche um Woche, würde uns das Glück bestimmt irgendwann verlassen, und diese Aussicht war beängstigend.

Von Furcht und Sorge gequält, wälzte ich mich die ganze Nacht hin und her. Große, schäumende Stromschnellen warfen mich auf und ab, schleuderten mich in diese Richtung und in jene. Ich erwachte schweißgebadet und nach Atem ringend, voller Panik, ob ich die Oberfläche des Traumflusses, in dem ich ertrank, erreichen würde.

Ich zitterte vor Angst, schwor mir aber, trotzdem weiterzumachen. Jetzt aufzugeben war undenkbar. Ich zog mir meinen Schlafsack um die Schultern und gab mir Mühe, mich zu entspannen.

28. Tag: 10. Oktober 1999

Am nächsten Morgen versuchte ich, mich auf den Gedanken zu konzentrieren, dass die Bewohner von Pilpinto es nicht für möglich gehalten hatten, dass wir so weit kommen würden. Wir waren inzwischen fünf Tage auf dem Fluss unterwegs. Die Wassermassen von zwei kleineren Nebenflüssen hatten den Apurímac anschwellen lassen, und wenn es in höheren Lagen regnete, nahm der Fluss die Farbe von Tabak an und war kaum noch zu lesen.

Nach unserem Furcht einflößenden Erlebnis näherten wir uns den Stromschnellen mit immer größerer Vorsicht. An zwei Streckenabschnitten mit unpassierbarem Wildwasser ließen wir das Boot mit Hilfe von Seilen hinab – eine einfachere Methode als das Umtragen, die aber nicht immer durchführbar war.

Wir fanden die bislang am besten zum Campieren geeignete Stelle – einen von Bäumen gesäumten Sandstrand. Ganz in der Nähe plätscherte ein kleiner Bach. Als ich auf Erkundungstour ging, entdeckte ich, dass neben dem Bach blass-gelbgrüne Melonen wuchsen. Ihr Fruchtfleisch war weiß und hatte eine ähnliche Konsistenz und ebenso viele Kerne wie das von Wassermelonen. Ich schnitt ein Stück ab. Es war wässrig und hatte einen schwachen, leicht süßen Geschmack.

»Nicht übel.« Ich reichte es Ben.

Er nickte.

Voller Enthusiasmus ging ich durchs Gebüsch zurück, um nachzusehen, was dort noch zu finden war. Ich entdeckte einige Kakteen mit abgeflachten Sprossen, die, wie uns Einheimische zuvor gesagt hatten, essbar waren. An manchen waren winzige safrangelbe Knospen aufgeblüht. Ich schnitt einen Spross herunter und schälte die Außenhaut ab. Das Fleisch war ziemlich breiig und klebrig, ich nahm es aber trotzdem in den Mund. Es war faserig, ähnlich wie Spargel, und würde gekocht vermutlich besser schmecken.

Wir brieten die Kakteen und die Melonen in Fett an und mischten sie unter unsere Nudeln.

29. Tag: 11. Oktober 1999

Am Morgen ging es geruhsam weiter, und wir trieben ein paar Stunden lang friedlich dahin. Zwischendurch rumpelten wir durch Wildwasser der Kategorie III, dann wurde es wieder ruhig. Auf den ruhigen Streckenabschnitten legten wir im Durchschnitt ungefähr acht Kilometer in der Stunde zurück.

Vormittags fuhren wir unter einer heruntergekommenen Hängebrücke hindurch. Ihre Planken waren stellenweise verfault. Einige Teile fehlten, und die eine oder andere Planke hing herab, als würde sie sich noch mit einem Arm festhalten. An die steilen Cañónwände schmiegte sich ein Pfad.

»Das kann doch noch nicht die Militärbrücke sein, oder?«, fragte Ben.

»Nein«, erwiderte ich, »über die Militärbrücke führt eine Straße. Das nehme ich zumindest an.«

Die Militärbrücke stellte für uns einen Meilenstein dar – sie würde den Beginn der zweiten Etappe unserer Wildwasserfahrt einleiten. Ich starrte das Bauwerk an. Vielleicht doch? Nein.

Eine halbe Stunde später kam eine zweite, wesentlich solider gebaute Brücke in Sicht. Sie wurde von einem Gerüst gestützt und war stabil genug, um ein Fahrzeug zu tragen. Ein Toyota-Lastwagen, auf dessen Ladefläche etwa 30 Menschen standen, überquerte die Brücke.

»Ich glaube, das ist sie, Jungs«, meinte Scott. »Wir haben es bis zur Militärbrücke geschafft. Der erste Schritt zur Bezwingung des mächtigen Flusses ist geschafft.«

Als wir unter dem Bauwerk durchglitten, rumpelte oben ein weiteres Fahrzeug darüber. Ben steuerte das Boot zum Ufer.

»Ich frage mich, ob es hier in der Nähe eine Ortschaft gibt«, sagte Ben. »Die Leute, die hier vorbeifahren, müssen doch sicher was einkaufen.«

Außer der Brücke und der staubigen Straße war nichts zu sehen.

»Ich frage mich eher, ob das tatsächlich die Militärbrücke ist«, erwiderte ich. »Wir hatten damit gerechnet, dass wir für diesen Streckenabschnitt zehn Tage brauchen, und wir sind erst seit sechs Tagen unterwegs.«

Ich blickte mich um und hielt vergeblich nach einem Anhaltspunkt Ausschau. »Lasst uns eine Runde drehen und jemanden suchen, der uns mehr sagen kann. Vielleicht können wir uns ja tatsächlich irgendwo was zu essen kaufen.«

»Wer bleibt beim Boot?«, fragte Scott.

»Das losen wir aus«, sagte Ben.

Er kletterte ans Ufer und riss drei braune Grashalme aus. »Okay. Wer den Kürzesten erwischt, bleibt beim Boot.«

Scott verlor und setzte sich enttäuscht hin; Ben und ich machten uns auf den Weg. »Bringt mir ganz viele Sublimes mit«, rief uns Scott hinterher. »Und wenn ihr was Warmes zu essen findet, vergesst nicht, mir etwas davon mitzubringen.«

Als wir über die Felsen nach oben kletterten, kam vor der Brücke ein großer verrosteter Bus mit vier Wildwasserrafts auf dem Dach stotternd zum Halten.

Zahlreiche Gringos stiegen aus dem Bus, streckten sich, unterhielten sich und fotografierten. Durchtrainierte peruanische Guides sausten umher, luden Ausrüstungsgegenstände ab und pumpten die Boote auf. Einer entdeckte unser Boot und sagte etwas zu seinen Freunden, die daraufhin ihre Arbeit unterbrachen, um einen Blick auf unser Schlauchboot zu werfen.

»Sieht so aus, als hätten wir in den nächsten Tagen Gesellschaft«, sagte ich zu Ben. »Das bedeutet auch, dass wir nicht draufgehen werden. Die würden auf diesem Abschnitt wohl kaum Rafting-Touren veranstalten, wenn es lebensgefährlich wäre.«

Die Guides grüßten uns. »Hallo, meine Freunde«, sagte einer, ein schlanker Mann um die 40, und schüttelte uns herzlich die Hand. »Ich heiße Benjamin.« Er war der Chef der Firma und sprach fast perfekt Englisch – ein Segen, angesichts unserer bescheidenen Spanischkenntnisse. »Woher kommt ihr, und wohin seid ihr unterwegs?«

»Wir sind in Pilpinto losgefahren und wollen bis zum Atlantik«, antwortete ich. »Ist das die Militärbrücke?«

Benjamin nickte. »Ich war unterhalb von Pilpinto einmal ein Stück mit dem Kajak unterwegs«, sagte Benjamin voller Bewunderung. »Dort geht es ziemlich zur Sache.«

Es war ein komisches Gefühl, sich mit jemandem zu unterhalten, der sich mit Wildwasser-Rafting und Kajakfahren auskannte. Die meisten Menschen, die uns bislang begegnet waren, hatten noch nie ein Schlauchboot gesehen. Benjamin kannte alle Abenteurer, die versucht hatten, den Apurímac zu bezwingen. Den legendären Südafrikaner Mike Horn, der die Tour zwei Jahre zuvor allein geschafft hatte, hatte er sogar persönlich kennen gelernt.

Benjamin erzählte uns, dass die kommerziellen Rafting-Veranstalter, die diesen Streckenabschnitt befuhren, ein beträchtliches Sicherheitsrisiko eingingen. Es gab hier etliche Abschnitte der Kategorie Wildwasser V, und seit die Veranstalter vor zwei Jahren begonnen hatten, diese Strecke zu befahren, waren viele Menschen ums Leben gekommen. »Aber keiner meiner Teilnehmer«, bekräftigte er. »Ich habe die besten Guides, und wir treffen jede erdenkliche Vorsichtsmaßnahme.«

Benjamin sagte uns, dass ungefähr fünf Kilometer in einem Haus an der Straße warmes Essen serviert wurde. Dann machte er sich daran, seine israelische Gruppe zusammenzutreiben. Die Welt ist tatsächlich ein Dorf – vom Kibbuz in die Anden, von Poughkeepsie auf den Mount Everest. Heutzutage spielt es keine Rolle mehr, wohin man reist, es können einem alle möglichen Menschen aus allen möglichen Ländern über den Weg laufen – und in den meisten Fällen sind sie besser ausgerüstet als die berühmten Entdecker von damals.

»Wir campieren heute Abend nur ein paar Kilometer flussabwärts«, sagte Benjamin. »Kommt und leistet uns Gesellschaft beim Abendessen, dann können wir uns weiter über den Fluss unterhalten.«

Ben und ich schlenderten die unbefestigte Straße entlang und aßen eine gute warme Mahlzeit. Allerdings bestand keine Möglichkeit, etwas zu essen mitzunehmen, und deshalb blieb uns nichts anderes übrig, als Scott eine kühle Cola zu kaufen und zum Boot zurückzukehren. Er war nicht gerade begeistert.

»Mann, ich sitze hier seit zwei Stunden rum, und alles, was ihr mir mitbringt, ist eine warme Cola.«

»Es gab nichts anderes«, log Ben.

»Und was gab's für euch?«, erkundigte sich Scott, der uns kein Wort glaubte.

»Nur eine Cola«, schwindelte auch ich. Wir hätten den Reis nicht mit bloßen Händen transportieren können, warum sollten wir ihn also quälen?

Am anderen Flussufer sahen wir die Rafts mit der Aufschrift »Instinct«, die beladen und bereit zur Abfahrt waren. Benjamin folgte ihnen in seinem Kajak. Er winkte, als er an uns vorbeifuhr, und ich schob unser Boot an, um ihm zu folgen.

Benjamin hinterherzufahren war wesentlich einfacher, als sich selbst zurechtfinden zu müssen. Die erfahrenen Guides kannten die Stromschnellen wie ihre Westentasche. Sie kannten die Gefahren und wussten, welche Route sie nehmen mussten. Wir konnten ihnen blind folgen, ohne selbst Ausschau halten zu müssen.

Um fünf Uhr nachmittags landete die Instinct-Crew ihre Boote unmittelbar oberhalb einer Serie Stromschnellen der Kategorie Wildwasser VI, die sie am nächsten Morgen umtragen wollten. Die 26 jungen Israelis waren mit dem Aufbauen der vom Veranstalter zur Verfügung gestellten Zelte beschäftigt. Wir campierten zwischen ihnen und den Stromschnellen.

Ich sah, warum die Crew diese Stelle ausgewählt hatte. Es gab dort eine ebene Grasfläche für die Zelte, und die Aussicht war grandios. Unterhalb des Camps hatte die reißende Strömung eindrucksvolle Wellen und Rillen in die Felswand geschliffen, sodass der Granitstein den Eindruck erweckte, als würde er auch fließen. Außerdem gab es Unmengen Bambus zum Feuermachen.

Roberto, der jüngste der Guides, holte uns ab, als das Abendessen fertig war. Wir folgten ihm zur Kochstelle. Die Israelis saßen überall verstreut auf Baumstämmen. Die Guides saßen zusammen in der Nähe des Feuers. Die drei Guides, die die Boote mit den Passagieren steuerten, sprachen fließend Englisch. Der langhaarige, muskulöse Guide, der in seinem Boot die Ausrüstung transportierte, sprach ausschließlich Spanisch. Sein Fahrkönnen war beeindruckend. Er kam problemlos mit dem überladenen Boot zurecht und manövrierte es mit Leichtigkeit durch das reißende Wildwasser.

Benjamin lächelte. »Ich kann mir vorstellen, was ihr in letzter Zeit gegessen habt. Nehmt euch, so viel ihr wollt.«

Ich belud meinen Teller mit Schweinesteaks, Apfelsoße, Kartoffelsalat und Bohnensalat. Außerdem gab es eine Spargelcremesuppe. Das Essen war das beste seit Wochen – und noch dazu völlig unerwartet.

Während wir aßen, erzählten uns die Guides, was auf uns zukam. Während der nächsten paar Tage, bis zur Cunyac-Brücke, war der Fluss verhältnismäßig ungefährlich. Nach der Brücke begann jedoch die berühmt-berüchtigte Acobamba-Schlucht. Roberto hatte die Schlucht viele Jahre zuvor während einer Expedition mit Freunden durchfahren. Sie waren gerade noch mit dem Leben davongekommen – und damals, so sagte er, sei der Wasserpegel wesentlich niedriger gewesen als jetzt.

»Der Wasserstand ist jetzt zu hoch«, fügte er finster hinzu. »Und er steigt jeden Tag weiter. Wenn ihr versucht, die Schlucht zu durchfahren, überlebt ihr das bestimmt nicht. Die meiste Zeit ist nicht einmal ein Ufer da, wo man aussteigen könnte – nur steile Felswände, die auf beiden Seiten emporragen. Es gibt kein Kehrwasser. Man wird immer weitergespült, über Wasserfälle und durch endlose Stromschnellen.«

30. Tag: 12. Oktober 1999

Es war eine wahre Freude, den Instinct-Rafts zu folgen, doch auch das verlief nicht ohne Zwischenfälle. Einmal blieben wir sogar in einem Loch stecken. Die Strömung stellte unser Raft quer und drohte uns zurück unter den Wasserfall zu drücken.

»Auf die andere Seite!«, schrie Scott.

Ich sprang auf die andere Seite des Boots. Die Idee war, unser ganzes Gewicht auf eine Seite zu verlagern und der Kraft der Wassermassen entgegenzuwirken, die das Raft zu kippen drohten. Tonnen Wasser stürzten auf die andere Seite des Boots herab und drückten es nach unten. Es bäumte sich fast senkrecht auf, doch unser vereintes Gewicht gewann die Oberhand und drückte es wieder nach unten.

Wir waren noch immer inmitten des Lochs gefangen, und die Strömung bearbeitete uns wie ein Vorschlaghammer. Das Boot befand sich in der Mitte des Flusses, bäumte sich auf und drehte sich langsam um die eigene Achse, ohne dabei voranzukommen. Immer wieder drückte die kreiselnde Strömung das Raft unter die herabstürzenden Wassermassen, und wir waren gezwungen, dem Druck von oben entgegenzuwirken, um das Boot am Umkippen zu hindern.

Als wir von einer Seite zur anderen hasteten, fiel ich über Bord in das Loch. Unglücklicherweise verfing ich mich mit einem Fuß in dem Seil, mit dem mein Paddel festgebunden war. Die Strömung zog mich nach unten, aber das Seil hielt mich beim Schlauchboot. Ich versuchte, nach oben zu fassen und meinen Knöchel aus dem Seil zu befreien, was mir jedoch nicht gelang – die Strömung war zu stark. Ich spürte, wie mich meine Kräfte verließen. Ich hielt die Luft an und wartete darauf, dass mich meine Rettungsweste nach oben zog. Es war ein seltsames Gefühl, dass in einem so dynamischen Fluss plötzlich alles statisch war. Ich hatte den Eindruck, irgendwo unterhalb des Boots am Ende des Paddelseils zu hängen. Meine Lunge schien zu platzen, und ich konnte nichts sehen.

Halt durch, dachte ich, halt durch. Dann kam ich mit einem Ruck frei. Scott und Ben zogen mich ins Boot zurück.

Als der langhaarige Guide in dem Boot mit der Ausrüstung sah, dass wir in dem Loch festhingen, steuerte er sein Schlauchboot in das Loch, rammte uns und befreite uns auf diese Weise aus der Strömung. Sobald das Schlauchboot dem Loch entkommen war, wurde es stromabwärts gezogen und riss uns aus der tödlichen Umklammerung des Flusses. Ich hustete und grinste.

Wir feierten meine Wiedergeburt bei einem Abendessen mit Steaks mit Kartoffeln, Suppe und Salat. Fabelhaft! Wie oft kann man behaupten, dass es toll ist, am Leben zu sein?

Wir blieben so lange wie möglich in der Nähe der Instinct-Crew. Die Guides behielten uns immer im Auge, versorgten uns mit köstlichem Essen und gaben uns Ratschläge zu den einzelnen Streckenabschnitten. Benjamin fuhr an den gefährlichsten Wildwasserstellen in seinem Kajak voraus, und die Schlauchboote folgten ihm. Wenn eins kenterte, zerrte er die Teilnehmer aus dem Wasser oder half ihnen wieder ins Boot.

Einige der Stromschnellen waren zu groß, um für die Sicherheit der Teilnehmer garantieren zu können. Die Israelis gingen dann zu Fuß, während die unerschrockenen Guides den Katarakten die Stirn boten – und dabei des Öfteren in den Fluss geschleudert wurden.

Wir waren stolz, dass wir diese Abschnitte des Flusses befahren hatten, ohne abgeworfen worden zu sein. Und wir waren stolz, dass wir es bis zur Cunyac-Brücke geschafft hatten, wo die erste Etappe unserer Wildwasserfahrt endete. Allerdings machten wir uns jetzt große Sorgen wegen der nächsten Etappe: Von einem Bauern, der an Land zu Hause war, vor ihren Gefahren gewarnt zu werden, war eine Sache, von einem erfahrenen Guide zu hören, dass sie den sicheren Tod bedeutete, war eine andere.

31. Tag: 13. Oktober 1999

Die Metallkonstruktion, die sich über den Fluss spannte, sah dank ihres frischen, leuchtend orangefarbenen Anstrichs brandneu aus. Zwei Lastwagen passierten über uns die Brücke; ein dritter, der aus der entgegengesetzten Richtung kam, wartete, bis er an der Reihe war. Ein kurzes Stück flussaufwärts befand sich eine zweite Brücke aus Holz, deren verfaultes, aus Brettern und Rundhölzern bestehendes Gerüst bereits in Stücke zerfiel. Auf dem hölzernen Skelett tollten Kinder herum, Angelschnüre und Köder in den Händen – ein Bild aus zahllosen Kindheiten, das Mark Twain mit der Schilderung von Tom Sawyers und Huckleberry Finns Abenteuern unsterblich gemacht hat.

Die Metallbrücke sorgte dafür, dass die Hauptstraße von Cuzco nach Abancay den Apurímac-Cañón überwinden konnte. Wir banden unser Schlauchboot neben den Instinct-Booten unter der Brücke fest und kletterten über die steile Böschung nach Cunyac hinauf, einem kleinen Straßendorf. In jedem Haus wurde ein Sortiment aus Kräckern, Limonade, Kaugummi und anderen Snacks zum Verkauf angeboten.

Wir kauften sechs Einliterflaschen Bier, um mit unseren Freuden anstoßen zu können, ehe sich unsere Wege trennten. Während die Schlauchboote auf einen wartenden Lastwagen verladen wurden, standen wir da und tranken Bier, und unser Lachen hallte von den Cañónwänden wider. Wir schüttelten uns die Hände, dann stieg die Instinct-Crew in die Fahrzeuge.

Benjamin lehnte sich aus dem Fenster und gab uns zum Abschied weise Worte mit auf den Weg: »Denkt daran, versucht nicht, den Fluss zu bezwingen. Versucht, ihn zu verstehen, und seid seine Freunde.« Dann waren sie fort.

Wir gingen zum Fluss zurück, paddelten in unserem Boot ein paar hundert Meter stromabwärts und zogen es auf einen kleinen Kiesstrand. Von dort aus führte ein steiler, aber begehbarer Pfad zurück in den Ort. Wir hatten zwar noch Reis, Mehl und Gewürze, da die Instinct-Speisekammer jetzt aber nicht mehr zur Verfügung stand, mussten wir uns nahrhaftere Essensvorräte besorgen.

Vor einem Haus im Ort standen ein Tisch und zwei Stühle. Scott und Ben schnappten sich die Stühle, ich setzte mich auf eine Holzkiste. Sogleich erschien eine Frau mittleren Alters aus dem Dunkel des Hauses und kam mit einem Spüllappen in der Hand auf unseren Tisch zu. Sie bückte sich und tauchte den Lappen in den Rinnstein, in dem Wasser von den Hügeln oberhalb der Straße plätscherte.

»Bekommen wir bei Ihnen etwas Warmes zu essen?«, erkundigte ich mich.

»*Sí.*«

Nachdem sie verschwunden war, kam ein etwa 18-jähriges Mädchen mit einem krank aussehenden Kind auf dem Arm die Straße entlang. Als sie auf uns zuging, wich ihre düstere Miene plötzlich einem dringlichen Gesichtsausdruck. Sie lief zum Straßenrand und hielt das Kind über den Rinnstein. Ein Schwall Durchfall floss in unsere Richtung.

»Super, Trinkwasser und Abwasser in einem«, sagte Ben und schnitt eine Grimasse. »Ich glaube, mir ist der Appetit vergangen.«

Die grauhaarige Frau tauchte wieder auf und trug ein Tablett mit sechs Kugeln, die aussahen wie frittierte Baseballs. Als Scott mit der Gabel in eine der dunkel-goldfarbenen, schmierig glitzernden Kugeln stieß, lief Öl aufs Tablett. Scott zog leicht angewidert die Augenbraue hoch, kostete aber. »Gar nicht übel. Frittiertes Kartoffelpüree.«

Wir begannen, gierig zu essen. In der Mitte befand sich ein hart gekochtes Ei – sozusagen die peruanische Version eines Scotch Egg. Nachdem jeder zwei Stück verdrückt hatte, bestellten wir noch einmal drei. Ein großer, schlanker Mann Mitte 30 setzte sich zu uns.

»Ich heiße Ricardo.«

Er bestellte einen Liter Bier und einen Becher. Als beides kam, schenkte er sich ein, trank aus und reichte Flasche und Becher an Ben weiter.

Im Lauf der Unterhaltung erfuhren wir, dass Ricardo ein Polizist aus dem Ort war. Er war zusammen mit drei Kollegen für den Kontrollpunkt der Brücke verantwortlich. Sie überprüften jedes Fahrzeug, das zwischen den peruanischen Verwaltungsgebieten Cuzco und Abancay verkehrte. Diese Sicherheitsmaßnahme war ein Relikt aus den Tagen, als sich die Hochlandregion noch fest in der Hand der Guerillabewegung Sendero Luminoso oder Leuchtender Pfad befand, deren Mitglieder für eine Veränderung der Gesellschaft nach maoistischem Vorbild kämpften.

Während Ricardo ein Bier nach dem anderen hinunterstürzte – »ich habe was zu feiern«, erklärte er –, versorgte er uns mit haarsträubenden Geschichten über die Brutalität des Feinds, mit dem er und seine Kollegen konfrontiert waren.

Peru gewann 1824 die Unabhängigkeit von Spanien, doch fast während des gesamten 20. Jahrhunderts wurde das Land von politischen Unruhen beherrscht. Der blutrünstige Leuchtende Pfad stellt seit 1980 (als in Lima tote Hunde an den Laternenpfählen aufgehängt wurden, um auf Chinas Vorgehen gegen die Viererbande aufmerksam zu machen) die größte Bedrohung in Peru dar.

Abimael Guzmán Reynoso, ein ehemaliger Professor der Nationalen Universität San Cristóbal in Ayacucho, war der gebildete und wohlhabende geistige Anführer der Bewegung. Der Leuchtende Pfad galt als eine der gefürchtetsten revolutionären Untergrundbewegungen der Welt. Guzmán glaubte wie sein Held Mao an eine Politik der verbrannten Erde. Von seinen Truppen wurden Geschichten bekannt, die eines Mr. Kurtz, Joseph Conrads Elfenbeinagenten aus *Herz der Finsternis,* würdig gewesen wären – sie sollen abgetrennte Hände und Füße zu Haufen aufgetürmt, ganze Ortschaften ausgerottet, Journalisten, die weiße Fahnen schwenkten, gruppenweise mit Macheten niedergemetzelt und Armeepatrouillen aus dem Hinterhalt überfallen haben. Einschätzungen von Menschenrechtsorganisationen und Beobachtern der Vereinten Nationen zufolge kommt die Zahl der in Peru Mitte der 1980er-Jahre »Verschollenen« der Anzahl derer gleich, die in Chile während der Schreckensherrschaft der 1970er-Jahre verschwanden.

Während das Bier floss, versorgte uns Ricardo mit beunruhigenden Geschichten darüber, was in der Dunkelheit lauerte, die uns umgab. Die dicht bewaldeten Gebiete im Süden und Osten des Landes, der Altiplano und die Selva, waren nicht nur die Geburtsstätte der Inka-Rebellion unter dem Joch der spanischen Herrschaft gewesen, sondern hatten sich seither bei der Rekrutierung für revolutionäre Bewegungen immer wieder als fruchtbarer Boden erwiesen. Außerdem stellte die Region eine abgeschiedene und entlegene Zufluchtsstätte dar.

Der beschwipste Polizist war zunächst sprachlos, als wir ihm von unserer Unternehmung erzählten. Dann legte er uns die Hände auf die Schultern und sagte: »Ihr könnt heute Nacht auf der Polizeistation schlafen. Es gibt dort jede Menge Betten – das ist eine willkommene Abwechslung zu euren Zelten.«

Wir lehnten ab. Auf der Polizeistation zu schlafen wäre einer Einladung gleichgekommen, unsere Ausrüstung zu stehlen. Wir versprachen, zum Frühstück zu kommen.

»Habt ihr gehört, dass zwei Mitglieder eines Teams aus der Schweiz hier in der Nähe umgekommen sind?«, fragte er.

Wir hatten davon gehört.

»Andere ebenfalls«, fügte er hinzu.

Wir nickten.

»Viele.«

Er blickte in die Dunkelheit Richtung Brücke und Fluss. Ricardos walnussbraune Augen wurden feucht, und er wurde sentimental. »Ihr müsst vorsichtig sein«, sagte er mit von bierseliger Emotion erstickter Stimme. »Sehr vorsichtig.«

Wir versprachen es ihm und ließen ihn allein weiterfeiern.

32. Tag: 14. Oktober 1999

Die Polizeistation befand sich in einem kleinen, graublau gestrichenen Lehmziegelgebäude, das nur unwesentlich größer war als die Nachbarhäuser. An einer seiner Außenwände hing ein verblichenes graues Schild mit der Aufschrift »Policía«.

Wir kamen im Schein der frühen Morgensonne an. Das Glitzern der Cañónwände und des Flusses stimmte uns optimistisch. Ein Polizist kletterte auf einem großen Lastwagen herum, der zwecks Inspektion angehalten worden war. Durch die Eingangstür sahen wir zwei Polizisten hinter einem großen Schreibtisch sitzen. Einer streichelte ein zerzaustes Huhn, das es sich auf seinem Schoß gemütlich gemacht hatte.

»Guten Morgen«, sagte der Mann mit dem Huhn, stand auf und reichte uns die Hand. »Ich heiße José. Und das« – er deutete auf den kleineren Mann neben ihm – »ist ebenfalls José.«

»Guten Morgen«, antwortete ich und musste mich beherrschen, nicht laut loszulachen.

»Ricardo kommt in 20 Minuten«, erklärte der Polizist. »Er besorgt noch Obst zum Frühstück.« Er grinste und drückte seinem Kollegen das Huhn in die Hand. »Ich führe euch herum.«

Er ging um den Schreibtisch und nahm uns in das angrenzende Esszimmer mit, das von einem großen Holztisch und acht Stühlen beherrscht wurde. Eine Tür führte zu einem Schlafsaal, in dem ich mehrere Stockbetten sah, eine weitere Tür zum hinteren Teil des Gebäudes, wo uns José stolz eine Einzelzelle zeigte. »Wir benutzen sie nicht sehr oft – wir verteilen lieber dicke Strafen«, sagte er mit einem Augenzwinkern.

Wir kehrten ins Esszimmer zurück, wo uns Ricardo begrüßte. Er hatte eine Tasche voller Papayas, Bananen und Orangen dabei, die er zu einem Obstsalat zerschnitt. Auf dem Herd kochte Reis und frisch aus dem Fluss gefischter Wels.

»Ich dachte immer, in Peru wären alle Staatsbedienstete Banditen«, sagte Ben auf Englisch, damit ihn die Polizisten nicht verstanden. »Diese Typen könnten gar nicht netter sein.«

Wir aßen ein ausgezeichnetes Frühstück, doch die Polizisten blieben skeptisch, dass wir die Acobamba-Schlucht überleben würden.

»Viel Glück, *amigos*«, sagten sie und schüttelten uns kräftig die Hand. »Ihr wisst, wo ihr uns findet, wenn ihr Hilfe braucht.«

Als wir flussabwärts zur Schlucht fuhren, waren wir noch unschlüssig, was wir tun sollten. Beim ersten Anblick des Eingangs zur Schlucht fiel jedoch unsere Entscheidung.

Der Fluss war ungefähr 45 Meter breit, als er sich dem Cañón näherte. Dann tat er seinen Widerwillen kund, in eine Öffnung zu fließen, die etwa ein Viertel seiner eigenen Breite hatte, und begann, sich zu sträuben und zu winden, zu toben und zu wüten. Wir sahen Stromschnellen, die an Rodelbahnen erinnerten, und unübersichtliche Hindernisse. Die Wellen mitten in der Strömung waren teilweise bis zu drei Meter hoch und türmten sich wie riesige grüne Wände auf. Der Fluss zwängte sich in den Cañón, in dem weiß Gott welche scheußlichen Überraschungen lauerten. Es war Furcht erregend. Die dunklen, leblosen Cañónwände ragten senkrecht neben dem reißenden Fluss empor. Felsbrocken, Granitplatten und bröckeliger Schiefer, so weit das Auge reichte. Schwer vorzustellen, dass sich jemand freiwillig in diesen brodelnden Hexenkessel begeben würde.

Uns blieb nichts anderes übrig, als die Schlucht zu umtragen. Benjamin hatte Recht gehabt – das Wasser war bereits zu hoch angestiegen. Und es stieg täglich weiter an. Die Nebenflüsse, die den Apurímac anschwellen ließen, brachten von Unwettern in höheren Lagen auch Schlamm mit, der dem Fluss die Farbe dunklen Malzbiers verlieh. Die Schlucht zu befahren wäre Selbstmord gewesen. Wir zogen das Boot bei den nahe gelegenen heißen Quellen aus dem Wasser und begannen unsere Tragestrecke.

Wir hatten bereits von den heißen Quellen gehört und rechneten damit, dass es sich dabei um eine schmuddelige und ziemlich verwahrloste, von einer einheimischen Familie geführte Attraktion handelte. Als wir einen kommerzialisierten Badekurort im nordamerikanischen Stil mit einem Parkplatz voller nagelneuer Autos vorfanden, trauten wir unseren Augen kaum. Es waren so viele Leute da, dass wir befürchteten, uns könne die Ausrüstung gestohlen werden. Wenn wir das Schlauchboot am Strand liegen ließen, würde es die Aufmerksamkeit auf sich ziehen und ein leichtes Ziel abgeben.

Scott hatte eine geniale Idee. Wir befestigten Seile am Flussufer und banden das Boot in der Strömung fest. So konnten wir es von den heißen Becken aus in der Mitte des Flusses hin und her schaukeln sehen. Wir zahlten die zwei Sol Eintritt und weichten unsere schmerzenden Muskeln im lauwarmen Wasser der Mineralquellen ein, das von dem Hang oberhalb der vier Schwimmbecken herabfloss.

Anschließend machten wir ein kleines Feuer und kochten Chili. Ganz in der Nähe entzündete eine Gruppe Lehrer und Schüler, die sich auf dem Schulausflug befanden, auf dem Parkplatz ein großes Feuer. Sie kochten Kartoffeln in einem riesigen Topf und grillten eine Schweinshaxe auf einem Spieß über der Glut. Wir unterhielten uns mit einer Lehrerin namens Marie, die uns erzählte, dass das tägliche Schulessen für viele der Schüler die einzige Mahlzeit war. Die Lehrer verdienten etwa 60 Dollar im Monat. Schulausflüge wurden nur selten unternommen, und wenn sie stattfanden, war das allein der Großzügigkeit einheimischer Firmen zu verdanken.

Nach dem Abendessen berieten Ben, Scott und ich, wie es weitergehen sollte. Die Tragestrecke war ungefähr 60 Kilometer lang – ein Teil führte über eine Straße, der Rest über Pfade durch steiles Gelände. Wir mussten bis auf 1200 Meter Höhe über dem Fluss zum Rand des Cañóns aufsteigen. Am wichtigsten war es uns dabei, den gesamten Streckenabschnitt zu Fuß zurückzulegen, um die Integrität unserer Mission zu wahren, die lautete, den Kontinent aus eigener Kraft zu überqueren. Da wir aber unmöglich 270 Kilo Ausrüstung und Proviant tragen konnten, mussten wir ein Fahrzeug und Lasttiere in Abancay finden.

33. Tag: 15. Oktober 1999

Die Lehrer boten an, uns mit ihrem Pritschenwagen mitzunehmen. Auf der Ladefläche drängten sich bereits die Schüler und hielten sich an einem Holzgeländer fest, das über die ganze Fahrzeuglänge lief. Wir fanden noch Platz für unsere Sachen – oder vielmehr waren alle damit einverstanden, sich auf unser zusammengelegtes Schlauchboot und unsere Taschen zu setzen oder zu stellen. Wir kletterten auf die Ladefläche.

Der Lastwagen erwachte stotternd zum Leben und kroch die schmale, steile Straße hinauf. Nach kurzer Zeit stellte ich fest, dass das Holzgeländer nicht ordentlich befestigt war. Immer wieder rissen Schlaglöcher oder Spurrinnen den Pfosten aus seiner Verankerung und sorgten dafür, dass wir hinfielen.

In unmittelbarer Umgebung des Flusses wurde sehr wenig Landwirtschaft betrieben, weil die Hänge zu steil waren. Der überladene Lastwagen quälte sich durch hunderte von Serpentinen, bis die Steigung nachließ und die ersten terrassenförmigen Felder auftauchten. Die Ansiedlungen, durch die wir fuhren, wirkten weniger ärmlich als weiter im Westen der Anden. Die meisten Häuser waren erst kürzlich gestrichen worden und nicht mit Stroh, sondern mit Wellblech gedeckt.

Die Kinder wurden eines nach dem anderen abgesetzt, wenn der Lastwagen in die Nähe ihres bäuerlichen Zuhauses kam. Ihre grauen Schuluniformen waren schmutzig und zerrissen. Ein Junge begann fast unmittelbar, nachdem er abgesprungen war, mit dem Unkrautjäten auf dem elterlichen Getreidefeld. Die Fahrt endete etwa zehn Kilometer vor Abancay in der Nähe der Ortschaft Cachora, von der ein Pfad zurück zum Fluss führte. Der Lastwagen kehrte dort wieder um, und wir warteten mit unserer Ausrüstung auf einen Bus in die Stadt.

Abancay ist die verschlafene Hauptstadt dieser Region und wird nur selten von Touristen besucht. Die zerklüfteten, abgeschiedenen Täler der Umgebung waren, wie uns Ricardo erzählt hatte, in den 1980er- und 90er-Jahren von Guerilleros und Banditen heimgesucht worden. Seine leidenschaftlichsten Mitkämpfer rekrutierte der Leuchtende Pfad unter denen, die hier geboren und aufgewachsen waren. Während der Hochphase des Guerillakonflikts wurde die Region für Außenstehende gesperrt und das Kriegsrecht verhängt. Auch die Inka hatten sich vor den Metzeleien der Spanier in diese undurchdringliche Landschaft geflüchtet. Rebellion liegt den Peruanern im Blut; die Geschichte ihres Landes ist allgegenwärtig und lässt sich nicht ungeschehen machen.

Obwohl Abancay ungefähr 95 000 Einwohner hat, ist die Stadt nicht auf dem Luftweg zu erreichen. Die meisten Menschen, die hier Halt machen, legen einen kurzen Zwischenstopp ein auf der langen, ermüdenden Reise von Cuzco nach Ayacucho. Wir befanden uns noch immer 2377 Meter über dem Meeresspiegel. Wir mieteten uns in einem preiswerten *hostal* ein, wo wir eine Nacht bleiben und anschließend unser Gepäck einlagern wollten, während wir am nächsten Morgen zu den heißen Quellen zurückkehren würden, um den dazwischen liegenden Flussabschnitt zu Fuß hinter uns zu bringen. Wir stopften uns mit Schokoladenriegeln, Hamburgern, Obst und frisch gepresstem Orangensaft voll.

34. Tag: 16. Oktober 1999
Ich wachte zitternd auf, hatte das Gefühl, jeden Moment zu explodieren, und rannte ins Badezimmer. Im Laufe des Tages verschlechterte sich mein Zustand – starkes Fieber, Übelkeit, Durchfall –, und mein Kopf schien zu platzen. Ich konnte mich kaum bewegen.

Wir mussten natürlich umplanen.

Ben nahm die fünfstündige Busfahrt nach Cuzco auf sich, um ein Video der Instinct-Crew zu kaufen. Scott und ich versprachen, uns auf den Weg zu den heißen Quellen zu machen und uns am nächsten Abend mit ihm an der Militärbrücke zu treffen. Wie so viele unserer Pläne mussten wir auch diesen, kurz nachdem Ben aufgebrochen war, verwerfen. Nachmittags um halb vier war klar, dass ich nirgendwohin gehen würde.

35. und 36. Tag: 17. und 18. Oktober 1999
Ich war 52 Stunden lang ans Bett gefesselt und nicht in der Lage zu essen. Ich war fertig, völlig und restlos erledigt. Das Wasser, das ich nicht erbrach, kam Minuten später mit der Farbe von Coca Cola hinten herausgeschossen. Ich war zu schwach, um ins Badezimmer zu gehen. Stattdessen rollte ich mich auf die Seite und entleerte meinen Magen und meinen Darm in einen Eimer neben dem Bett. Ich schluckte Unmengen von Durchfalltabletten und betete, dass ich den Tag überstehen würde. Das ganze Zimmer stank nach Exkrementen. Mein Bettlaken war verschmiert von unbewussten Durchfallschüben. Ich hatte einige wache Momente, die übrigen Stunden halluzinierte ich im Fieber und wälzte mich schweißgebadet hin und her.

Das Fieber verbrannte sich selbst – den Eindruck hatte ich zumindest. Ich erinnere mich vage, dass sich Scott von mir verabschiedete und nach Cunyac aufbrach, damit Ben wenigstens einen von uns dort antraf. Ich taumelte auf die Straße hinaus, um mir etwas zum Frühstück zu besorgen. Das Einzige, was ich auftreiben konnte, war etwas Chinesisches, das ich hinunterwürgte, ohne es wieder zu erbrechen. Ich kehrte zum *hostal* zurück, packte und nahm den Bus um halb vier Uhr nach Cunyac und zur Militärbrücke. Die Fahrt war eine Tortur. Bei jeder Bodenwelle und jedem Schlagloch hatte ich Angst, mir in die Hosen zu machen. Der Bus hatte wegen einer großen Straßenbaustelle mehr als zwei Stunden Verspätung. Irgendwann während der Fahrt musste ich in eine Flasche urinieren. Wenigstens kehrte mein Durchfall nicht mehr zurück.

Ich kam nach Einbruch der Dunkelheit in Cunyac an und fand Scott und Ben schlafend im Zelt am Flussufer. Sie campierten am selben Kiesstrand, an dem wir schon ein paar Tage zuvor übernachtet hatten. Allerdings war er inzwischen wesentlich schmaler geworden. Starker Regen hatte den Fluss anschwellen lassen, und die Strömung hatte große Stücke vom Strand mitgerissen. Das Wasser floss in weniger als einem Meter Entfernung am Zelt vorbei.

Ben war kurz vor mir angekommen. Auch er war in Cuzco von Krankheit niedergestreckt worden und erst heute in den Bus gestiegen. Scott hatte die Nacht inmitten der Sintflut allein verbracht. Immer wieder hatte es gekracht, als würde es donnern. »Felsbrocken, die in die Schlucht gestürzt sind«, erklärte er.

»Scheiße«, murmelte ich.

Die Brocken lösten sich aus der Felswand über uns. In regelmäßigen Abständen purzelten faustgroße Steine zum Fluss herab, und von Zeit zu Zeit prasselten Sand und Kieselsteine auf das Zelt. Ungefähr alle Stunde ging irgendwo ein größerer Felsrutsch ab.

Der Fluss nagte am Strand und sorgte dafür, dass keiner von uns ruhig schlief.

37. Tag: 19. Oktober 1999

Im Ort erfuhren wir, dass die Polizisten, mit denen wir uns angefreundet hatten, nicht mehr da waren – versetzt – und dass eine neue, dienstbeflissenere Truppe ihren Platz eingenommen hatte. Sie wollten unsere Pässe sehen und wissen, wohin wir unterwegs waren. Als sie sich davon überzeugt hatten, dass wir keine Bedrohung für die innere Sicherheit darstellten, ließen sie uns weiterziehen.

Die Straße stieg hinter Cunyac an und kletterte zum Rand des Cañóns hinauf. Der Fußmarsch war schwierig. Ich fühlte mich noch immer krank und schwach und hatte seit Tagen keinen Rucksack mehr getragen. Ben war ebenfalls krank und sah aus wie der Tod. Scott dagegen war putzmunter und wohlauf.

Wir marschierten fast den ganzen Tag am Rand des Cañóns entlang und legten etwa 25 Kilometer zurück. Die Wanderung war nicht ohne kleine Freuden: Prunkwinden und andere Wildblumen boten einen herrlichen Anblick, und die Brise wehte uns aromatischen Eukalyptusduft entgegen.

Ein pikanter Lakritzgeruch kündigte die Ortschaft Carhuasanta an, deren Einwohner fast ausschließlich vom Anisanbau leben. Etwa fünf Kilometer vor der Ortschaft tauchte eine Gruppe Kinder auf, die anboten, unsere Rucksäcke zu tragen. Scott und Ben lehnten ab, da ihre Rucksäcke vermutlich mehr wogen als die Kinder. Ich gab meinen einem winzigen Jungen, der neben mir hertrottete. Er strahlte, als er mit der schweren Last kämpfte. Mein Rucksack sah aus, als wären ihm winzige Füße gewachsen, auf denen er herumlief. Irgendwann ließen sich Scott und Ben ebenfalls erweichen.

»Ich mache das nur, weil ich sonst umkippen und sterben werde«, knurrte Ben. »Du dagegen hast gleich die erste Gelegenheit beim Schopf gepackt, die kleinen Kinder auszubeuten. Vielleicht solltest du dir einen Managerjob bei Nike suchen.«

»Das macht ihnen anscheinend Spaß«, sagte Scott. »Außerdem haben sie darum gebettelt, sie tragen zu dürfen. Mann, meinen Schultern geht's schon viel besser.«

Als wir in der sauberen kleinen Ortschaft ankamen, spendierten wir den Kindern in einem winzigen Laden Orangenlimonade, die sie gierig tranken.

Einer der Jungen zerrte am Schultergurt meines Rucksacks und bot an, ihn weiterzutragen. Ich schickte ihn fort.

Überall im Ort verkauften die Bewohner Anissamen – frisch, getrocknet oder in Teebeuteln. Wir trugen unsere Rucksäcke zu einem kleinen *hostal* und mieteten uns für 2,50 Dollar pro Person ein Zimmer. Ben und ich waren noch immer angeschlagen, und eine Nacht in einem Bett würde uns gut tun.

38. Tag: 20. Oktober 1999

Am Morgen war Ben zu krank, um unseren Fußmarsch fortzusetzen. Der Rand des Apurímac-Cañóns war etwa sechs Kilometer entfernt. Wir befanden uns in einem flachen, hoch gelegenen Tal, das parallel zum Fluss verlief. Scott und ich marschierten zur Kante des Cañóns, um einen Blick auf den Fluss zu werfen.

Der Weg führte über Terrassen, auf denen Papayas, Kartoffeln, Zwiebeln und Tomaten angebaut wurden, und erwies sich als ziemlich einfach. Als wir uns dem Rand näherten, wurde das Gelände steiler, und die Terrassen wichen Gestrüpp und *ichu*-Gras. Schließlich gipfelte der steile Hang in einem Grat und gab eine grandiose Aussicht auf die andere Seite des Cañóns frei.

Eine kahle, silbergraue Felswand fiel zum Fluss ab, der sich fast zwei Kilometer unter uns befand. Die gegenüberliegende Wand des Cañóns war so nah, dass wir den Eindruck hatten, einen Stein hinüberwerfen zu können. Ich hatte gelesen, dass der Grand Canyon an seiner schmalsten Stelle 6,5 Kilometer breit ist. Hier war der gegenüberliegende Rand nur etwa einen Dreiviertelkilometer entfernt. Die Schlucht glich eher einer riesigen, bodenlosen Spalte im Erdball als einem Cañón. Das einzige Geräusch war das Rauschen des Winds, der über den Grat der Felswand strich. Die tosenden, reißenden Wassermassen des Apurímac sorgten auf dem begrenzten Raum am Boden des Cañóns mit Sicherheit für ohrenbetäubenden Lärm, der uns hier oben jedoch nicht einmal als Flüstern erreichte.

Über uns türmten sich Schulter an Schulter bis zu 6600 Meter hohe, schneebedeckte Bergkegel auf – Wächter, die im Lauf der Jahrtausende Zeugen gewaltiger Veränderungen geworden waren.

Als wir die Aussicht in uns aufnahmen, erhob sich auf einem thermischen Aufwind aus dem Cañón lautlos ein riesiger Andenkondor und glitt in etwa sechs Meter Abstand an uns vorüber. Er hatte eine Flügelspannweite von fast drei Metern.

»Armer Ben«, sagte Scott. »Ich wünschte, ich wäre ein Dichter und könnte beschreiben, wie der Amazonas aussieht, wenn er von den Flügeln eines Kondors eingerahmt wird.«

39. Tag: 21. Oktober 1999

Am nächsten Morgen ging es Ben besser. Wir standen auf und machten uns auf den Weg. Gegen Abend erreichten wir die Ortschaft Cachora, die Endstation unserer Tragestrecke. Wir wollten am nächsten Tag in aller Frühe nach Abancay fahren, um unsere Ausrüstung zu holen, und anschließend wieder zurückkehren und Esel mieten.

40. und 41. Tag: 22. und 23. Oktober 1999

Am Morgen nahmen wir den Bus nach Abancay, wo wir unsere Ausrüstung abholten und uns mit Essensvorräten für drei Wochen eindeckten. Mehr passte nicht in unsere Trockentaschen, die ohnehin schon aus allen Nähten platzten. Unseren Landkarten war zu entnehmen, dass so schnell keine Dörfer, Farmen oder Häuser mehr kommen würden – nichts als tiefe Cañóns und gefährliches Wildwasser für mindestens zwei Wochen. Wir mussten hoffen, dass unsere Nahrungsvorräte reichen würden. Mit Proviant konnten wir uns erst wieder eindecken, wenn wir viel weiter unten den Dschungel erreichten.

Ein Bauer namens Juan willigte ein, unsere gesamte Ausrüstung für 60 Sol am Tag, etwa 20 Dollar, auf zwei Pferde und ein Maultier zu laden. Er verlangte 40 Dollar, da es für ihn eine Zweitagestour werden würde: ein Tag für den Abstieg in den Cañón und ein weiterer, um wieder hinauszuklettern.

Die Menschen in Cachora wollten nichts mit uns zu tun haben. Sie waren mit Extremrafting und seinen Anhängern nur allzu sehr vertraut. Erst kürzlich hatten sie einem völlig verstörten Mann seelischen Beistand geleistet, der aus dem Cañón auftauchte und hysterisch etwas von seinen beiden Begleitern stammelte, die blutüberströmt fortgerissen wurden und ertranken. Die wenigen, mit denen wir ins Gespräch kamen, setzten alles daran, uns von unserem Vorhaben abzubringen. Sie konnten nicht glauben, dass noch mehr Gringos denselben Flussabschnitt befahren wollten, und sahen uns mitleidig an – wie man jemanden ansieht, der einen einfach nicht versteht.

Die Pferde seien gutmütig, erklärte uns Juan. Sie trotteten auf meine ausgestreckte Hand zu, um sich die Nase streicheln zu lassen. Das rötlich braune Maultier, das seine Ohren ununterbrochen angelegt hatte, war jedoch aus einem anderen Holz geschnitzt. Es war ein aggressives, übellauniges Tier, dessen hinteren Hufen man um jeden Preis aus dem Weg gehen musste, und fletschte schnaubend die Zähne. Juan behauptete, dass das Maultier doppelt so zäh sei wie die Pferde und wesentlich größere Lasten durch unwegsameres Gelände tragen könne. Ich grinste hämisch, als das mürrische Tier mit einem Berg Gepäck beladen wurde, der ausgereicht hätte, um ein Schiff zu versenken, und hätte schwören können, dass mich seine pechschwarzen Augen von da an ständig beobachteten.

Nachdem wir die Felder und Häuser von Cachora hinter uns gelassen hatten, führte der Pfad über grasbewachsene Hänge hoch über dem Fluss, die zunehmend steiler wurden. Die Pferde gingen voraus, ohne dass sie angetrieben werden mussten, doch das sture Maultier blieb alle paar Meter stehen, bis Juan es mit einem Klaps zum Weitergehen bewegte. Ben, Scott und ich trugen unsere normalen Rucksäcke und dazu noch die Sachen, die die Tiere nicht mehr schleppen konnten. Das Maultier schnaubte jedes Mal, wenn ihm jemand zu nahe kam.

Überall im Gras blühten Gebirgsblumen, als hätte jemand zahllose Smarties verstreut. Juan erzählte uns, dass er hoffte, als Führer arbeiten zu können, sobald größere Scharen Touristen das Hochland für sich entdeckten. »Meint ihr, dass es hier schön genug für die Touristen ist?«, fragte er uns.

Natürlich war es das, versicherten wir ihm.

Juan nickte. Genau in diesem Augenblick rutschte das schwere Schlauchboot auf dem Rücken des Maultiers seitlich ab. »Halt!«, schrie er und fluchte: »*Carumba.*« Er zog sein T-Shirt aus und verband dem Packesel rasch damit die Augen. »Das Biest würde mich beißen, wenn es mich sehen könnte«, erklärte er, während er die Ladung zurechtrückte und die Gurte nachspannte. Das Maultier stand zitternd stramm.

»Wie viele Tiere hast du?«, fragte ich ihn, beeindruckt von seinem Geschick.

»Gar keine«, erwiderte er und gab dem Maultier einen Klaps.

»Was?«, fragte ich verwirrt.

»Die gehören meinem Nachbarn«, sagte Juan. »Ich habe sie gemietet.«

»Für wie viel?«

»60 Sol.«

»So viel haben wir dir bezahlt«, sagte Ben lachend. »Das war kein gutes Geschäft, Juan.«

Juan lächelte.

»Ich nehme an, der gute Juan hat es nie auf die Wirtschaftsschule von Cachora geschafft«, sagte ich auf Englisch.

Nach etwa 15 Kilometern schmiegte sich der Gebirgspfad an eine kahle Felswand. Der Abstieg zum Boden des Cañóns begann. Das Gefälle war so steil, dass ich das Gefühl hatte, auf Zehenspitzen zu laufen.

Das Maultier schlug immer wieder mit einem Hinterbein aus, in der Hoffnung, dass irgendjemand dicht hinter ihm war.

»Gegrillt würde das Maultier bestimmt lecker schmecken«, sagte Ben und leckte sich die Lippen.

Juan warf ihm einen strengen Blick zu – man hätte meinen können, dass er Englisch verstand. »Das Maultier ist ein sehr edles Tier«, erklärte er.

»Ja, das ist es, oder etwa nicht?«, sagte Scott mit gespieltem Ernst.

Je steiler das Gefälle wurde, desto weiter fiel Juan zurück, weil er mehr und mehr Zeit damit verbrachte, das Maultier durch Prügel zum Weitergehen zu bewegen. Wir kamen zu einem Plateau mit einem Bach, an dem wilde Gräser wuchsen. In der Nähe der Cañónwand stand ein kleines, verlassenes Lehmhaus, daneben ein Baum mit blassgrünen, leicht stacheligen Früchten.

»Rahmäpfel!«, sagte Ben und kletterte auf den alten, knorrigen Baum. Als er etwa sechs Meter über dem Boden war, schüttelte er die Früchte zu Scott und mir herab. Die meisten waren hart, aber ein paar waren reif.

»Wir können die reifen jetzt essen, und den Rest nehmen wir mit«, rief Ben von oben herab. »In ein paar Tagen sind sie nachgereift.«

Als ich die dünne grüne Schale abzog, kam ein perlmuttfarbener Brei zum Vorschein. Ich biss in das Fruchtfleisch. Es schmeckte köstlich – süß, cremig und saftig –, aber weder nach Apfel noch nach Rahm.

»Warum nennt ihr bescheuerten Australier diese Dinger ›Rahmäpfel‹?«, fragte ich Ben.

Er hielt inne, machte große Augen und zuckte mit den Achseln. Juan und das streitsüchtige Maultier trafen ein. Die Pferde fraßen die fleckigen und verfaulten Früchte, die am Boden herumlagen.

»Noch ungefähr eine Stunde, dann sind wir am Fluss«, sagte Juan. »Wir kommen gerade noch vor Einbruch der Dunkelheit an.«

Eine Stunde zuvor hatte er vorausgesagt, dass wir noch 30 Minuten bis zum Flussufer brauchten – *media hora*, eine halbe Stunde, nicht mehr. Er war sich sicher. Ganz bestimmt. Glücklicherweise würde es erst in zwei Stunden dunkel werden.

Je weiter wir abstiegen, desto trockener wurde der Boden, bis die Vegetation fast ganz aufhörte und wir uns einmal mehr in einer Landschaft aus Felsen, Schutt, Gestrüpp und Kakteen befanden. Eine Stunde später kletterten wir noch immer auf dem steilen Pfad nach unten, konnten aber in der Ferne eine Fußgängerbrücke erkennen. Der Pfad schlängelte sich in den Cañón hinab und wand sich dabei nach links und rechts, rechts und links. Der Weg zum Fluss war lang. Doch in einer Hinsicht sollte Juan Recht behalten: Wir kamen gerade noch vor Einbruch der Dunkelheit an.

Nachdem wir unser Zelt auf einer kleinen freien Fläche oberhalb des Flusses aufgebaut hatten, machte ich mich auf den Weg zur Fußgängerbrücke und lernte dabei José und seine achtjährige Tochter Salina aus Cuzco kennen, die dort campierten.

Die beiden waren hier wandern und der Vergangenheit ihres Landes auf der Spur. Diese Gegend, sagte mir José, spiele in der Geschichte Perus eine zentrale Rolle – vor allem für seine Ureinwohner. Er erklärte mir, dass er es seiner Tochter ermöglichen wolle, die Vergangenheit genauer kennen zu lernen.

José erzählte, dass das Militär diese Gegend erst kürzlich freigegeben hatte. Die Situation hatte sich entschärft, seit Guzmán, der Anführer des Leuchtenden Pfads, 1992 festgenommen und zu lebenslanger Haft verurteilt worden war. Der Terrorismus war deutlich zurückgegangen. José interessierte sich aber auch für Revolutionäre vergangener Tage.

Manco Cápac, der den Spaniern als Letzter Widerstand leistete, zog sich 1539 in dieses Ödland in den Anden zurück, wo ihm die schneebedeckten Gebirgsketten und tiefen Cañóns Schutz boten. José zufolge standen hier überall Inka-Ruinen, und bei Maucallata, wo der Totorani in den Apurímac fließt, konnte man zerbröckelnde Steintürme bewundern. Außerdem befand sich unmittelbar östlich von uns die versunkene Stadt Vilcabamba im Concevidayoc-Tal.

Der amerikanische Archäologe Hiram Bingham, der 1911 die berühmten Ruinen von Machu Picchu entdeckte, passierte mehrmals nichts ahnend die Ruinen von Vilcabamba. Das taten auch die meisten anderen, bis der Amerikaner Gene Savoy 1964/65 in die Region vordrang und die verborgenen Bauwerke kartografisch erfasste. Aufgrund der Armut und der gegenwärtigen politischen

Unruhen ruhen sie noch immer unerforscht unter dem Baldachin des Dschungels.

Drei Jahrzehnte nach Manco Cápacs Rückzug, fuhr José fort, schleiften die Spanier seinen Sohn Felipe Tupac Amaru angeblich an einer goldenen Kette aus diesen Tälern. Sie brachten ihn nach Cuzco und köpften ihn im Jahr 1572 auf der Plaza des Armas. Seine Familie zerstreute sich. Eine seiner Töchter heiratete einen Mann aus Surimana – der düsteren Ortschaft, durch die wir ein paar Wochen zuvor gekommen waren –, ließ sich dort nieder und versuchte, das Eindringen der weißen Teufel zu vergessen.

Die Familie brachte es zu Wohlstand und duldete die spanische Kolonialregierung, erzählte José weiter. Doch die Einheimischen waren stolz und litten unter dem Verlust ihres Reichs und den sklavischen Bedingungen, die ihnen von der herrschenden Klasse der Europäer und Mestizen auferlegt wurden. Die spanische Regierung war so tyrannisch, dass José Gabriel Tupac Amaru II., der Ur-Ur-Urenkel des letzten Inka, widerwillig zu einem der bedeutendsten Revolutionäre der Neuen Welt wurde.

José Gabriel wurde um 1743 geboren, war gebildet, wohlhabend und litt unter Gewissenskonflikten. 1780 erklärte er sich zum treuen Untertan des Königs von Spanien und revoltierte gegen die barbarische Kolonialregierung. Er rüttelte in Kolumbien, Ecuador, Peru, Bolivien und Argentinien Nationalstolz wach, wurde aber bereits 1781 festgenommen, und die Rebellion, die er in Bewegung gesetzt hatte, wurde binnen zwei Jahren niedergeschlagen. Der von ihm initiierte Widerstand sorgte jedoch dafür, dass Spanien die bestehende Kolonialregierung austauschte und sich innerhalb von zwei Generationen vom südamerikanischen Kontinent zurückzog. Noch heute flehen militante Gegner der zentralistischen Regierung ihren Helden Tupac Amaru um Beistand an. In dieser Region, erklärte José, sei ein ausgeprägteres Nationalbewusstsein und stärkeres Misstrauen gegenüber Fremden zu spüren als irgendwo sonst.

Ich war fasziniert. José machte die Vergangenheit Perus für

mich lebendig und entfachte mein Interesse für den Kontinent, den ich bereiste. Ich wünschte, ich hätte mir mehr Zeit für die Vorbereitung unserer Reise genommen, um seine Geschichte besser zu verstehen.

José war beeindruckt, als ich ihm erzählte, dass wir den Fluss mit dem Raft befuhren. Er hätte nicht gedacht, dass das überhaupt möglich war – vor allem hier. Er hatte das Wasser unterhalb der Brücke bei Tageslicht zu Gesicht bekommen und meinte, es sehe aus wie das Versteck des Teufels. »*El diabolo*«, wiederholte er.

42. Tag: 24. Oktober 1999

Nachdem das Schlauchboot beladen war, kamen Juan, José und Salina zu uns ans Flussufer. Dieser Abschnitt des Apurímac war einer der wenigen, wo die Cañónwände so weit zurückwichen, dass sich der Pfad dem Fluss nähern konnte. Aus diesem Grund hatten wir die Stelle als Endstation unserer Tragestrecke ausgewählt.

Der Apurímac floss hier ziemlich schnell, nachdem er in der engen Schlucht Geschwindigkeit aufgenommen hatte. Unmittelbar oberhalb der Fußgängerbrücke brauste er durch eine Serie Stromschnellen der Kategorie V, beruhigte sich kurzzeitig wieder, ehe er ungefähr 100 Meter flussabwärts in einer wahren Wildwasser-Kakophonie explodierte, die uns zu rufen schien. Das Kehrwasser, in dem wir das Boot festgemacht hatten, war verhältnismäßig ruhig; die Strömung war stark und kabbelig, aber bis zu den Stromschnellen flach. Das Schlauchboot, das mit unserem Gepäck und genug Proviant für drei Wochen beladen war, zerrte an seiner Bugleine.

Die drei Peruaner unterhielten sich angeregt, als wir zu ihnen gingen, um uns zu verabschieden. Sie redeten temperamentvoll auf Spanisch auf uns ein, aber weder Scott noch ich hatten auch nur die geringste Ahnung, was sie sagten und warum sie in Richtung Fluss gestikulierten. Ben hob die Hände und sagte: »Halt. Langsam. *No comprende.*« Er lehnte an einem säulenförmigen Felsen, während er ihnen zuhörte. Von uns dreien sprach er am besten Spanisch. Plötzlich schüttelte er heftig den Kopf, winkte ab und sagte immer wieder »Nein, nein, nein«. »Die Fußgängerbrücke«, betonte er. »Die Fußgängerbrücke.«

Juan setzte eine Armesündermiene auf. Er deutete auf die gegenüberliegende Seite und sagte: »Der Fluss ist hier flach. Ihr seid doch bestimmt stark genug, um uns vor den Stromschnellen auf die andere Seite zu bringen.«

José nickte und zeigte auf Salina, die uns flehentlich ansah.

Ich trat unbehaglich von einem Fuß auf den anderen, da ich jetzt verstanden hatte, worum es ging. Sie waren zuversichtlich, dass wir es auf die andere Seite schaffen würden, bevor das aufgewühlte Wasser begann. Doch was wäre, wenn wir es nicht schafften? Sie hatten keine Sicherheitsausrüstung – keine Rettungswesten, keine Helme, keine Kälteschutzbekleidung.

Salina sah mich an wie eine Achtjährige, die ihrem Vater zuliebe eine tapfere Miene aufsetzt. Ich erkannte, dass ihr allein der Anblick des Flusses Angst einjagte. Sie wollte nur auf die andere Seite fahren, weil ihr Vater gesagt hatte, dass es Spaß mache. »Das schaffen wir schon, Leute«, sagte Scott und beendete damit das betretene Schweigen. »Ich meine, warum nicht? Wenn wir es nicht schaffen, den Fluss auf 100 Metern zu überqueren, dann läuft irgendwas ernsthaft verkehrt.«

Ich war überrascht. Scott hatte die Expedition voller Zuversicht begonnen, doch in letzter Zeit hatten die Torturen, denen er ausgesetzt war, an seinem Selbstbewusstsein genagt. Sein kräftiger, stämmiger Körper hatte viel einstecken müssen, und er begnügte sich immer öfter damit, den Weg des geringsten Widerstands zu gehen. Während der letzten Tage hatte er sich immer weiter in sich zurückgezogen.

Ben wirkte unentschlossen.

Das versetzte mich in eine unangenehme Lage. Bislang hatte ich geglaubt, Scott wäre derjenige, der uns daran hindern würde, zu leichtsinnig zu werden. Jetzt war ich an der Reihe, die Karten auf den Tisch zu legen. Ich wollte es zwar nicht zugeben, aber auch ich hatte Angst vor dem Fluss. Seit meinem letzten lebensbedrohlichen Erlebnis im Wasser schlief ich unruhig und träumte regelmäßig, in die Strömung gerissen zu werden und zu ertrinken.

Am Vorabend hatte ich mir im Dunkeln eingestanden, dass mich die brutale Gleichgültigkeit und die nicht enden wollende Wut des Apurímac innerlich aufrieben. Jedes Mal, wenn das Schlauchboot kenterte, verpasste uns der Fluss eine Abreibung. Ich hatte überall blaue Flecken und hatte es allein meinem Schutzengel zu verdanken, dass ich nicht in einem tosenden Strudel ums Leben gekommen war. Ich wusste, wie es sich anfühlte, untergetaucht zu werden, bis die Lunge vor Sauerstoffmangel brannte, die Strömung einen aber nicht losließ. Ich wusste, wie kleinlaut man wurde, nachdem man der bösartigen Macht, die einen ertränken wollte, alles Erdenkliche versprochen hatte. Ich wusste, wozu dieser Fluss imstande war. Und ich ließ noch einmal in Gedanken Revue passieren, was er in genau dieser Gegend angerichtet hatte.

1953 waren der Franzose Michel Perrin und seine Freundin Teresa Gutierrez, die aus Lima stammte, mit dem Kajak an der Cunyac-Brücke losgefahren. Wie wir hatten sie die Schlucht umtragen und sich ganz in der Nähe wieder auf den Fluss begeben. Minuten später kenterte und ertrank Gutierrez. Ein hervorragend vorbereitetes und ausgerüstetes deutsches Team versuchte 1976, diese Strecke zu befahren, gab aber auf, nachdem der Anführer ertrank, als er sein Boot ins Wasser setzte.

Ich hatte Angst vor dem Apurímac, und es machte mir nichts aus, es mir selbst einzugestehen. Doch ich war bereit, meine Furcht zu überwinden und den dicken Kloß hinunterzuschlucken, den ich im Hals spürte, wenn ich auf den Hexenkessel blickte, der ein Stück flussabwärts wartete. Spring wieder auf den Zug auf, sagte ich mir. Ich war mir nur nicht sicher, ob ich das zusammen mit einem achtjährigen Kind tun wollte.

Ich trat wortlos von einem Fuß auf den anderen.

Scott war mit Steuern an der Reihe, also war es letzten Endes seine Entscheidung, dachte ich. Wenn es für ihn in Ordnung war, die anderen mitzunehmen, warum nicht? Wir würden es schon schaffen, sagte ich mir.

Ben, Scott und ich diskutierten einige Minuten lang darüber, wie wir am besten zum anderen Ufer gelangten und welche Maßnahmen zu ergreifen waren, falls etwas schief ging. Ich folgte Scotts blauen Augen, als er das Wasser nach verborgenen Gefahren absuchte. Er mag das Risiko für gering halten, dachte ich, aber … Ich biss mir auf die Zunge. Ich konnte auf keinen Fall jetzt noch protestieren und den Plan durchkreuzen. Außerdem hatte ich nicht den Mut, meine Angst zuzugeben. Obwohl die drei Peruaner kein Wort von dem verstanden, was wir sagten, lächelten und nickten sie und freuten sich, dass wir sie mit auf die andere Seite nahmen.

Der Fluss hatte die Farbe von Schlamm. Ein paar hundert Meter stromabwärts, wo er schäumend gegen Felsbrocken so groß wie Häuser prallte und über einen kleinen Wasserfall stürzte, war das Wasser schmutzig hellbraun.

Als wir alle ins Boot stiegen, ließ mir eine böse Vorahnung einen Schauer über den Rücken laufen. Die Berge Proviant und Gepäck wogen etwa 225 Kilogramm. Mit dem zusätzlichen Gewicht von fünf Erwachsenen und einem Kind lag das Schlauchboot sehr tief im Wasser. Wir waren überladen. Mir gefiel gar nicht, dass der selbstlenzende Boden so weit nach unten gedrückt wurde, dass Wasser um unsere Füße schwappte.

Salina saß auf unseren Taschen, und die beiden Peruaner saßen links und rechts hinter Ben und mir auf den Seitenwülsten.

»Vorwärts paddeln«, sagte Scott, als José die Halteleine löste.

Ben und ich paddelten los. Das ansonsten bewegliche Boot reagierte träge.

Scotts Stimme wurde ein paar Dezibel lauter.

»Los, Leute. Vorwärts paddeln. Gebt alles, was ihr habt!«

Das Boot traf mit flussaufwärts zeigendem Bug im 45-Grad-Winkel auf den Stromzug. Unsere Paddel wühlten das Wasser auf, als die Strömung das Boot erfasste und auf die wartenden Stromschnellen zutrieb.

»Fester! Fester!«, schrie Scott.

Ich hörte, dass die beiden Peruaner hinter uns miteinander sprachen, während wir uns mühsam zum anderen Ufer vorkämpften. Das Donnern des Wildwassers wurde immer lauter. Scott richtete das Boot direkt auf die gegenüberliegende Uferböschung, lieferte uns aber dem Fluss aus, indem er uns mit der Breitseite zur Strömung drehte. Unser verzweifeltes Paddeln vermochte nichts gegen die Gewalt und die zunehmende Geschwindigkeit auszurichten, mit der uns der Apurímac auf das Wildwasser zutrieb.

Wir hatten erst zwei Drittel des Wegs zum anderen Ufer zurückgelegt, als wir auf den Anfang der Stromschnellen trafen. Ich sah das Loch, das wir zuvor ausgemacht hatten – wir würden in Zeitlupe seitwärts hineingespült werden.

José deutete auf seine Tochter und schrie: »*¡No!, ¡Nada!*«

»Wir kippen um, Leute!«, brüllte Scott, als das Boot seitlich über die Kante schoss.

Alles wurde weiß und still. Die Schreie verstummten, die Welt verschwand. Mir wurde bewusst, dass ich den Atem anhielt und vom Sog der Strömung nach unten gezogen wurde. Ich drehte mich im Kreis und wusste nicht mehr, wo oben und unten war. Meine einzige Sorge war, über das felsige Flussbett gespült zu werden. Der Auftrieb meiner Rettungsweste, so hoffte ich, würde mich an die Oberfläche ziehen, sobald mich die Strömung losließ.

Ich musste nur den Atem anhalten. Halt durch. Halt durch. Ich hatte das Gefühl, dass mich der Fluss zerquetschen wollte. Halt durch. Halt durch. Ich lechzte nach Sauerstoff. Halt durch. Ich wusste noch immer nicht, wo oben und unten war. Wo war das Boot? Halt...

Plötzlich wurde ich an die Oberfläche gerissen. Ich schnappte keuchend nach Luft.

Und wieder runter. Rauf. Luft holen. Orientieren. Wieder runter. Luft anhalten. Rauf, Luft holen, runter. Anhalten, rauf, runter.

Das Loch spuckte mich aus, und ich wurde von der Strömung flussabwärts getrieben. Dann sah ich Scott – in einer Hand hielt er die Bugleine des umgekippten Boots fest, den anderen Arm hatte er um die beiden Peruaner geschlungen, die neben ihm im Wasser trieben. Beide schrieen: »Salina!«

Ich blickte mich verzweifelt um. Ohne Rettungsweste hatte sie so gut wie keine Chance. Der Fluss warf uns nach Belieben umher, während er uns auf die nächste Serie Stromschnellen zutrieb.

Ich schwamm in Richtung Schlauchboot. Die Strömung trieb mich hinter die drei anderen, und ich schaffte es, mich am Boot festzuhalten. Salina. Wo war sie? Mein Gott, was ist, wenn sie unseretwegen ertrunken ist? Ich vergaß den Fluss und geriet in Panik wegen des kleinen Mädchens.

Es gibt Gebete, die man als Kind vor dem Einschlafen sagt, und es gibt Gebete, die sich von selbst sagen – die O-Gott-bitte-lass-mich-nicht-sterben-Gebete, die in Extremsituationen unaufgefordert aus dem Unterbewusstsein emportauchen. In diesem Moment flehte ich für ein kleines Mädchen, das ich nicht einmal kannte, alle guten Mächte an.

Dann hörte ich sie weinen. Salina! Aber wo?

Ich zog mich um das Schlauchboot auf die andere Seite und entdeckte die kleine braune Hand, die sich an der Rundumleine festklammerte. Salina hing noch immer am Boot. Sie hatte sich daran festgehalten, als es von einer Seite in das Loch hineingetrieben war und auf der anderen Seite wieder hinaus. Ich packte sie am Arm und schleuderte sie auf das umgedrehte Boot. Dann rollte ich mich seitwärts neben sie auf das Boot und nahm sie fest in die Arme.

Ich hielt das zitternde Mädchen fest umschlungen, während sich Scott und die anderen nach und nach zum Boot zogen, das weiterhin wild tanzend den Fluss hinuntertrieb. Ich fühlte mich erbärmlich. Die beiden Peruaner weinten. Ich drehte mich um, weil ich sehen wollte, worauf wir zurasten.

Bens Lockenkopf tauchte neben dem Boot auf, und er zog seinen schlanken Körper neben mir hoch. Die drei anderen hingen noch immer an der Bugleine und versuchten verzweifelt, zum Boot zu kommen.

Ich sah, dass Scott versuchte, José und Juan zu beruhigen, doch es war zwecklos. Die beiden stammten aus einfachen Verhältnissen, und dem Fluss auf Gedeih und Verderb ausgeliefert zu sein, versetzte sie in Angst und Schrecken. Außerdem hörten sie, dass wir uns den Stromschnellen näherten.

Das manövrierunfähige Boot raste auf das Wildwasser zu. Auf beiden Seiten ragten gewaltige Kalksteinwände senkrecht empor, und der Lärm war ohrenbetäubend. Salina klammerte sich in Panik an mir fest. Die Männer im Wasser hielten sich noch immer am Seil fest und beteten.

»Sollen wir versuchen, das Boot wieder aufzurichten?«, schrie Ben.

»Um Gottes willen, nein«, sagte ich und schüttelte den Kopf.

Salina hatte schwer genug zu kämpfen – wenn sie noch einmal ins Wasser fiel, waren unsere Chancen, sie zu retten, gleich null. Sie würde mit Sicherheit ertrinken.

»Die nächsten Stromschnellen kommen.«

Ich hörte, wie der Lärm zunahm, und winkte Scott zu, der die Warnung sofort verstand und die beiden Männer packte. Er schlang das Seil um sie und hielt es mit beiden Händen fest. Ben und ich hielten jeweils mit einer Hand Salina, mit der anderen krallten wir uns in dem Gewebe unter dem selbstlenzenden Boden fest.

Das Schlauchboot wurde eine Minute lang wie ein Blatt im Wind umhergewirbelt. Ich ließ Salina versehentlich los und verlor sie aus den Augen, als wir von schäumendem Wildwasser überrollt wurden. Das Schlauchboot hüpfte wie wild und bäumte sich immer wieder auf. Bei den letzten beiden Malen stand der Boden beinahe senkrecht und drohte, nach hinten umzukippen und uns unter sich zu begraben.

Der Spuk war ebenso plötzlich vorbei, wie er begonnen hatte. Wir trieben aus dem Wildwasser, und das Boot drehte sich langsam im Kehrwasser, bis es mit dem Bug gegen einen Felsen stieß. Ben und Salina lagen neben mir. Niemand sagte ein Wort. Ich blickte nach hinten. Scott und die beiden Männer hingen noch immer am

Ende des Seils und sahen ziemlich mitgenommen aus. Wir waren etwa sechs Meter vom Ufer entfernt.

Scott schwamm mit dem Seil ans Ufer und zog das Boot an Land. José schloss Salina in die Arme. Er weinte leise, als sie das Gesicht an seiner Brust vergrub und hysterisch schrie.

Ich lag da und bedankte mich bei allen Mächten des Universums, dass niemand ernstlich verletzt war.

Es war unsere Schuld. Wir hätten uns niemals überreden lassen dürfen, die anderen über den Fluss mitzunehmen. Bislang hatte sich jeder von uns nur selbst in Gefahr begeben. Wir kannten das Risiko, schätzten unsere Fähigkeiten ab und ließen es darauf ankommen. Für uns war es ein kalkuliertes Risiko, und wir waren bereit, dieses Risiko einzugehen, um ein unvergessliches Abenteuer zu erleben.

Salina hatte keine solche nüchterne Wahl getroffen. Sie hatte sich auf uns verlassen. Diese Menschen waren arm und ernährten sich von der Landwirtschaft. Extremsportarten wie Rafting waren ihnen ebenso fremd wie die englische Sprache. Sie hatten uns vertraut. Unsere befremdliche Ausrüstung und unsere tollkühne Zuversicht hatten sie glauben gemacht, dass wir sie sicher über den Fluss bringen würden. Doch sie hatten sich getäuscht.

Salina und ihr Vater saßen lange Zeit schluchzend da. Er ließ sie auch dann noch nicht los, als sie aufstanden und wortlos flussaufwärts zurück zur Fußgängerbrücke gingen. Sie befanden sich noch immer am selben Ufer.

Juan blickte ihnen hinterher und wrang schweigend seine Kleidung aus. Schließlich murmelte er: »Ihr seid verrückt.« Er hatte an der Rettungsaktion für die beiden Teilnehmer der schweizerischen Expedition teilgenommen, die hier ertrunken waren. Als er mit dem Auswringen seiner Kleidung fertig war, umarmte er jeden von uns und küsste uns auf die Stirn. In seinen Augen waren wir Todgeweihte.

Wir waren zu erschöpft, um irgendetwas zu tun, und saßen lange Zeit einfach nur da.

Ich erinnerte mich an andere Momente in meinem Leben, als ich mich ähnlich gefühlt hatte. Es war eine Mischung aus Entsetzen und Euphorie, aus dem Nachhall der Todesangst und dem überwältigenden Glücksgefühl, am Leben zu sein.

Auf dem Rückweg von Neuseeland war ich in einen Sturm mit Spitzenwindgeschwindigkeiten von über 66 Knoten geraten. Auf seinem Höhepunkt tobte der Sturm mit Orkanstärke – und versenkte vor der Küste Australiens eine 16 Meter lange Yacht mit einem Vater und seinen zwei Söhnen an Bord. Ich rechnete damit, dass mir dasselbe Schicksal bevorstand, nachdem ich alle Luken dichtgemacht hatte, um den Sturm unter Deck auszusitzen.

Dann wurde die *Odine* von einer brechenden Welle erfasst und auf die Seite gerollt. Der Mast befand sich in einem Winkel von 20 Grad unter der Wasseroberfläche, und die tonnenschweren Wassermassen drohten, ihn abzuknicken. Das Boot verharrte vielleicht 15 Sekunden in dieser Position, ehe es sich langsam wieder aufrichtete. Ich saß auf einer Bank und aß eine Dose Mais, und im nächsten Moment rutschte ich an der Wand entlang auf die Decke zu. Als sich die *Odine* wieder aufrichtete, rutschte ich wieder an der Wand hinunter und landete starr vor Entsetzen auf der Bank.

Der Sturm war erbarmungslos. Ich wurde tagelang hin und her geschleudert. Ich konnte weder kochen noch schlafen. Und ich hatte ständig mit Wassereinbruch zu kämpfen. Als die Bilgenpumpe kaputtging, musste ich das Boot mit einem Kochtopf ausschöpfen, weil mein einziger Eimer ein Loch hatte. Ich konnte mir keine einzige Pause gönnen. Ich musste weitermachen und weiterkämpfen, bis das Unwetter vorüber war.

»Mein Gott«, dachte ich, »wenn ich jemals wieder an Land kommen sollte, mache ich so etwas nie mehr wieder.« Doch als der Sturm vorbei war und ich in den Hafen tuckerte, ein paar Biere trank und von den Gefahren erzählte, denen ich ausgesetzt gewesen war, war mein Selbstbewusstsein wiederhergestellt. Ich hatte bereits etliche solcher Stürme überlebt, und ich würde auch diese Prüfung bestehen.

Wir drehten das Boot um. Unser Gepäck war normalerweise in vier 115-Liter-Trockentaschen verstaut und mit zwei Spanngurten fest am Boden des Schlauchboots verzurrt. Wenn das Boot kenterte, blieb gewöhnlich alles trocken und an Ort und Stelle. Diesmal war es anders. Die zusätzlichen Nahrungsvorräte – Reis, Bohnen, Mehl, Nudeln und Haferflocken – füllten unsere Trockentaschen. Wir waren gezwungen gewesen, einige Sachen unverpackt zu lassen und mit Gurten zu befestigen: Turnschuhe, Trekking-Sandalen, Isomatten, Kochutensilien, die Rolle mit den Landkarten und das Aluminiumtragegestell zum Transportieren des Schlauchboots. Als wir das Boot umdrehten, rutschte mir das Herz in die Hose. Außer den vier Trockentaschen war nichts mehr an Bord. Alles andere war hinausgespült worden. Dass die Karten weg waren, war schlimm. Noch schlimmer war jedoch, dass wir sämtliche Töpfe, Pfannen, Teller, Becher, Messer, Gabeln und Löffel verloren hatten. Alles war fort!

Wir begaben uns in eine der entlegensten und gefährlichsten Regionen der Welt – mit einem Schlauchboot voller trockener Grundnahrungsmittel und nichts, womit wir kochen konnten. Wir konnten entweder den mehrtägigen Fußmarsch zurück in die Ortschaft auf uns nehmen oder weiterfahren und uns irgendeine provisorische Lösung einfallen lassen. Wir entschieden uns für Letzteres. Ich denke, es war eine Mischung aus Stolz und Sturheit, die uns weitermachen ließ. Vielleicht wollten wir uns aber auch dafür bestrafen, was geschehen war.

Ich stand da, betrachtete das Boot und versuchte, Bilanz zu ziehen. Niemand war verletzt. Verängstigt, aber nicht verletzt. Wir hatten einen großen Teil unserer Ausrüstung verloren, aber nichts davon schien unentbehrlich. Schließlich konnten wir uns nicht verirren, wenn wir dem Fluss folgten. Wenn es einen Zeitpunkt gab, da es galt, Charakterstärke zu zeigen, war er gekommen. Das alles war ein Teil der Herausforderung. Richtig?

Die Sonne stand inzwischen hoch genug, um die steilen Felswände aufzuwärmen und uns den Schauder auszutreiben.

Ehe wir weiterfuhren, erkundeten wir, was vor uns lag. Der Fluss schien ein einziges Wildwasserchaos zu sein. Wir mussten mit mehreren Stromschnellen fertig werden, dann konnten wir ein verhältnismäßig ruhiges Stück genießen, bis wir erneut mit tosendem Wildwasser konfrontiert wurden. Der nächste Abschnitt würde uns keine Atempause gönnen. Der immer schmaler werdende Cañón, die Felsbrocken in der Größe von Autos, die Wasserfälle, die Löcher, die Wirbel, die Strudel – alles wurde immer gefährlicher. Das Schlauchboot in diesem Tumult unter Kontrolle zu halten, war ungefähr so einfach, wie bei Sturm auf einem Blatt zu reiten.

Wo immer es möglich war, hielten wir an und kundschafteten aus, was uns erwartete, doch oft ließ der Fluss dies nicht zu. Das Glück war fast den ganzen Tag auf unserer Seite, und es gelang uns, das Schlauchboot ins Kehrwasser zu manövrieren. Als Nächstes stand uns ein Abschnitt mit besonders aufgewühltem Wildwasser und zwei riesigen Löchern bevor. Wir sahen, dass der gesamte Fluss durch den zweiten Strudel floss und dass es keine Möglichkeit gab, ihm auszuweichen. Dort, wo die Strömung wieder aus dem Strudel auftauchte, überschlug sie sich nach hinten und bildete eine stehende Welle, die sich fast drei Meter hoch auftürmte. Das Schlauchboot wäre gegen die Welle geprallt wie gegen eine Mauer und in das Loch zurückgekippt. Wir hatten keine andere Wahl, als das Boot zu treideln.

Wir zogen die Spanngurte fest, und Ben und Scott gingen mit der Leine in der Hand flussabwärts. Das unbemannte Boot meisterte den Fluss problemlos, hopste fröhlich durch die Stromschnellen und sauste durch das erste Loch. Das zweite Loch wurde ihm jedoch zum Verhängnis.

Das Schlauchboot glitt über den tosenden Schlund, rammte dann aber die stehende Welle und wurde mit einer Rolle rückwärts mitten in das Loch geschleudert. Ben und Scott zerrten, so fest sie konnten, doch der Fluss zog das Seil mit einem solchen Ruck stramm, dass ein Schauer von Wassertropfen in die Luft schoss.

Das Schlauchboot rotierte wie wild und kippte immer wieder um, während Ben und Scott das Seil mit aller Kraft festhielten.

Ich kletterte, so schnell ich konnte, über die Felsen, um ihnen zu Hilfe zu eilen. Dabei rutschte ich aus und schürfte mir an einem scharfkantigen Felsen das Schienbein auf. Ich fluchte, stand wieder auf und zerrte mit den beiden anderen am Seil. Es gab keinen Zentimeter nach.

Plopp! Plötzlich wurde das Seil schlaff wie eine Angelschnur, wenn der Fisch den Kampf aufgibt, und das Loch spuckte das Boot aus. Wir zogen es an Land und stellten erleichtert fest, dass unsere Ausrüstung noch immer darin festgezurrt war.

Anschließend fuhren wir weiter und stießen auf eine scheinbar endlose Serie Stromschnellen des Schwierigkeitsgrads Wildwasser V. Wir meisterten sie, ohne zu kentern. Das Erfolgserlebnis trug eine Menge dazu bei, unseren verletzten Stolz zu heilen, und gab uns einen kleinen Teil unseres Selbstvertrauens zurück, das wir zuvor verloren hatten. Vor der nächsten besonders heftigen Stelle war der Fluss ruhig genug, dass wir aussteigen und auskundschaften gehen konnten. Auf einem Abschnitt von etwa 100 Meter Länge brauste der Fluss durch Stromschnellen des Schwierigkeitsgrads Wildwasser VI, ehe er über eine drei Meter hohe Stufe stürzte. Die tosende Strömung donnerte über die Kante, krachte auf einen Felsvorsprung und verschwand dann unter der Felswand. Es war absolut unmöglich, diese Stelle zu befahren oder das Boot zu treideln. Wir mussten Schlauchboot und Gepäck ungefähr einen Kilometer weit am rechten Flussufer umtragen.

Am Ufer entlangzugehen war bereits ohne Gepäck ein Kraftakt; das felsige Cañón-Flussufer wie ein Packesel beladen zu bewältigen war fast unmöglich. Wir mussten riesige Felsbrocken erklimmen, die bis zu zehn Meter hoch aufragten und vom Fluss bei Hochwasser glatt geschliffen worden waren. Manchmal brauchte man für ein paar hundert Meter 20 Minuten.

Wir teilten die Fracht in drei Teile. Zunächst nahm jeder eine der knapp 50 Kilo schweren Trockentaschen. Am Ziel angekommen, leerten wir sie aus und kehrten mit den leeren Taschen zum Boot zurück. Bei der zweiten Fuhre verteilten wir die 100 Kilo Proviant auf die drei leeren Trockentaschen und packten die übrigen Ausrüstungsgegenstände obenauf – Pumpen, Wurfsäcke, Fotoapparate und so weiter. Zum Schluss holten wir das Boot, das am schwierigsten zu tragen war.

Bei dieser Tragestrecke hatten wir Glück. Auf etwa halbem Weg befand sich ein Teich von gut 300 Meter Länge, den wir beim ersten und zweiten Mal mit den Trockentaschen problemlos durchschwammen. Als wir das Boot holten, paddelten wir über die riesige Pfütze und genossen das spiegelglatte Wasser.

Anschließend stellten wir unsere Zelte auf einer kleinen Sandfläche am Ende der Tragestrecke auf und machten Feierabend. Die nächste Herausforderung bestand jetzt darin, etwas zum Essen zuzubereiten.

Ben entzündete das Feuer, während ich mich am Ufer auf die Suche nach einem Gefäß zum Kochen machte. Ich entdeckte ein altes, verrostetes Schaufelblatt, das sich zwischen den Felsen verkeilt hatte, und brauchte etwa zehn Minuten, um es zu befreien. Eine Hälfte des Schaufelblatts war vollständig weggerostet, doch was noch davon übrig war, konnte als Pfanne benutzt werden. Ich war erstaunt, wie viel Abfall sich zwischen den Felsen verfangen hatte – der Boden war übersät mit gesprungenen Plastik-Limonadeflaschen, alten Plastiktüten, verrosteten Dosen und Styroporbröseln. So viel zur unberührten Wildnis.

Ich entdeckte einen dunkelgrünen Gegenstand, der aus dem Kies ragte. Es handelte sich um einen alten Plastikkanister. Seine untere Hälfte war zersplittert, aber die obere mit dem Einfüllstutzen befand sich noch in gutem Zustand und konnte als Topf verwendet werden. Als Kinder hatten wir immer mit Wasser gefüllte Plastiktüten ins Feuer geworfen und uns gewundert, dass die Tüten, auch nachdem das Wasser zu kochen begann, nicht schmolzen. Die Flüssigkeit sorgte dafür, dass die Temperatur des

Plastiks immer unter dem Schmelzpunkt blieb. Ich fragte mich, ob dieses Prinzip auch für den Kanister galt.

Auf dem Rückweg zum Camp sah ich eine Tarantel mit einer Beinspannweite von 25 Zentimetern. Diese haarigen Kreaturen weben keine Netze. Sie sitzen bewegungslos da, warten darauf, dass eine Mahlzeit in Reichweite kommt und – zack! Ich hob ein etwa ein Meter langes Bambusrohr auf und stupste die Spinne sanft an, weil ich wissen wollte, ob sie noch lebte. Die Tarantel schoss blitzschnell auf mich zu und sprang nach meiner Hand. Glücklicherweise war der Stock lang genug, dass die Spinne meine Finger knapp verfehlte und zu Boden purzelte. Sie landete in der Nähe meiner Füße und hastete davon.

Als ich zum Camp zurückkehrte, war Scott damit beschäftigt, mit seinem Schweizer Taschenmesser einen Holzlöffel zu schnitzen. Ben saß vor dem Feuer und betrachtete nachdenklich eine große Dose Sardinen und ein Paket Reis.

»Ich habe mir Folgendes überlegt«, sagte er. »Ich leere die Sardinen auf dem Felsen hier aus und koche den Reis in der Dose. Dann bekommt zwar jeder nur ein paar Löffel, aber das ist immer noch besser als gar nichts. Wir können die ganze Nacht lang Reis kochen, bis wir satt sind.«

»Was hast du gefunden?«, fragte mich Scott.

»Eine Pfanne und vielleicht einen Topf. Ich muss ihn aber zuerst auseinander schneiden und den Einfüllstutzen zustöpseln.«

Er sah mich ungläubig an. »Meinst du nicht, dass er schmelzen wird?«

»Wahrscheinlich schon, aber einen Versuch ist es wert.« Ich borgte mir Bens Multifunktionswerkzeug und suchte mir ein Stück Bambus, das sich zum Verschließen des Einfüllstutzens eignete. Dann schnitt ich den Kanister entzwei und warf den durchlöcherten Boden weg. Jetzt hatte ich einen kleinen Eimer. Ich ging zum Fluss und füllte ihn mit Wasser, um festzustellen, ob das Loch ordentlich verschlossen war. Es leckte, aber nicht schlimm. Ich ging mit unserem neuen Kochtopf zum Lager zurück.

Die erste Portion Reis war fertig, und Ben verteilte sie auf drei flache Steine. Dann legte er noch jeweils zwei Sardinen in Tomatensauce dazu.

»*Voilà*«, sagte er. »Das Essen steht auf dem Tisch.«

Ben und ich aßen mit den Fingern; Scott benutzte seinen neuen Löffel.

Ben stellte die nächste Portion Reis aufs Feuer. Ich leckte mir über die Lippen. »Ich werde jetzt mal den Kanister ausprobieren und ein paar Bohnen kochen«, kündigte ich an.

Ich füllte den provisorischen Topf zur Hälfte mit Wasser und schüttete zwei Hand voll getrocknete weiße Bohnen hinein. Dann legte ich zwei flache Steine an den Rand des Feuers und stellte den Topf darauf.

Als sich die Plastikwände oberhalb des Wasserpegels in der Hitze wellten, kam mir der Gedanke, dass wir es besser zuerst ohne die Bohnen hätten versuchen sollen. Doch der Boden blieb unversehrt. Nach etwa zehn Minuten fing das Wasser an zu kochen, und bald blubberten die Bohnen munter vor sich hin.

»Hurra, jede Menge Bohnen zum Nachtisch«, rief Ben.

Vom Erfolg mit den Bohnen ermuntert, beschlossen wir, das Schaufelblatt ebenfalls zu benutzen und ein mexikanisches Gericht zuzubereiten.

Scott verarbeitete die frischen Tomaten und Zwiebeln, die wir in Cachora gekauft hatten, zu einer Salsasauce. Aus Mehl, Salz und Wasser bereiteten wir Teig und backten auf dem Schaufelblatt Tortillas.

Nach dem Essen legten wir uns gesättigt schlafen und versuchten, den Schrecken des Vormittags aus unseren Gedanken zu verbannen.

43. Tag: 25. Oktober 1999

Ich schlief unruhig und spürte etwas Kaltes, Schweres in der Magengegend: Furcht. Die ganze Nacht wurde ich von dem erstickenden Gefühl zu ertrinken geplagt und sah im Geiste Bilder riesiger, tosender Stromschnellen, die das Schlauchboot hin und her warfen, und von gähnenden schwarzen Löchern, die mich in die Tiefe zerrten. Dazu hörte ich die ununterbrochenen Schreie eines kleinen Mädchens.

Wenn ich wach lag, hatte ich das Gefühl, ständig auf und ab geschleudert zu werden. Sobald ich die Augen schloss, sah ich die Wellen – hohe, unheimliche Wellen wie Wände aus schwarzer Erde, die darauf warteten, über mir zusammenzubrechen und mich lebendig zu begraben. Ich konnte die Stromschnellen im Dunkeln hören. In meinem endlosen Albtraum wurde ich durch Wasser und Felsen und Dunkelheit geworfen und glaubte zu ersticken, während der Fluss um mich herum toste und Gischt versprühte.

In Alberta hatte ich beim Raften immer Spaß gehabt, egal, wie reißend die Flüsse waren. Der Apurímac hatte dieses Hochgefühl längst verdrängt. Zu Hause konnte ich den Adrenalinrausch zum Teil auch deshalb genießen, weil ich wusste, dass das Foothills Hospital im Ernstfall nur eine gute Stunde entfernt war und einem dort die bestmögliche medizinische Versorgung zuteil wurde. Hier bestand dagegen keine Hoffnung auf fachmännische medizinische Versorgung – und es würde Tage, vielleicht sogar Wochen dauern, Hilfe zu holen, wenn jemand ernstlich verletzt war.

Der Reiz des Neuen beim Durchfahren der Stromschnellen hatte sich längst abgenutzt. Auch von meinem ursprünglichen Stolz, mit dem ich diese Reise begonnen hatte, war nicht mehr viel übrig. Ich war weniger selbstbewusst und kam mir weniger clever vor als am Anfang. Aus Spaß war Ernst geworden, und ich hoffte einfach nur, zum Abendessen noch unter den Lebenden zu sein, egal, wie ungenießbar es auch war.

Meine körperliche Verfassung hatte sich ebenfalls verschlechtert. Ich wurde immer wieder von Darmviren und Fieberschüben geplagt, und aufgrund der einseitigen Ernährung hatten sich sogar meine Muskeln zurückgebildet. Als ich ein paar Tage zuvor an einem Ast Klimmzüge versuchte, schaffte ich nur halb so viele wie sonst.

Am Morgen fanden wir kein Feuerholz und versuchten deshalb, den Plastiktopf auf dem Gaskocher zu verwenden. Durch die konzentrierte Hitze schmolz der Boden jedoch innerhalb von Sekunden und ein Schwall wässriger Haferflocken entwich. Ich war frustriert.

Wir saßen da und versuchten, das Frühstück kalt hinunterzuwürgen – ungekochte Haferflocken mit Zucker und kräftig in einem Marmeladeglas geschütteltes Flusswasser. Hungrig, müde und deprimiert machten wir uns einmal mehr für den Fluss fertig.

Die Felswände schienen dem Flussufer noch näher zu kommen, und streckenweise gab es überhaupt kein Ufer mehr. Der Fluss füllte den Cañón von einer senkrechten Wand bis zur anderen aus. Diese Sektionen waren am gefährlichsten, weil wir das Boot weder anhalten noch eine Pause einlegen, geschweige denn die Gefahren vor uns auskundschaften konnten.

Wir waren zwar ohne Karten unterwegs, gingen jedoch davon aus, dass wir uns am Zusammenfluss des Apurímac mit dem Pampas, einem ziemlich großen Nebenfluss, orientieren konnten. Da wir keine Ahnung hatten, wie weit es noch bis zu der Stelle war, an der sich die beiden Flüsse vereinigten, blieb uns nichts anderes übrig, als unsere gefährliche Reise fortzusetzen.

Als das Flussufer wieder auftauchte, ließen wir größere Vorsicht walten – kundschafteten die Stromschnellen aus, treidelten das Boot durch das schlimmste Wildwasser und fuhren nur dann ab, wenn wir uns unserer Sache sicher waren. Wir kamen quälend langsam voran, und im Cañón, in den kein einziger Sonnenstrahl drang, konnte man sich nur schwer vorstellen, dass sich der Fluss irgendwo stromabwärts zu einem sanften Meer ausdehnte.

Gegen Abend flehten unsere knurrenden Mägen nach einer kräftigen Mahlzeit. Scott kramte den Plastikbehälter heraus, in dem er seinen Fotoapparat aufbewahrte, und schüttete eine Hand voll Reis hinein. Dann wickelte er ein T-Shirt darum und goss dampfendes Wasser darüber, das er in der Sardinendose über dem Feuer erhitzte. Als sich genug Wasser im Plastikbehälter befand, deckte er ihn zu und wartete. Das Ergebnis war eine lauwarme, wässrige Pampe, die auch mit Sardinen und dem Rest der Salsasauce garniert kaum genießbar war.

Nach dem Abendessen machten wir uns daran, Pfannenbrot für den folgenden Tag zum Mittagessen zu backen. Ich mischte einen Teig aus Mehl, Hefe, Zucker und Salz, knetete ihn 20 Minuten lang, ließ ihn aufgehen und formte ihn zu kleinen Fladen. Anschließend backte ich über dem Feuer 34 flache Brote auf dem Schaufelblatt. Jeder von uns aß drei davon, frisch vom Feuer, mit Butter und Marmelade. Im Vergleich zu dem halb garen Mist, den wir an den letzten beiden Tagen gegessen hatten, war das Brot ein Hochgenuss.

44. Tag: 26. Oktober 1999

Unser Erfolg mit dem Brot ermunterte uns dazu, es am Morgen mit Haferkuchen zu versuchen. Mit Marmelade schmeckten sie sogar besser als gekochter Haferbrei. Als wir unsere Fahrt auf dem Fluss fortsetzten, kehrte jedoch das beklemmende Gefühl zurück, das die Tour überschattete.

Einmal mehr rückten die Cañónwände näher und machten es uns unmöglich, das Schlauchboot anzuhalten, auszusteigen und uns ein Bild von den kommenden Stromschnellen zu machen. Wir hörten sie, manchmal sahen wir sie auch, doch hin und wieder kamen wir um einen großen Felsbrocken oder eine enge Kurve und rauschten unvorbereitet in sie hinein. So auch vor unserer Mittagspause, als wir unvorbereitet in mehrere tückische Stromschnellen der Kategorie Wildwasser VI gerieten.

Das Schlauchboot schoss einen kleinen Wasserfall hinunter und rammte einen Felsen. Der Aufprall stauchte das Boot zusammen und katapultierte Scott über Bord. Er wurde auf einen großen Felsbrocken geschleudert und schlug hart mit dem Bein auf. Er stieß einen Schrei aus, ließ sein Paddel los und fasste sich an sein verletztes Bein. Während wir uns unkontrolliert drehten, riss ihn die Strömung von dem Felsen fort und trieb ihn vom Boot weg flussabwärts. Die tosenden Wassermassen drückten ihn gegen die linke Uferböschung und drohten ihn an der Felswand zu zerschmettern. Glücklicherweise konnte er sich an einem kleinen Felsvorsprung festhalten. Als Ben und ich im Schlauchboot an ihm vorbeirasten, sahen wir, wie er an den Felsen hochkletterte. Ich hielt ihm mein Paddel hin, doch der vergebliche Versuch glich eher einem Winken. Wir brauchten fast 200 Meter, um die Kontrolle über das Boot zurückzuerlangen und ins Kehrwasser zu steuern.

Flussaufwärts, auf der anderen Seite, war Scott nur noch eine winzige Figur am Fuß einer Furcht einflößenden Felswand. Er winkte und deutete auf sein Bein. Der Felsvorsprung fiel zum Fluss hin schräg ab. Hinter Scott ragte eine glatte, senkrechte Felswand mehrere hundert Meter empor. Flussaufwärts und flussabwärts des Felsvorsprungs war die Cañónwand ähnlich steil. Auf dem Landweg gab es aus Scotts feuchter, rutschiger Zuflucht kein Entkommen.

Wir gingen auf der gegenüberliegenden Seite des Flusses auf Scott zu. Das Ufer bestand hier aus dem üblichen Chaos aus Felsbrocken, war aber immerhin begehbar. Ben hatte einen Rettungswurfsack dabei – einen Nylonbeutel, in dem ein 30 Meter langes, schwimmfähiges Seil verpackt war. Die Schlaufe an einem Ende des Seils lugte aus der Öffnung des Beutels hervor. Wenn man den Sack warf und dabei die Schlaufe festhielt, wickelte sich das Seil blitzschnell ab. Der Sack flog durch die Luft, bis das Seil vollständig abgewickelt war. Das andere Ende des Seils war im Innern des Sacks an einem Stück Styropor befestigt, das es über Wasser hielt.

Scott wirkte hilflos und verletzlich. Das Donnern der Stromschnellen war so laut, dass es jedes andere Geräusch übertönte. Er deutete auf sein Bein und machte eine Bewegung, als würde er einen Stock über dem Knie entzweibrechen, um anzudeuten, dass es gebrochen war.

»Es kann nicht gebrochen sein«, erklärte Ben. »Er steht darauf.«

»Vielleicht will er uns damit nur sagen, dass es ihn verdammt schmerzt«, erwiderte ich.

Oben:
Der Ertrag einer Tomatenernte beim Umtragen der Acobamba-Schlucht. Die freundlichen Bauern boten uns so viele saftige Tomaten an, wie wir essen konnten.

Ben bei einem Nickerchen auf der Tragestrecke, während einheimische Mädchen im Hintergrund kichern.

Die Dorfbewohner von Cachora, am Ende unserer Tragestrecke, schenken Ben einen Becher Pisco ein.

Blick von weit oben auf den Fluss, der sich zwischen zwei Bergen hindurchschlängelt. Das Foto entstand beim Abstieg zum Fluss nach der 60 Kilometer langen Tragestrecke.

Ich beim Treideln, während Ben im Boot sitzt und mit dem Paddel steuert. Für diesen Abschnitt des Flusses besaßen wir keine Karten und kamen nur extrem langsam voran.

Ben und ich auf einem der zahllosen Felsblöcke beim Auskundschaften des Flusses, zwei Tage bevor wir den Río Pampas erreichten.

Scott steuert das Schlauchboot durch Stromschnellen der Kategorie Wildwasser IV+, ein paar Tage nachdem wir gekentert waren und einen großen Teil unserer Ausrüstung verloren hatten.

Oben:
Unser »Kreuzfahrtsschiff«: das Schlauchboot nach seiner Umrüstung mit Balsastämmen, Bambusstangen und Lianen.

Ich teste unsere neue Ausstattung. Mit den Bambus-Verlängerungen an unseren Paddeln ließ sich mühelos rudern.

Einer der zahlreichen Militärstützpunkte im Dschungel zur Bekämpfung des Leuchtenden Pfads.

Ben schläft am Bug. Die Zeitschrift, die wir in Pucallpa erstanden hatten, war ein seltener und willkommener Luxus.

Eine Gruppe argwöhnischer Indianer in der »Roten Zone«, wo nervöse, bis zu den Zähnen bewaffnete Männer ein häufiger Anblick waren.

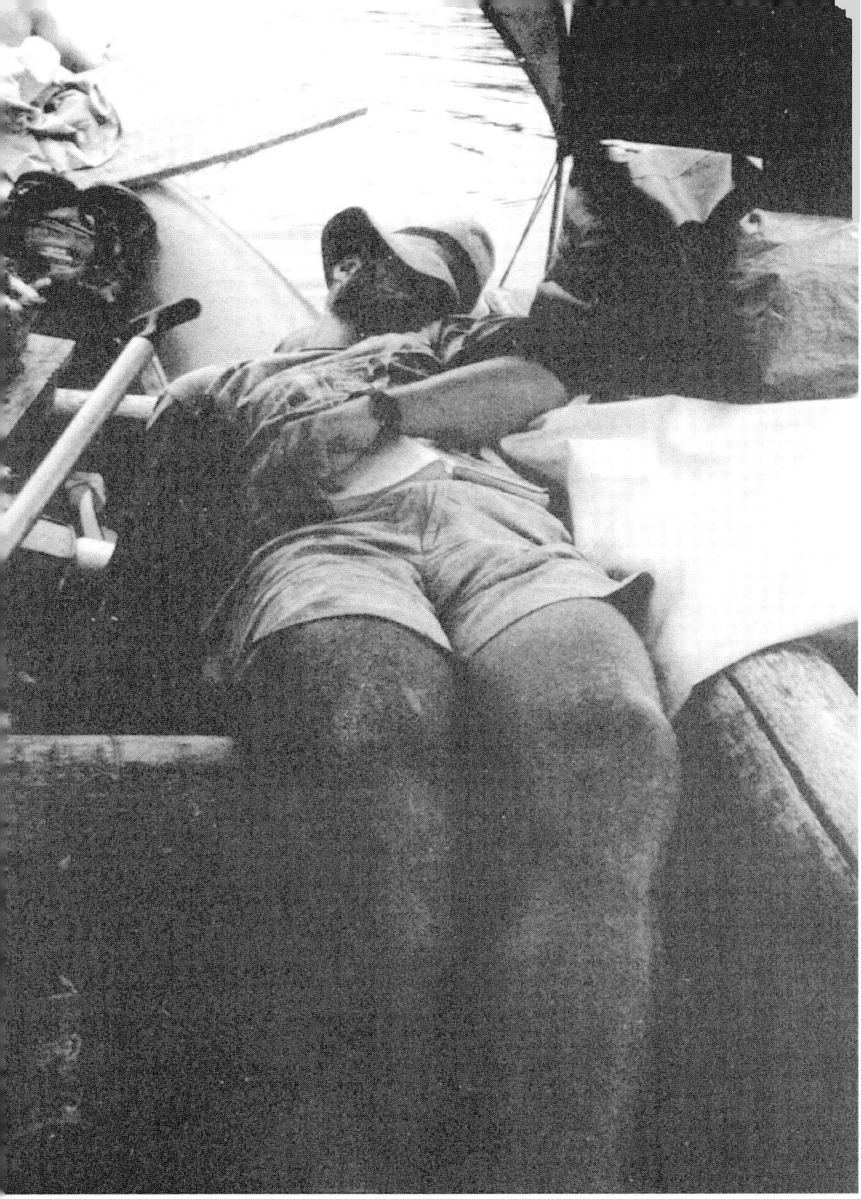

Ich in der bequemsten Liegestellung, die unser Schlauchboot erlaubte. Mehr als zwei Monate lang schliefen wir nachts auf die Balsastämme gebettet.

Während meine Mitfahrer das Boot in Bewegung halten, bereite ich leckere Maniokpfannkuchen zum Frühstück zu.

Portugiesischunterricht mit Hilfe einheimischer Lehrerinnen in der Nähe eines Strands von Santarém, der »Karibik des Amazonas«.

Beim Rudern durch das Delta, das den üppigsten Dschungel des ganzen Flusses aufzuweisen hat.

Scott mit nachdenklichem Gesichtsausdruck, während sich am Himmel ein Unwetter zusammenbraut. Als wir uns dem Atlantik näherten, waren Stürme an der Tagesordnung und machten das Rudern – und das Leben – äußerst unangenehm.

Jetzt deutete Scott auf uns, machte eine Ausholbewegung mit dem rechten Arm und imitierte das Schleudern des Wurfsacks. Doch es bestand kein Zweifel daran, dass das Seil nicht lang genug war. Der Fluss war einfach zu breit.

»Das Seil ist zu kurz!«, schrie Ben. Scott konnte uns nicht hören.

Wir schüttelten den Kopf, doch Scott machte weiterhin Wurfbewegungen. Zur Demonstration ging ich schließlich ans Wasser und warf den Sack, so fest ich konnte. Er landete mitten im Fluss, nicht einmal in der Nähe des anderen Ufers, sondern gut 50 Meter oder sogar noch weiter entfernt.

»Er muss schwimmen, wenn er dort wegwill«, sagte ich, während ich das Seil einholte. »Wir haben nicht die geringste Chance, ihn zu retten.«

Scott deutete jetzt nach oben und schmiegte sich mit ausgebreiteten Armen und Beinen in Kletterhaltung an die Felswand. Dann zeigte er auf uns.

Ben und ich blickten uns verwundert an. Dann verstanden wir. Scott wollte, dass wir den Fluss überquerten, die Cañónwand erklommen und ein Seil zu ihm hinabließen. Wir hatten zwar eine Kletterausrüstung dabei, aber unser 50 Meter langes Seil hätte für eine solche Rettungsaktion nicht annähernd gereicht. Scott konnte nicht sehen, wie hoch die Felswand über ihm emporragte, da er sich unmittelbar an ihrem Fuß befand. Ben und ich waren uns einig, dass wir es niemals bis ganz nach oben schaffen würden. Wir schüttelten nachdrücklich den Kopf.

Ich bin sicher, dass Scott das für eine Verschwörung gegen ihn hielt. Wir mussten ziemlich teilnahmslos gewirkt haben, als wir auf den Felsen saßen und ihn beobachteten, ohne etwas zu unternehmen.

»Er glaubt, dass wir ihn schikanieren«, sagte ich zu Ben.

»Tja, wir können leider nichts machen.«

Scott sah uns finster an. Der Apurímac schien uns mit seinem Getöse zu verhöhnen.

»Das erinnert mich an eine Szene in *Beim Sterben ist jeder der Erste*.«

»Als sich Burt Reynolds das Bein bricht?«

»Ja.«

»Sie haben es geschafft, und wir werden es auch schaffen. Er muss sich nur am Riemen reißen und wieder in den Fluss springen.«

»Ja, das können wir leicht sagen«, meinte ich und nickte.

Scott sah wirklich bemitleidenswert aus, aber wir konnten nichts für ihn tun. Gar nichts.

Ich machte eine kreisende Armbewegung, als würde ich schwimmen. Das war seine einzige Chance, sich zu retten. Ich zeigte auf die Rettungsleine und dann auf das Ende der Stromschnellen. Wir konnten ihn dort mit dem Seil aus dem Fluss fischen.

Scott wirkte völlig verängstigt und deutete auf sein verletztes Bein.

Wir drehten ihm den Rücken zu und gingen zum Kehrwasser am Ende der Stromschnellen. Dort setzten wir uns auf die Felsen und warteten darauf, dass Scott in die tobenden Fluten sprang. Er setzte sich jedoch einfach auf dem nassen, rutschigen Felsvorsprung hin.

»Was macht er denn jetzt?«, murmelte Ben. »Auch wenn er sich das Bein tatsächlich gebrochen hat, ist das seine einzige Chance.«

Ben verlor die Geduld. »Wir können dich nicht retten!«, brüllte er. »Wir können dich nicht retten«, wiederholte er langsam und deutlich, als könne er Scott auf telepathischem Weg erreichen, wenn er besonders deutlich sprach.

Ich hatte Verständnis für Scott; er stand vor einer schweren Prüfung. Nach einer Stunde riss allerdings auch mir der Geduldsfaden.

Scott saß auf dem Felsvorsprung und wartete auf Godot oder darauf, dass Gott höchstpersönlich vom Himmel herabstieg und ihn flussabwärts trug. Ungefähr alle zehn Minuten ruderten Ben oder ich mit den Armen. Scott schüttelte jedes Mal den Kopf und deutete auf sein Bein.

»Vielleicht bekommt er Hunger und schwimmt los, wenn wir mit dem Mittagessen anfangen«, schlug ich vor.

Ben kicherte. Scott stand auf.

»Ich glaube, er ist drauf und dran, es zu tun«, sagte Ben. »Schnell, gib mir die Videokamera. Das gibt tolle Bilder.«

Ich reichte Ben die Kamera. Es war zwar brutal und gefühllos, aber er hatte Recht. Ich nahm den Wurfsack in die Hände. Es war wie bei einer der Straßenschlachten, von denen man immer wieder liest, bei denen die Beteiligten Digitalkameras dabeihaben, die später von der Polizei mitsamt ihrer auf Amateurvideos verewigten Verbrechen konfisziert werden. Wir würden entweder eine dramatische Flussrettungsaktion einfangen oder aber Scotts Tod. Tolle Bilder.

Scott zauderte noch ungefähr zehn weitere Minuten und beobachtete dabei verstohlen den Fluss, um die geeignete Stelle zum Abspringen zu finden, ehe er sich in die schäumenden Wassermassen stürzte.

Er verschwand augenblicklich. Wir suchten die tosenden Fluten ab und hielten nach seinem Kopf Ausschau. Nichts. Scheiße.

»Da ist ein Arm!«, schrie Ben.

»Ein Bein! Und noch ein Arm!«

Scotts Gliedmaßen tauchten auf und wieder unter, als er durch die Stromschnellen gewälzt wurde. Dann tauchte sein Kopf auf, und wir sahen, wie er nach Luft schnappte. Es sah so aus, als würde er dabei vor Schmerz schreien. Aua. Er tauchte wieder ab. Die Strömung vermöbelte ihn wie einst Mike Tyson seine Gegner.

Ben und ich sahen besorgt zu. Ich straffte mich und hielt den Wurfsack bereit. Wir mussten ihn abfangen, bevor er die nächsten 50 Meter flussabwärts und in die mörderischen Stromschnellen gespült wurde, die dort lauerten. Wo war er?

Plötzlich tauchte Scott vor mir an der Wasseroberfläche auf. Ich warf den Rettungssack, allerdings nicht weit genug.

Scott rang nach Atem, schaffte es aber, zum anderen Ufer zu schwimmen. Er zog sich auf einen Felsen und legte sich erschöpft und mitgenommen hin. Der untere Teil seines Oberkörpers und seine Beine wogten sanft im Kehrwasser hin und her.

Er war in Sicherheit. Ich winkte ihm zu, und er nahm alle Kraft zusammen und nickte. Der Fluss war so laut, dass wir uns noch immer nicht hören konnten.

Ich kletterte zum Wasser hinunter und fischte das Seil heraus. Der Fluss war von schmutzigem Schaum gesäumt. Inmitten des Schaums entdeckte ich einen Schuh – zwei Schuhe.

»Das kann doch nicht wahr sein!«, rief ich. »Sieh dir das mal an, Ben. Scotts Nike-Turnschuhe. Wenn das kein Zufall ist!« Er hatte sie drei Tage zuvor bei unserem katastrophalen Kentern verloren. »Das Flussufer hat Millionen von Ecken und Nischen, und wir finden sie wieder.«

Scott war zu sehr damit beschäftigt, sich selbst zu bemitleiden und wieder zu Atem zu kommen, um zu sehen, was ich gefunden hatte. Ich warf die Schuhe ins Schlauchboot und paddelte mit Ben zu Scott hinüber. Seine Stimmung war nicht die beste.

»Danke für eure Hilfe, Jungs«, sagte er sarkastisch.

»Wir konnten nichts tun«, erwiderte ich und verdeckte seine Schuhe mit den Füßen.

»Ihr habt es ja nicht mal versucht«, sagte er beleidigt. »Und mein Bein ist im Eimer. Und seit ich geschwommen bin, ist es noch mehr im Eimer.«

Er deutete auf sein Knie, das auf die Größe eine Handballs angeschwollen und hässlich gelb und braunrot angelaufen war.

»Was hätten wir denn machen sollen?«, fragte Ben. »Ich weiß nicht, was wir noch hätten versuchen können.«

»Was ist denn mit deinem Schuh passiert?«, fragte ich ihn und nickte in Richtung seines nackten Fußes, um das Thema zu wechseln.

Dies war der angespannteste Moment, den wir bislang als Trio gehabt hatten.

»Den hat der Fluss fortgerissen«, brummelte Scott. »Ab jetzt muss ich barfuß laufen.«

Ich hielt die Nike-Turnschuhe hoch.

Er grinste ungläubig. »Wo hast du die denn gefunden?«

»Am Ufer«, sagte ich »Der Apurímac hat dir ein Paar genommen und ein anderes zurückgegeben.«

Ben lachte.

»Vielleicht mag mich der Fluss doch«, meinte Scott.

»Ach was, er hält dich nur zum Narren«, witzelte Ben. »Und zum Abendessen verspeist er dich dann.«

Scott zog seinen verbliebenen Neoprenfüßling aus und verstaute ihn in einer der Trockentaschen. Er schlüpfte in seine Turnschuhe und schnürte sie gewissenhaft zu. Wir stießen uns wieder in den Stromzug ab, ließen uns ein Stück treiben und hielten das Boot dann im Kehrwasser oberhalb der nächsten Stromschnellen an.

Wir beschlossen, sie zu umtragen. Da Scott noch immer ein bisschen zittrig war, hielten wir es für leichtsinnig weiterzufahren. Vorsicht ist die Mutter der Porzellankiste. Wir würden hier campieren.

45. Tag: 27. Oktober 1999

Ich hatte eine weitere schlechte Nacht, in der ich mir Sorgen wegen der Stromschnellen machte, die uns bevorstanden, vor allem, weil Scott nur ein Bein benutzen konnte. Doch der Fluss meinte es von Anfang an gut mit uns und ersparte uns böse Überraschungen.

Da wir unser Selbstvertrauen wieder aufbauen mussten, entschlossen wir uns an allen Stellen, die auch nur entfernt anspruchsvoll aussahen, das Boot zu tragen oder ans Seil zu nehmen. Die Zeit, die wir tatsächlich auf der »Wasserrutsche« verbrachten, war minimal. Das hatte zur Folge, dass wir extrem langsam vorankamen. Vermutlich legten wir nicht mehr als drei Kilometer zurück. Das Wildwasser war reißend und unbefahrbar. Der ganze Tag war eine einzige seelische Qual. Ich fing an, mich zu fragen, ob wir überhaupt hier sein sollten. Im Erdinneren haben Menschen nichts zu suchen.

Wir mussten uns mit mickrigen Rationen von halb garem Reis und zähen Bohnen begnügen, die wir mit schmutzigen Fingern aßen und mit schlammigem, bakterienverseuchtem und ungefiltertem Flusswasser hinunterspülten.

Unser Trip war längst keine spannende Herausforderung mehr, die uns ein atemberaubendes Erlebnis bescherte. Wir hatten eher das Gefühl, dass der Fluss uns wie die zahllosen Kieselsteine am Ufer langsam zermahlte.

Wir kamen zu einer Schlucht mit extrem steilen Wänden und schafften es gerade noch, das Boot ins Kehrwasser zu steuern, auf einen Felsen zu klettern und uns ein Bild zu machen. Umtragen kam nicht in Frage, und das Wasser vor uns schien zu kochen.

»Scheiße, Jungs, das sieht echt übel aus!«, sagte Scott.

Er stand auf dem nassen, mit Schaum verschmierten Felsen und reckte sich, um einen Blick flussabwärts zu erhaschen. Ich kletterte auf einen anderen, etwas höheren Felsen, um besser sehen zu können. Viel war nicht zu erkennen. Der Fluss verschwand durch einen winzigen Spalt vor uns. Unmittelbar außerhalb unserer Sichtweite konnten Wasserfälle, Verblockungen und weiß Gott was sonst lauern, aber wir hatten keine andere Wahl. Die steilen Felswände ragten fast 1000 Meter hoch über uns empor. Wir saßen in der Falle. Den Rückzug flussaufwärts anzutreten war unmöglich, und aus der Schlucht zu klettern stand ebenfalls nicht zur Debatte.

»Wir haben nur eine Wahl«, sagte ich, und in meinem Magen bildete sich ein ekelhafter Klumpen. »Egal, was uns diese Schlucht beschert, wir müssen durch. Entweder das, oder wir bleiben hier hocken, bis wir verhungern.«

Ben sagte gar nichts. Im düsteren Licht des Cañóns war sein hageres, eingefallenes Gesicht von Anspannung und Sorge gezeichnet. Scott sah noch schlimmer aus. Sein Blick wanderte hektisch vom Boot über die Cañónwände zum Fluss und wieder zurück zum Boot. Er war von Natur aus jemand, der Probleme zu lösen versucht, und bemühte sich auch jetzt, eine Lösung zu finden, allerdings vergeblich. Es gab keinen sicheren Ausweg aus dieser Situation.

Der Lärm, den Wildwasser verursacht, ist einer der Gründe dafür, weshalb es so große Furcht einflößt. Je kraftvoller das Wasser, desto lauter das Brüllen. Von Kindheit an bekommt man beigebracht, sich vor diesem Brüllen zu fürchten. Löwen brüllen, Monster brüllen, und auch wilde Dinosaurier sollen gebrüllt haben. Und jetzt brüllte der Fluss uns an, erzürnt über unsere Torheit. Sein Grollen hallte von den Cañónwänden wider. »Okay, gehen wir's an«, sagte ich leise.

Zwischen unserem Standort und dem engen Schlund der Schlucht war noch ein Stück reißendes Wildwasser zu bewältigen. Wir mussten vorsichtig sein. Wenn das Boot vor der Einfahrt in die Schlucht kenterte, würden wir manövrierunfähig durch den unbekannten Abschnitt gespült und zusammen mit dem Schlauchboot und den Paddeln kräftig durcheinander gewirbelt werden.

Schwer beladen zu sein hatte den Vorteil, dass das Schlauchboot stabiler im Wasser lag. Die beiden schwersten Taschen befanden sich am Boden und sorgten für einen tiefen Schwerpunkt. Menschen eignen sich nicht als Ballast. Sie werden wie Stoffpuppen hin und her geworfen, ganz egal, wie fest sie ans Boot gegurtet sind und sich in die Fußschlaufen stemmen. Das zusätzliche Gewicht sorgte außerdem für mehr Schwung und machte es leichter, die tückischen Rücksoge zu durchbrechen – die schäumenden Wasserwalzen, die sich unterhalb der meisten Stufen bilden.

Ich war froh, dass ich mit Steuern an der Reihe war – nicht weil Scott und Ben nicht dazu in der Lage gewesen wären, sondern weil es mir lieber war, in einer Situation, in der jede Fehleinschätzung tödlich enden konnte, selbst die Kontrolle über mein Schicksal zu haben. Außerdem dachte ich, dass Scott es für meinen Geschmack zu vorsichtig angehen würde und Ben zu aggressiv.

Scott und Ben nahmen ihre Plätze am Bug ein. Ben saß fast immer auf der Backbordseite, da sich die Fußschlaufe auf der Steuerbordseite wegen eines Luftventils am Boden weiter vorn befand und seine langen Beine auf der rechten Seite einfach keinen Platz fanden.

Scott drehte sich um und zog die Spanngurte, mit denen unser Gepäck befestigt war, noch ein paar Zentimeter nach. Als wir uns gerade abstoßen wollten, hörten wir ein Rumpeln, das den Lärm des Flusses übertönte. Ich blickte nach oben und sah einen Felsbrocken von der Größe eines Autos die Cañónwand herunterpurzeln. Er schlug nur ein kurzes Stück flussaufwärts von uns mit der Wucht einer kleinen Bombe ein.

»Hoffentlich war das kein Omen«, sagte Ben.

»Vielleicht wollte uns der Fluss den Garaus machen, und bis er merkt, dass er uns verfehlt hat, haben wir das, was jetzt kommt, bereits hinter uns«, erwiderte Scott.

Wir machten einige Paddelzüge vorwärts und verließen das Kehrwasser.

Ich steuerte zwar nicht perfekt, aber wir schafften es, ohne zu kentern, durch das Wildwasser. Als die Felswände auf beiden Seiten näher rückten und wir in die unheimliche Schlucht glitten, richtete ich das Boot geradeaus. Vor uns sahen wir die Ursache für die Gischt und den Nebel, die uns die Sicht von den Felsen versperrt hatten. Das Wasser stürzte über mehrere Stufen, die zunehmend höher wurden und wie eine Treppe in einen tosenden Wildwasser-Hexenkessel führten.

Wir stürzten über die erste Stufe und entkamen nur knapp dem Loch, das sich darunter auftat. Wir mussten die zweite mit mehr Geschwindigkeit nehmen. Ich versuchte, das Tempo zu erhöhen, doch der Fluss hatte andere Pläne. Kräftige Strudel und Verwirbelungen machten meine Bemühungen zunichte, das Boot unter Kontrolle zu halten. Die überkochenden Strudel spielten mit unserem Boot, drehten es, hielten es fest, schoben es in diese Richtung und in jene. Paddeln war zwecklos. Wir kippten in Zeitlupe über die Kante des zweiten Wasserfalls. Ich konnte von Glück reden, dass es mir wenigstens gelang, den Bug des Schlauchboots in Richtung flussabwärts zu halten.

Die geringe Geschwindigkeit des Schlauchboots half uns, es zu stabilisieren, bis wir die Turbulenzen plötzlich hinter uns hatten und mit zunehmendem Tempo flussabwärts trieben. Die Wände der Schlucht rasten vorbei, während ich das Boot durch die nächsten Stromschnellen steuerte, einer stehenden Welle auswich und wir durch eine dritte und vierte Serie Stromschnellen holperten und schlitterten. Das Boot schoss mit ungefähr acht Knoten durch die Schlucht – wir flogen dahin, und ich musste in Sekundenbruchteilen die Wasseroberfläche vor uns analysieren und Entscheidungen treffen.

Ben und Scott schrieen aus vollem Hals: »Loch Backbord in Zwei-Uhr-Position! Strudel Steuerbord…« Dann verstand ich kein Wort mehr. Meine Angst füllte meine Ohren mit dem Pochen meines Herzschlags, das sogar Apu Rímacs Furcht erregendes Grollen übertönte.

Der Cañón war nur noch eine weniger als 30 Meter schmale Spalte. Als sich der Fluss durch die Spalte zwängte, nahm seine Geschwindigkeit enorm zu, und die peitschende Strömung bildete zwei gewaltige Löcher, deren schäumende Wellen in der Mitte des Wassers gegeneinander schlugen und einen Kamm aufwarfen. Braunes Wasser spritzte wie aus einem riesigen Feuerwehrschlauch in den Himmel. Ich hatte noch nie zuvor so kraftvolle, Furcht einflößende Wassermassen gesehen.

Ich wollte zwischen den beiden Wasserbergen hindurchsteuern, doch wir krachten frontal in den Wellenkamm. Die Gewalt des Wassers drückte den Bug des Schlauchboots immer weiter nach oben.

Von meinem Platz am Heck aus sah ich, dass Ben und Scott hochgehoben wurden und sich über mir befanden, als sich das

Boot fast senkrecht aufbäumte und in den Himmel zeigte wie eine Rakete kurz vor dem Abflug. In dieser Position schwankte es einen Augenblick lang hin und her, ehe es sich drehte und zurück auf das Wasser schlug. Glücklicherweise landeten wir auf der richtigen Seite, allerdings zeigte der Bug flussaufwärts.

Jetzt wurde das Heck von dem Wellenkamm in eine senkrechte Position gedrückt. Ich wurde auf die Taschen geschleudert und klammerte mich an den Spanngurten fest, als das Boot und mein Körper von schlammigem Wasser überflutet wurden. Ich hatte keine Ahnung, ob das Schlauchboot richtig oder verkehrt herum dalag. Dann wurde das Wasser wieder klarer.

Ich setzte mich auf und stellte fest, dass wir die enge Schlucht hinter uns gelassen hatten und stromabwärts gespült wurden. Ich nahm wieder meinen Platz ein und steuerte das Boot ans nächstbeste Ufer. Wir saßen schwer atmend da.

Am Abend feierten wir mit einer cremigen Nudelsuppe mit Sardinen, geschnittenen Karotten und Zwiebeln. Außerdem tranken wir einen Gemeinschaftskaffee aus der Nescafédose, die wir reihum gehen ließen wie einen Abendmahlskelch.

Anschließend widmeten wir uns der Brotproduktion. Ich kümmerte mich um den Teig, Ben klopfte ihn flach, und Scott hielt ihn auf dem Schaufelblatt übers Feuer. Wir backten 40 Brote – fünf für jeden zum Mittagessen an den nächsten beiden Tagen und drei zum sofortigen Verzehr. Köstlich!

46. Tag: 28. Oktober 1999

Der nächste Tag war einmal mehr eine endlose Schinderei aus umtragen, treideln, kentern, schwimmen, auskundschaften, marschieren, ausrutschen, fluchen und paddeln. Am Beginn einer weiteren Serie Katarakte ließen wir es gut sein. Das erforderliche Umtragen konnte bis zum Morgen warten.

Als wir zum Kochen ein großes Feuer entzündet hatten, holte ich die Tüten mit den trockenen Lebensmitteln hervor und beäugte sie angewidert.

Plötzlich hörte ich Scott rufen. Er stand bei einem Wasserfall und zeigte auf Dutzende von Fischen, die versuchten, die Stufe zu erklimmen, was allerdings nur wenigen gelang. Die meisten sprangen hoch, landeten mitten in der Strömung und wurden wieder flussabwärts getrieben. Manche landeten auf den Felsen, prallten ein oder zwei Mal auf und fielen dann zurück ins Wasser. Nur einer von zehn der ungefähr 30 Zentimeter langen Fische schaffte es, den zwei Meter hohen Wasserfall zu erklimmen.

Ben kam zu uns. Er balancierte ein 30 Kilo schweres Bananenbündel mit grünen Früchten auf der Schulter. »Heute Abend gibt's ein Festessen«, sagte er. »Die habe ich neben dem Bach gefunden, der in den Fluss fließt. Dort sieht's aus wie im Paradies. Ein kleiner Wasserfall – bestens geeignet, um zwischen den Palmen zu duschen – und, das Allerbeste, eine Bananenstaude.«

Er legte die grünen Bananen ab. »Und wie fangen wir die leckeren kleinen Biester?«

Ich lief zurück zu unsrer Lagerstätte, um den »Broteimer« zu holen, einen durchsichtigen Plastikbehälter, den wir umfunktioniert hatten. Ich legte mich auf die Felsen und hielt den Behälter so weit wie möglich in Richtung Wasserfall. Kurz darauf sprang ein Fisch aus dem Wasser, und es gelang mir, ihn mit dem Behälter zu fangen.

»Gut gemacht, Kumpel!«, rief Ben. »Ich wette, damit hat er nicht gerechnet.«

Ich warf den Fisch auf die Felsen, und Ben schlug ihm mit einem Stock auf den Kopf.

»Fisch Nummer eins«, sagte Scott. »Ich hole mein Moskitonetz. Das lässt sich bestimmt als Fischnetz verwenden.«

Innerhalb von zehn Minuten hatte ich vier dicke Fische gefangen.

Scotts Idee war noch besser: Er befestigte ein Stück des Moskitonetzes an zwei langen Bambusstangen. Als er das provisorische Netz unter den Wasserfall hielt, prasselten die Fische geradezu hinein. Im Handumdrehen hatten wir ein Dutzend.

Wir kehrten zu unserer Lagerstätte zurück und machten noch ein zweites Feuer, um genug Platz zur Zubereitung unseres Festmahls zu haben. Mein Magen knurrte wie wild.

Scott kümmerte sich um die Fische, die er mit Salz bestreute und einen nach dem anderen auf dem Schaufelblatt briet.

Die Zubereitung der Bananen erforderte etwas mehr Arbeit. Wir legten die grünen Früchte, jeweils vier Stück auf einmal, mitten in die lodernden Flammen und holten sie nach etwa 20 Minuten, wenn sie schwarz waren, wieder heraus. Die Schalen platzten auf, und das jetzt vanillefarbene Fruchtfleisch kam zum Vorschein. Wir kratzten es heraus und zerdrückten es im Broteimer. Diesen Vorgang wiederholten wir, bis wir etwa 20 Bananen gegrillt hatten. Nachdem wir Butter, Salz, Pfeffer und Knoblauchpulver dazugegeben hatten, schmeckten sie erstaunlich nach Kartoffelpüree. Ich hatte das erste Mal seit Tagen einen vollen Magen. Keiner von uns brachte auch nur einen weiteren Bissen hinunter, und wir lagen faul wie gestrandete Wale am knisternden Feuer.

»Wir sind echte Vertreter des Abendlands«, meinte Ben, »und nur zufrieden, wenn wir uns so richtig den Bauch voll schlagen können.«

Scott rülpste laut. »Gebt mir bis ans Ende meiner Tage gegrillte Bananen und Forelle, und ich bin zufrieden. Das ist doch nicht zu viel verlangt, oder?«

47. Tag: 29. Oktober 1999

Wir erreichten den Zusammenfluss mit dem Pachachaca, einem milchig grünen Strom, der beträchtlich zur Breite und Tiefe des Apurímac beitrug. Die Stromschnellen wurden mit zunehmendem Volumen des Flusses immer größer und warfen stehende Wellen auf, die Wänden aus Wasser glichen. Doch unsere Technik war mittlerweile so ausgefeilt, dass wir nur noch selten kenterten.

Es machte uns nichts mehr aus, uns unsere Furcht einzugestehen und umzutragen. Als das Wildwasser zu chaotisch wurde, verbrachten wir einen ganzen Tag damit, unsere Ausrüstung ein paar hundert Meter weit zu transportieren.

Der Zusammenfluss mit dem Pampas überraschte uns, und das lag nicht nur daran, dass wir ohne Karten unterwegs waren. Wir hatten ein wesentlich heftigeres Aufeinandertreffen der beiden großen Flüsse erwartet. Stattdessen trafen sie aufeinander und umarmten sich wie zwei lang getrennte Brüder.

Die Luft war warm, und die Sonne, die das erste Mal seit Ewigkeiten wirklich zu sehen war, hing über dem dunstigen Horizont. Der Himmel verfärbte sich rostrot, als wir den ersten eindrucksvollen Sonnenuntergang seit Wochen genossen. Auch die Dunkelheit kam viel später, als wir es gewohnt waren. Wir hatten das schlimmste Wildwasser des Apurímac hinter uns.

Das Ende der Etappe glich einem Horrorfilm, der nicht mit einem Knall, sondern mit einem Wimmern endet. Die Landschaft weitete sich, und wir befanden uns in einem tropischen Tal, das ebenso leuchtete, wie die Schlucht düster gewesen war. Wir hatten das Gefühl, aus der Unterwelt aufgetaucht zu sein und eine zweite Chance für ein Leben im Licht bekommen zu haben.

DRITTER TEIL:

Der Wolkenwald

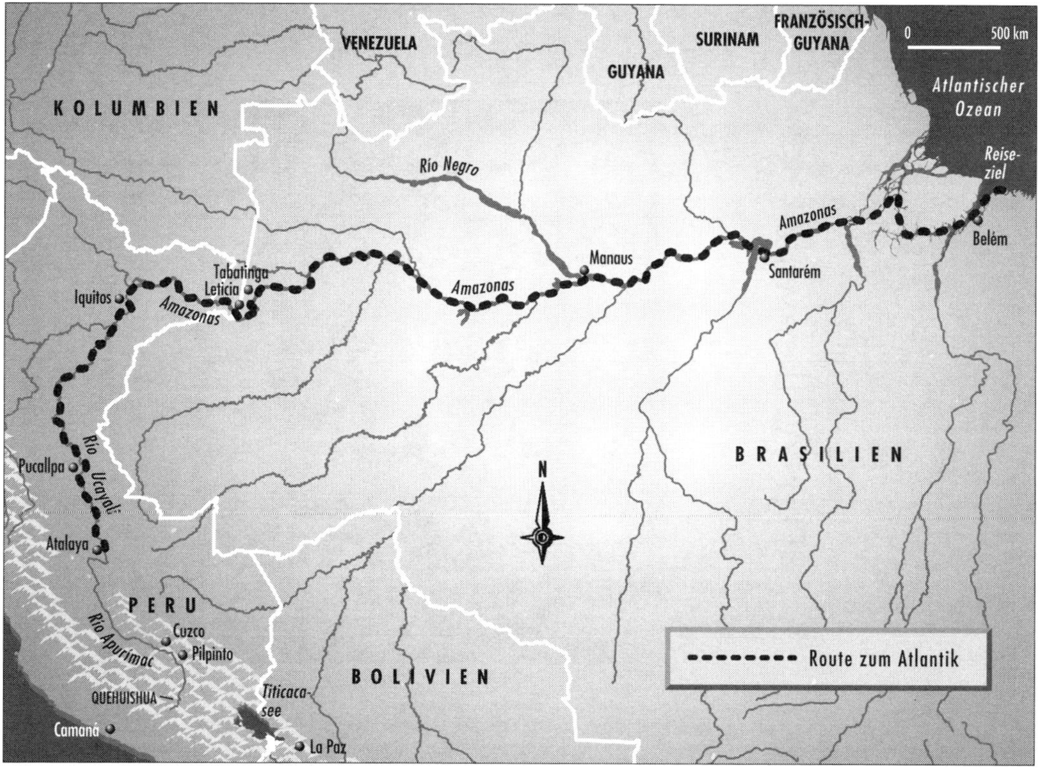

VENEZUELA
GUYANA
SURINAM
FRANZÖSISCH-GUYANA
0
500 km
Atlantischer Ozean
Reise-ziel
Belém
KOLUMBIEN
Río Negro
Amazonas
Manaus
Santarém
Tabatinga
Leticia
Iquitos
Amazonas
Amazonas
BRASILIEN
N
Río Ucayali
Pucallpa
Atalaya
PERU
Río Apurímac
Cuzco
Pilpinto
QUEHUISHUA
Camaná
Titicaca-see
La Paz
BOLIVIEN
Route zum Atlantik

49. Tag: 31. Oktober 1999

Wir konnten kaum glauben, dass wir es geschafft hatten. Während wir gemächlich dahinpaddelten, lieferten das dichte Blätterwerk an beiden Ufern und der ausgedehnte Horizont den Beweis dafür, dass wir uns jetzt im »Wolkenwald« befanden. Einige Stromschnellen standen uns noch bevor, doch im Vergleich zu dem, was wir hinter uns hatten, waren sie nicht der Rede wert.

Wir waren alle drei ziemlich mitgenommen. Man konnte keineswegs behaupten, dass wir den Fluss bezwungen hatten. Benjamin hatte Recht gehabt: Schon allein ein solcher Gedanke glich einem Spiel mit dem Tod. Man muss sich den Fluss zum Freund machen.

Wir schlugen unser Lager am Flussufer gegenüber eines kleinen Dorfs mit Holzhäusern auf. Am Ufer versammelte sich eine Menschenmenge. Etwa 30 Jungen und eine Hand voll Erwachsene konnten ihre Neugierde nicht zurückhalten, sprangen in den Fluss und schwammen die ungefähr 60 Meter zu uns herüber. Sie tauchten tropfnass aus dem Wasser auf und hießen uns willkommen.

Sie waren völlig verblüfft, als ich ihnen erzählte, dass wir unsere Reise an der Quelle des Flusses begonnen hatten. Alles, was sich außerhalb des Flussabschnitts befand, den sie kannten, war für sie unbegreiflich.

»Der Fluss nimmt kein Ende«, sagte ein kleiner Junge. »Einmal bin ich mit meinem Vater einen ganzen Tag lang flussaufwärts marschiert, um zu fischen. Er geht immer weiter.«

»Tja, wir sind viel weiter oben losgefahren«, sagte ich.

Diese Antwort stellte ihn zufrieden. Ich fragte einen der Männer, ob es möglich sei, Essen zu kaufen.

»*Sí*«, erwiderte er.

Diesmal traf mich das Los, bei unserer Ausrüstung zu bleiben. Scott und Ben paddelten im Schlauchboot über den Fluss, und ich lehnte mich gegen ein Stück Treibholz und schrieb in mein Reisetagebuch.

Der Schweiß lief mir die Brust hinunter, und ich nippte an einer Flasche mit Wasser aus einer Quelle, die in den Apurímac plätscherte. Wenn man während eines Tauchgangs zu viel Wasser aus dem Apurímac schluckte, war einem eine Runde Durchfall garantiert. Wir gingen davon aus, dass die unzähligen kleinen Bäche, die in den Fluss mündeten, weniger Bakterien und Krankheitserreger enthielten, und füllten deshalb unsere Flaschen mit ihrem Wasser. Diese teefarbene Brühe tranken wir dann, ohne reinigende Zusatzstoffe hinzuzufügen, und nahmen keinen Schaden daran.

Über die Viren, Parasiten und Tropenkrankheiten, die ich mir einfangen konnte, wollte ich lieber gar nicht nachdenken: Malaria, Hepatitis, Gelbfieber, Tetanus, Giardiasis, Ruhr, Cholera, Typhus, die Chagas-Krankheit, Trypanosomasis (die für Darwins Mattigkeit bei der Rückkehr nach England von seiner Reise mit der *Beagle* verantwortlich gemacht wird), Leishmanasie (übertragen durch Sandfliegen), Denguefieber, Tollwut …

Ich döste in der Sonne, bis Scott und Ben freudestrahlend zurückkamen.

»Wir haben eine kleine Überraschung für dich«, sagte Ben. Er holte zwei Sublimes aus seinem Rucksack. »Aber das ist noch nicht alles.« Seine Hand verschwand noch einmal und förderte eine große Flasche Rum zutage.

»Was gäbe es Besseres, um unsere Einfahrt in den Regenwald zu feiern?«, erwiderte ich, schraubte den Verschluss auf und nahm einen kräftigen Schluck. »Wow! Auf den gottverdammten Amazonas-Dschungel!«

Der Himmel glich einem purpurrot, violett und goldfarben

schimmernden Vorhang. Brüllaffen und Scharen unsichtbarer Vögel schnatterten unter dem dichten, kräftig grünen Baldachin, ein Chor, der anschwoll, als das rosige Licht verblasste. Die Dunkelheit brach so plötzlich herein, als hätte jemand einen Lichtschalter betätigt, und der Geräuschpegel stieg an.

»Wir haben den Mann, der uns das Essen verkauft hat, eingeladen, herüberzukommen und mit uns zu trinken«, erzählte Scott.

Tatsächlich tauchte ein paar Minuten später im Feuerschein ein dunkles Gesicht auf.

»*Hola*«, sagte ich und streckte die Hand aus. »*Me llamo Colin.*«

»Alfredo«, erwiderte der hagere Mann und schüttelte mir kräftig die Hand.

Er war nur mit ausgeblichenen Adidas-Shorts bekleidet und trug ein Fischnetz mit Bambusstiel unter dem Arm.

Wir unterhielten uns und tranken, bis Alfredo unser winziges Reiseschachbrett entdeckte.

»Das ist ein Spiel«, erklärte Ben. »Wir spielen es zum Spaß.«

Alfredo nahm das Schachspiel und öffnete es.

»Vorsichtig«, warnte Scott. »Da drin sind viele Figuren. Wir möchten sie nicht verlieren.«

Alfredo leerte die Figuren in die hohle Hand und starrte sie einen Moment lang an, ehe er sie auf dem winzigen Plastikbrett aufstellte.

»Das gibt's doch nicht!«, sagte ich. »Er stellt sie richtig auf.«

Alfredo drehte sich zu mir um. »Du kannst anfangen.«

Ich gewann, aber erst nach einer langen, hart umkämpften Partie – und Alfredo hatte mehr Rum getrunken als ich. Gegen elf Uhr verschwand er in der Dunkelheit, nachdem er uns eingeladen hatte, mit ihm zu frühstücken.

50. Tag: 1. November 1999

Wir frühstückten in Alfredos Haus – Hühnchen, Salat, Reis und Bananen –, ehe wir unsere Fahrt auf dem mäandernden Fluss fortsetzten. Der Apurímac war jetzt viel breiter und seine reißende

Gebirgsströmung einer ruhigeren Gangart gewichen. Durch die Stromschnellen, auf die wir stießen, glitt das Schlauchboot wie Butter.

Obwohl das Flussufer nicht mehr aus unergründlichen Felsflächen, sondern aus üppigem Dschungel bestand, der eine smaragdgrüne Wand bildete, blieb es undurchdringlich. Wir befanden uns noch immer 1500 Meter über dem Meeresspiegel, und die klimatischen Bedingungen sorgten manchmal für dichten Nebel, der London alle Ehre gemacht hätte. Es war unheimlich, flussabwärts durch die hellgrauen Nebelschwaden zu fahren und dabei vom Kreischen und Brüllen und anderen Geräuschen aus dem Dschungel begleitet zu werden. Der Regenwald wurde nur gelegentlich von einer Farm unterbrochen – meist nicht mehr als ein mit Schindeln gedecktes Haus, einige Bananenstauden und Papayabäume und ein eingezäuntes Grundstück mit dürrem Geflügel, einem fetten Schwein und Kindern.

Das Paddeln wurde im Lauf der Zeit monoton und schmerzhaft. Stunde um Stunde dieselbe Bewegung zu wiederholen, erwies sich als Qual. Wir zogen in Erwägung, von jetzt an zu rudern anstatt zu paddeln. Eine Person, die an zwei Rudern zieht, kann fast ebenso viel Vortrieb erzeugen wie drei Personen, die paddeln. Wir beschlossen, das Schlauchboot bei der erstbesten Gelegenheit zum Rudern umzurüsten.

Wir wussten noch immer nicht genau, wo wir uns befanden, sahen aber immer mehr Menschen am Ufer und beim Fischen auf dem Fluss. Die meisten von ihnen benutzten dazu keine Kanus, sondern Bambusflöße. Angesichts der Tatsache, dass es sich dabei um wenig mehr als einen Haufen Baumstämme handelte, waren sie erstaunlich wendig.

Wir wussten, dass wir uns der Ortschaft Luisiana näherten, und fragten verschiedene Leute, wie weit es bis dorthin noch sei. Uns wurde bald bewusst, dass die Menschen am Fluss wie Juan, der auf jede Frage mit »*media hora*« geantwortet hatte, ihre ganz eigene Vorstellung von Zeit und Entfernung hatten.

Kurz nach dem Mittagessen erkundigten wir uns bei einem Mann in einem Kanu, wie weit Luisiana noch entfernt sei.

»In eurem Boot eine halbe Stunde.«

Eine Stunde später, gegen zwei Uhr nachmittags, fragten wir einen anderen Mann, der sein Schlauchboot mit einer Stange anschob: »Wie weit ist es noch nach Luisiana?«

»Vor acht Uhr abends werdet ihr dort nicht ankommen.«

Um drei Uhr hielten wir bei ein paar Häusern an und kauften eine Schachtel Kräcker. Wir erkundigten uns wieder, wie weit es noch nach Luisiana sei.

»Zwei Kilometer«, sagte der beleibte, grauhaarige Mann bestimmt. »Nicht weit.«

Einige Dorfbewohner, die das Schlauchboot betrachteten, stimmten ihm zu.

»Zwei oder drei Kilometer«, versicherten sie uns. »Ihr braucht ungefähr eine Stunde.«

Eine Stunde später, als von der Ortschaft noch immer nichts zu sehen war, fragten wir einige halbwüchsige Jungen: »Wie weit ist es noch nach Luisiana?«

»Eine Stunde«, rief einer von ihnen.

»Fünf Minuten«, rief ein anderer.

Um halb sechs machten wir Feierabend. Luisiana, wo auch immer es war, musste warten.

51. Tag: 2. November 1999

Am Morgen tauchte kurze Zeit, nachdem wir uns abgestoßen hatten, Luisiana vor uns auf, und kurz darauf erreichten wir San Francisco, einen heruntergekommenen Regierungsstützpunkt mit 4000 Einwohnern und einer Straßenverbindung nach Lima. Die Straße von Ayacucho kommt hier an und überwindet den Fluss mit Hilfe einer Brücke, der ersten unterhalb von Cunyac und zugleich der letzten, ehe der Fluss in den Atlantik mündet. Wer sich hierher begibt, landet in mehr als einer Hinsicht in der Sackgasse.

San Francisco ist die größte Siedlung am Apurímac und gleichzeitig das Militärhauptquartier der Region, das von der zivilen Industrie versorgt wird. Es ist eine Kloake mitten im Dschungel mit feuchten, schimmligen Gebäuden, deren Bewohnern die Fäulnis ähnlich hart zugesetzt hat. Die Straßen sind von Strommasten flankiert, über die der Ausstoß eines Dieselkraftwerks transportiert wird, das am Stadtrand rund um die Uhr vor sich hin brummt.

Kleine Kinder spielten zwischen den Müllbergen, und im Geröll am Flussufer hüpften Aasgeier umher – die einzigen einheimischen Wesen, die Grund hatten, sich über den Vorstoß der Moderne in den Regenwald zu freuen. Uns war der Schmutz egal. Hier konnten wir die verlorenen Kochutensilien ersetzen, Nägel, Schnüre und Seile kaufen, um das Schlauchboot umzurüsten, und wir würden vielleicht sogar in den Genuss einer heißen Dusche kommen.

Die meisten Ladenbesitzer, mit denen wir sprachen, waren überrascht, dass wir stromabwärts fahren wollten. Wussten wir denn nicht, dass sich dort die letzte Hochburg des Leuchtenden Pfads befand? Sie beharrten darauf, dass es Selbstmord sei, die Reise fortzusetzen.

Später tranken wir Coca Cola und diskutierten über ihre Warnungen.

»Wahrscheinlich haben sie übertrieben«, sagte ich. »Wie oft wurden wir in den Bergen vor *banditos* gewarnt? Uns ist nicht einmal ein Dieb begegnet.«

»Stimmt«, pflichtete mir Ben bei. »Wenn an solchen Orten etwas passiert, verbreiten sich die Gerüchte wie ein Lauffeuer. Wahrscheinlich wurde vor ein paar Jahren irgendjemand von den Rebellen getötet, und seither leben alle in Angst und Schrecken.«

Scott und ich nickten. Zumindest die Wasserfahrzeuge vor Ort spendeten uns Trost – lange, schlanke Boote mit extrem geringem Tiefgang. Wenn sie mit dem Fluss zurechtkamen, würden wir mit unserem Schlauchboot keine Schwierigkeiten haben.

Wir campierten unmittelbar unterhalb des Abfalls, der das Flussufer säumte. Heiße Duschen schien es außerhalb von Iquitos oder Pucallpa nicht zu geben. Scott war mit Kochen an der Reihe, und er hatte ein idiotisches Grinsen im Gesicht, als er den Reis und die Bohnen in zwei verschiedenen Töpfen zubereitete. »Mann, jetzt leben wir im Luxus.«

Er reichte mir einen nagelneuen Blechteller und eine Gabel. »Jetzt kannst du wieder wie ein zivilisierter Mensch essen. Als du gestern auf den Baum geklettert bist, um Orangen zu pflücken, und dich von Ast zu Ast geschwungen hast, hätte ich schwören können, dass du dich in einen Affen zurückverwandelst.«

»Er ist zu hässlich für einen Affen«, plapperte Ben dazwischen. »Faultier trifft besser zu.«

»Ist das der Dank dafür, dass ich euch Orangen zum Nachtisch besorgt habe?«

»Das waren beschissene Orangen«, erwiderte Ben. »Trocken und voller Kerne. Man hätte sie eher als Gemüse bezeichnen können.«

Wir hatten ein kleines Kurzwellenradio erstanden, auf dem wir ab und zu in dem evangelischen Programm, das eine Missionsstation irgendwo im Regenwald sendete, BBC empfangen konnten. Ironischerweise handelte es sich bei einer dieser Sendungen um einen Bericht über eine neue malariaähnliche Krankheit, die in den Regenwäldern Perus von Sandfliegen übertragen wird.

Was für Neuigkeiten vor dem Einschlafen!

53. Tag: 4. November 1999

Die niedrige Dschungelwand führte ohne Unterbrechung am Fluss entlang und bis hinter die flachen, schräg abfallenden Hügel in der Ferne, auf denen wir die akkuraten Quadrate von Cocaplantagen, Weideflächen und Obstplantagen sehen konnten. Der Fluss strömte mit ungefähr vier Knoten dahin. Gegen Mittag verschwanden die Felder, und zwischen den uralten Bäumen im Regenwald kehrte wieder Stille ein.

Von der jugendlichen Ruhelosigkeit des Apurímac war nichts mehr zu spüren. Scott meinte, mit ihr sei auch seine eigene Unbeschwertheit verloren gegangen. Er fühlte sich gereift, in gewisser Weise sogar unverwundbar.

Ohne Vorwarnung tauchte über dem Baldachin des Regenwalds wie ein Requisit aus *Apocalypse Now* ein Kampfhubschrauber auf. Er schwebte vor uns, die Raketen auf unser Schlauchboot gerichtet. Einige Sekunden lang hing er nur wenige Handbreit über den Baumwipfeln, dann neigte er sich abrupt zur Seite und verschwand.

Wir verdrängten ihn ebenso aus unseren Köpfen wie die ernst gemeinten Warnungen der Einheimischen. Selbst das gelegentliche Gewehr über der Schulter eines Fischers alarmierte uns nicht. All das war nur ein Teil der Hinterlassenschaft des Terrorismus, oder etwa nicht? Nicht ganz. Langsam dämmerte es uns, dass sich diese Region Perus noch immer im Kriegszustand befand.

Stundenlang erblickten wir keine Menschseele, bis am Ufer ein einsamer Fischer auftauchte. »Lasst uns anhalten und nachsehen, ob wir irgendwas finden, woraus wir unseren Ruderrahmen bauen können«, schlug Scott vor.

Wir zogen das Boot in sieben oder acht Meter Entfernung von dem alten Mann ans schlammige Ufer. Er band seine Leine aus geflochtener Rinde an einen Baum und ging langsam auf uns zu. »Wohin seid ihr unterwegs?«, fragte er.

»Flussabwärts.«

Er schüttelte den Kopf.

»Das ist zu gefährlich. Vor allem in einem Boot ohne Motor«, sagte er und stieß unser Schlauchboot mit einem nackten Fuß verächtlich an.

»Wir suchen nach Bambus«, sagte ich. »Sie wissen nicht zufällig, ob wir hier in der Nähe welchen finden?«

Er schüttelte noch einmal wortlos den Kopf. »Kommt mit.«

Wir folgten ihm, als er behände im Dschungel verschwand, und marschierten etwa zehn Minuten lang hinter ihm her durch das Dickicht. Schließlich blieb er vor einem Stapel Baumstämmen stehen. »Das ist besser als Bambus«, erklärte er. »Balsa.«

Die fünf Meter langen Stämme sahen unhandlich aus. Doch der alte Mann nahm einen davon in die rechte Hand und warf ihn mir zu. Zunächst erschrak ich, doch er wog fast nichts. Ich warf Scott den Stamm grinsend zu. Mir fielen die Modellflugzeuge ein, die ich als Kind fliegen ließ. Sie bestanden aus demselben Holz.

»Perfekt«, meinte Scott.

Wir nahmen zwei Stämme und trugen sie zum Boot zurück, wo sie der alte Mann mit seiner Machete zweiteilte. Die halbierten Stämme zurrten wir mit Spanngurten fest, die wir durch die D-Ringe des Schlauchboots fädelten. Anschließend befestigten wir auf beiden Seiten Schlaufen aus Nylonriemen, die als Ruderdollen dienen sollten, und konstruierten flügelähnliche Ausleger für das Gepäck, um mehr Platz im Schlauchboot zu haben. Wir fanden sogar Bambus, der reif genug war, um als Paddelstiel verwendet zu werden. Mit Hilfe von Klebeband und Schnur verlängerten wir die Paddel mit Bambusrohren und funktionierten sie zu Rudern um. Alles in allem waren wir ungefähr vier Stunden beschäftigt, aber das Schlauchboot sah anschließend toll aus. Das Wichtigste war jedoch, dass uns der Umbau das Leben deutlich erleichterte.

Als wir fertig waren, probierte Ben die Ruder aus. Nach kürzester Zeit fand er seinen Rhythmus und ruderte ohne großen Kraftaufwand. »Spitze! Wir sind Genies!«, jubelte er.

Wir beschlossen, noch einen Tisch und ein Sonnensegel zu konstruieren, ehe wir uns wieder auf den Weg machten. Unser Schlauchboot stand jetzt einem Kreuzfahrtdampfer in nichts mehr nach.

Als wir aufbrachen, winkte der alte Mann und lächelte, als beobachtete er die lustigste Vorstellung der Welt. Wir gaben tatsächlich ein etwas merkwürdiges Bild ab: Drei weiße Gringos in einem feuerroten, mit Balsaholz, Bambus und Lianen drapierten Gummiboot, unterwegs im Herzen des Amazonas.

Ich übernahm die erste Schicht an den Rudern, während Ben und Scott sich auf den Seitenwülsten ausruhten.

»Ich glaube, daran kann ich mich gewöhnen«, sagte Ben und schlug sein Buch auf. »Ich habe seit Ewigkeiten nicht mehr gelesen.«

Wir sahen das Ufer an uns vorüberziehen. Mit mühelosen Ruderschlägen kam ich mindestens genauso schnell voran, wie wir zu dritt vorangekommen waren, als wir uns noch mit den Paddeln abgemüht hatten. Meinem Körper ging es dabei ebenfalls wesentlich besser.

Nachdem sich jeder an die langen, unhandlichen Ruder gewöhnt hatte, machten wir zum Übernachten Halt.

54. Tag: 5. November 1999

Der erste Tag mit unserem neuen Rudersystem lieferte beeindruckende Ergebnisse. Jeder von uns pullte insgesamt drei Stunden in zwei 90-Minuten-Schichten, sodass unser Energielevel an den Rudern durchweg hoch blieb. Wir taten uns wesentlich leichter, und ich hatte das Gefühl, dass wir zudem schneller vorankamen.

Die beiden, die nicht ruderten, konnten in der Zwischenzeit Mahlzeiten und Snacks zubereiten oder sich um andere Dinge kümmern, und so schafften wir es, mehr zu erledigen. Die blaue Plastikplane, die wir an dem Bambusgerüst befestigt hatten, spendete denjenigen, die nicht ruderten, Schatten. Wer die Arbeit verrichtete, war der Sonne leider schutzlos ausgesetzt und rutschte in seinem eigenen Schweiß hin und her, der ihm in Strömen herunterlief.

Als wir den Fluss hinuntertrieben, glich der vorbeiziehende Regenwald einem bewegten Rorschach-Test. Wir befanden uns im Schoß der Selva, wie das tropische Tiefland im Amazonasbecken heißt. Es war leicht, die Gedanken mit dem Schlauchboot treiben zu lassen, über unsere bisherigen Erlebnisse nachzudenken und über das Leben …

Ich lernte meinen Vater erst im Alter von 17 Jahren kennen, als er schließlich doch, von Neugierde getrieben, wieder mit meiner

Mutter Kontakt aufnahm. Er war nur für einige Tage in Kanada, ehe er nach Neuseeland weiterflog. Es war ein merkwürdiges Gefühl, ihn in Wirklichkeit zu sehen, nachdem ich mir ihn all die Jahre nur vorgestellt hatte.

Als Kind hatte ich den Geschichten meiner Mutter gelauscht und mir in Gedanken ein Bild von ihm gemacht. Für mich war er nicht mehr als eine Romanfigur von Enid Blyton. Der einzige greifbare Beweis dafür, dass er tatsächlich existierte, war das verblasste Foto eines gut aussehenden Manns, der mich von der antiken Frisierkommode meiner Mutter anstarrte.

In jungen Jahren trug ich unser Lokalblatt aus, den *Victoria Times-Colonist*. Das Geld war bei uns zu Hause knapp, und ich brauchte eine Einkommensquelle, um denselben Luxus wie andere Kinder genießen zu können – ins Kino zu gehen und mir gelegentlich eine Cola zu kaufen. Den größten Teil des Gelds, das ich verdiente, sparte ich jedoch eifrig.

Während meiner Grundschul- und Junior-Highschool-Zeit, als ich in Port Alberni wohnte, hatte ich einen Freund namens Steve, mit dem ich mich außergewöhnlich gut verstand. Wir verbrachten die Abende und Wochenenden damit, auf Bäume zu klettern (in seinem Garten standen wunderbare Bäume), Modellflugzeuge fliegen zu lassen, Modellboote im Bach schwimmen zu lassen und in unserer geheimen Bucht am Fluss zu angeln. Jahre später fand ich heraus, dass es sich bei den hunderten von »Forellen«, die wir gefangen hatten, in Wirklichkeit um Kisutschlachse handelte, die von einem Fischzuchtbetrieb ausgesetzt wurden.

Steves Vater, ein deutscher Einwanderer mit einem großen Herzen, reparierte immer mein Fahrrad und zeigte mir, wie man mit Elektrowerkzeugen umgeht. Ich erinnere mich noch, als die Seifenkistenrennen aufkamen und alle anderen Kinder mit ihren Vätern an ihren Rennwagen bastelten. In der Schule hörte ich Steve niedergeschlagen zu, als er mir von den Plänen erzählte, die sein Vater und er für seinen Rennwagen schmiedeten. Als wir nach dem Unterricht zu ihm nach Hause gingen, lagen auf dem Garagenboden zwei identische Seifenkisten-Bodenplatten, die sein Dad aus Sperrholz ausgesägt hatte.

»Was machen Sie mit zweien?«, erkundigte ich mich.

Steves Dad klopfte mir auf die Schulter und sagte, dass Steve jemanden brauche, mit dem er um die Wette fahren könne. »Ansonsten wird er mit unserer Konstruktion zu leicht gewinnen.«

Mein Vater beharrte darauf, dass er nicht nur deshalb 17 Jahre lang verschwunden war, weil er vor der Verantwortung fliehen wollte, und wir verstanden uns recht gut. In den folgenden Jahren lernte ich ihn besser kennen und war erstaunt, wie sehr sich unsere Denkmuster ähnelten. Ich konnte mich stundenlang mit ihm unterhalten – nicht, weil ich es als meine Pflicht empfand, sondern weil ich es wirklich genoss, seine Ansichten zu hören.

Nachdem mein Vater Kanada 1971 den Rücken gekehrt hatte, war er nach Neuseeland gegangen. Dort hatte er seine zweite Frau kennen gelernt und war zum dritten Mal Vater geworden. Er fand Arbeit als Skipper auf einem Schleppnetzboot, das vor der Küste fischte. Wie so viele Seeleute frönte er in regelmäßigen Abständen dem Alkohol. Er erzählte mir, dass er durch Devisenschmuggel zu Geld gekommen war und eine Gewinn bringende Videothek hatte eröffnen können. Einige Jahre später trennten sich seine Frau und er. Mit 58 setzte sich Colin schließlich zur Ruhe und überließ seiner Frau alles, was er besaß, da er das Gefühl hatte, keine materiellen Güter mehr zu benötigen.

Obwohl Colin bereits drei Herzinfarkte und eine Arterienerweiterung hinter sich hatte, die operiert werden musste, war er nicht in der Lage, still zu sitzen. Er musste weiterziehen. Vielleicht hatte er das Gefühl zu verfaulen, wenn er zu lange am selben Ort blieb. Er verbrachte einen Teil des Jahres in Neuseeland, einen in Australien und den Rest in Großbritannien. Er plante seine Aufenthalte so, dass er immer zur besten Jahreszeit im jeweiligen Land war – wenn es dort weder zu warm noch zu kalt war. Er kehrte immer wieder an seine Lieblingsorte zurück und wohnte in Pensionen oder preiswerten Hotels. Am wohlsten fühlte er sich an Orten, die eine maritime Vergangenheit hatten – wo er Schiffe aus fernen Ländern anlegen sehen, dem beziehungsreichen Tuten ihrer Hörner lauschen und an der Kameradschaft der Seeleute im Hafen teilhaben konnte.

Er lebte bescheiden und schlug sich ausschließlich mit seiner Rente und einigen Zinsen durch. An Donnerstagen, Freitagen und Samstagen trank er große Mengen Rum oder Whisky. Im Rausch versetzte er sich in die Vergangenheit zurück, erinnerte sich an alte Kameraden auf See, rief sich stolze Schiffe ins Gedächtnis und gab sich im Geist den Verlockungen ferner Häfen hin. Er schwelgte im Andenken an alte Zeiten wie Eltern in den Erinnerungen an vergangene Kindergeburtstage und Weihnachtsfeste.

In den Jahren, als ich im Pazifik segelte, hielt ich mich auch eine Zeit lang in Neuseeland und Australien auf. Ich lernte meinen Vater besser kennen, und es entwickelte sich eine gewisse Bindung zwischen uns. Ich besprach meine Pläne mit ihm, und er teilte jedes Mal sofort meine Begeisterung. Seine Einwände erschienen mir stets sinnvoll, weil es sich meist um Bedenken handelte, die ich zwar teilte, mir jedoch noch nicht eingestanden hatte. Ich würde nicht behaupten, dass wir uns besonders nahe standen, aber wir verstanden uns.

Ich erinnere mich noch genau, als ich ihn 1997 in London zum letzten Mal sah. Ich begleitete ihn zum King's Cross, wo er bis zu seiner Weiterreise nach Australien in einem heruntergekommenen Hotel wohnte. Er schüttelte mir die Hand und wünschte mir Glück. Er starb noch im selben Jahr und verschwand ebenso still und leise aus meinem Leben, wie er in mein Leben getreten war. Sein größter Wunsch war, dass eines seiner drei Kinder selbst Nachwuchs bekommen würde, »um die Angus-Gene weiterzugeben«.

Bis jetzt ist sein Wunsch noch nicht in Erfüllung gegangen, und was mich betrifft, bin ich mir nicht sicher, ob er es jemals tun wird. Ich frage mich, ob ich ihm gegenüber anders empfunden hätte, wenn ich ihn in all den Jahren, in denen er nicht da war, in meiner Nähe gehabt hätte. Ich glaube nicht, dass ich in irgendeiner Weise Groll hege, aber er hätte mich zumindest umarmen können, als wir uns verabschiedeten, und ich hätte ihn umarmen können. Wir waren zwei Schiffe, die auf derselben Route verkehrten und nachts aneinander vorüberfuhren.

Der Regenwald war gleich bleibend lückenlos, dicht und unheilschwanger. Der Lärm, der aus seinen dunkelgrünen Tiefen drang, war lauter denn je zuvor – ein lebendiger Lärm, der in keiner Weise mit dem nichts sagenden Lärm in lebloser Luft zu vergleichen war. Tausende von Geräuschen verschmolzen miteinander. Hier gab es mehr Leben pro Quadratmeter als irgendwo sonst auf der Erde: Zikaden, Papageien, Sittiche, Affen, Insekten, Kolibris, Räuber und Beutetiere – sie alle betonten ihre einsilbige Existenz mit einem undifferenzierten Schrei. Er ertönte aus allen Richtungen gleichzeitig, von überall und nirgendwo, von nah und fern.

Wir fanden eine feuchte Sandbank, die sich zum Campieren eignete. Kurze Zeit nachdem wir ein Feuer entzündet hatten, tauchten mehrere bewaffnete, finster dreinblickende Indianer aus dem Dschungel auf und beäugten uns argwöhnisch. Es ist seltsam, wie Respekt einflößend Gewehre in den Händen von Menschen wirken, die nichts zu verlieren haben.

»*Hola!*«, sagte ich und winkte.

»*Hola*«, knurrte einer von ihnen.

Sie standen am Rand des flackernden Feuerscheins – das orangefarbene Licht tanzte auf dunklen Gesichtern mittleren Alters. Dann setzten sie sich hin und starrten uns an, während wir kochten.

»Wo wohnt ihr?«, fragte Ben.

»Im Dschungel«, erwiderte ein muskulöser Mann mit heiserer Stimme. »Wir leben im Verborgenen.«

»Wozu habt ihr die Gewehre?«, erkundigte ich mich.

»Zum Schutz«, entgegnete derselbe Mann.

»Zum Schutz wovor? Vor dem Sendero Luminoso?«

»*Sí.*«

»Und woher bekommt ihr eure Gewehre?«, fragte ich. Für Menschen, die im Wald lebten und sich von ihm ernährten, schienen Waffen eine extravagante Anschaffung zu sein.

»Wir bekommen sie von der Armee, damit wir uns verteidigen können.«

»Aber der Sendero Luminoso ist doch nicht mehr so schlimm wie früher, oder?«, erkundigte sich Ben hoffnungsvoll.

Der mutmaßliche Sprecher schüttelte den Kopf.

Ich füllte drei Teller mit Kartoffelpüree. Normalerweise teilten wir unser Essen mit anderen, aber diesmal waren es zu viele, und ihr einschüchterndes Auftreten hielt mich davon ab, ihnen vorzuschlagen, sich zu uns zu setzen.

Ein kleingewachsener Mann mit einfältigem Gesichtsausdruck fragte: »Wollt ihr das alles essen?«

Ich nickte.

Er streichelte den hölzernen Schaft seines Gewehrs. »Können wir auch etwas davon haben?«

Ich löffelte die Hälfte des Kartoffelpürees von jedem Teller zurück in den Topf und reichte ihn ihm. Er schlang eine Portion hinunter und gab den Topf dem nächsten Mann, der dasselbe tat. Das Kartoffelpüree verschwand binnen Sekunden. Die Männer sahen mürrisch zu, wie wir unseren Anteil aßen.

»Ich denke nicht daran, unsere kleine Dose mit Pulverkaffee herauszuholen«, sagte Ben auf Englisch. »Wenn wir all den Typen Kaffee geben, ist sie noch heute Abend leer.«

Ich nickte.

Wir unterhielten uns leise miteinander, während unsere wortkargen Gäste am Rand des Feuerscheins ausharrten. Vor dem Hintergrund des Dschungels waren nur ihre Silhouetten auszumachen. Gegen neun Uhr stand ich auf und ging zum Zelt. Ben erhob sich ebenfalls.

»Können wir uns eure Taschenlampe ausleihen?«, fragte eine Stimme aus der Dunkelheit. »Es ist finster, und wir finden damit leichter nach Hause.«

»Nein«, sagte Ben. »Ich möchte noch lesen.«

»Es ist dunkel, Señor, und es wird schwierig für uns, den Weg zu finden.«

Für einen Mann seiner Größe verlor Ben nicht oft die Geduld, aber manchmal war er kurz davor. »Wenn ihr ohne Lampe nicht nach Hause findet«, sagte er und wurde mit jedem Wort lauter, »warum seid ihr dann geblieben, bis es dunkel wurde, verdammt noch mal?«

Seine Stimme hallte im Wald wider, und als sie verklungen war, waren die Männer verschwunden.

»Wir sollten zusehen, dass wir von hier verschwinden, ehe es hell wird«, sagte ich.

»Ja«, stimmte Scott zu.

55. Tag: 6. November 1999

Als ich gegen sechs Uhr morgens aufwachte und zum Zelt hinauslugte, saßen die Männer um das erloschene Feuer.

»Diesmal lassen wir uns nicht einschüchtern«, flüsterte Ben.

Wir ließen uns nicht einschüchtern.

Wir aßen unsere Haferkuchen, während den Einheimischen das Wasser im Mund zusammenlief. Es machte allerdings nicht den Eindruck, als hätten sie in letzter Zeit nichts zwischen die Zähne bekommen. Wären sie dem Verhungern nahe gewesen, hätte ich vermutlich ein schlechtes Gewissen gehabt, aber so war ich nur sauer, dass sie uns das Frühstück vermiesten.

Ben gab ihnen eine Tüte Bonbons, um sie abzulenken. Sie schlangen sie ohne ein einziges *gracias* in sich hinein. Anschließend stießen wir uns so schnell wie möglich in den Fluss ab, ohne dabei den Eindruck zu erwecken, dass wir flohen.

Wir kamen zügig voran, und der Tag wurde zu einer wahren Freude: Die Sonne schien, der Regenwald zog an uns vorüber, und der Fluss war gutmütig wie der Mississippi. Scott und ich spielten eine hart umkämpfte, taktische Partie Schach. Wir drei veranstalteten unsere eigene Amazonas-Schachmeisterschaft, die wir leidenschaftlich ausfochten. Die Energie, die Ben und Scott in jede Partie investierten, zeigte mir, dass jeder Sieg zählte. Gerade als ich dachte, Scott in der Zange zu haben, wurde mir bewusst, dass ich in Zeitschwierigkeiten war. Das Ende von Bens Ruderschicht nahte, und ich musste ihn ablösen. Wenn das Spiel bis dahin nicht beendet war, würde das Ergebnis im laufenden Wettkampf nicht gewertet werden.

»Hey, seht euch mal die Typen an«, sagte Ben leise und unterbrach unser Spiel. Er klang beunruhigt.

Ich folgte seinem Blick. Eine Bewegung am Ufer erregte meine Aufmerksamkeit. Das strohgedeckte Haus war beinahe unsichtbar. Ich hätte es glatt übersehen, hätte nicht ein halbes Dutzend Männer daneben gestanden, die lebhaft auf uns deuteten. Sie forderten uns mit Gesten auf, ans Ufer zu kommen.

Ben ruderte schneller.

Die Männer fingen an, auf Spanisch zu rufen. Wir verstanden nicht genau, was sie sagten, konnten es uns aber vorstellen. Zwei von ihnen trugen Gewehre.

»Rudere weiter!«, rief ich Ben zu. »Die haben's auf uns abgesehen.«

»Ja«, sagte Scott mit bebender Stimme, »und tu einfach so, als würdest du sie nicht verstehen.«

Ben zog kräftiger an den Rudern und richtete das Boot stromabwärts aus. Ich drehte mich zu den Männern um, schrie »*Hola*« und gab mir Mühe, ein möglichst dümmliches Gesicht aufzusetzen.

»Meint ihr, wir sollten ihnen zuwinken?«, fragte Ben.

»Schneller«, krächzte Scott. »Schneller.«

Als die Männer sahen, dass wir uns entfernten, wurden sie immer aufgeregter. Ihr Schreien wurde zunehmend aggressiver. Ich hörte eine einzelne dominante Stimme brüllen: »Stopp! Stopp!«

Die zwei bewaffneten Männer hoben ihre Gewehre und zielten auf uns.

»Verdammte Scheiße! Die werden jeden Moment…«

Scotts Stimme wurde von der Feuersalve verschluckt.

Ich sah die Gewehrläufe zucken und hörte das Knallen. Eine panische Angst, wie ich sie noch nie zuvor empfunden hatte, durchflutete meinen Körper. Ich glaubte, dem sicheren Tod ins Auge zu sehen. In einer reflexartigen Bewegung glitt ich über die dem Ufer abgewandte Seite des Schlauchboots, um mich aus der unmittelbaren Schusslinie zu bringen. Mein linker Arm und mein linkes Bein hingen über dem Seitenwulst, während sich die andere Hälfte meines Körpers im Wasser befand.

Scott hechtete in die Mitte des Boots und warf sich zu Boden. Ben zerrte wie ein Irrer an den Rudern. Doch die plötzliche Gewichtsverlagerung brachte ihn aus dem Rhythmus, und das linke Ruder traf mich bei jedem Schlag am Kopf.

Dann hörte ich eine zweite Gewehrsalve. Ben ruderte weiter, ich krallte mich seitlich am Boot fest, und Scott blieb flach wie ein Pfannkuchen liegen. Nach fünf oder zehn Minuten, die mir vorkamen wie eine Ewigkeit, sagte Ben: »Okay, wir sind um die Kurve.« Scott und ich nahmen wieder unsere Sitzposition ein.

»Scheiße, Scheiße, Scheiße«, fluchte Ben, und seine Knie zitterten wie verrückt.

Ich hätte mich übergeben können. Mein Herz schlug wie ein Presslufthammer, und meine Beine bebten im Takt. Im Vergleich dazu war das Wildwasser ein Pappenstiel gewesen. »Hoffentlich haben sie kein Boot«, stammelte ich.

»Außer einem halb versunkenen Kanu habe ich nichts gesehen«, flüsterte Ben.

Der Dschungel blieb unserer Notlage gegenüber völlig gleichgültig und kreischte und heulte, als freute er sich über das Ende unserer Überheblichkeit. Bislang hatten wir die Warnungen der Schwarzmaler für unsere Angst verantwortlich gemacht. Jetzt war die Gefahr greifbar.

Wir projizierten die Paranoia in unseren Köpfen auf die Natur, und unsere Phantasie ging mit uns durch. Ich sah Martin Sheen aus dem Wasser auftauchen, das Gesicht mit grotesker Tarnbemalung beschmiert und die Augen in mörderischer Absicht weit aufgerissen. Das Böse war überall und nirgendwo, mit gezogener Waffe, bereit, uns niederzumähen.

Ich tauschte den Platz mit Ben und ruderte und ruderte und ruderte. Ich wollte den Abstand zwischen uns und unseren Angreifern so schnell wie möglich vergrößern. Wir kamen beachtlich schnell voran, und die körperliche Anstrengung beruhigte meine zitternden Muskeln. Nach einer Weile gewann ich meine Fassung zurück. Ich hatte noch niemals solche Furcht empfunden, nicht einmal in der Wüste. Mir wurde klar, dass es sich in der Wüste im Grunde gar nicht um Furcht gehandelt hatte – es hatte eher etwas mit Einsicht zu tun gehabt. Ich hatte dem Tod ins Auge gesehen, weil ich einen Fehler begangen hatte. Die Situation schrie zum Himmel, aber zumindest war sie begreiflich. In diesem Fall war sie es nicht.

»Glaubt ihr, die wollten uns umlegen?«, murmelte Scott.

»Schwer zu sagen«, erwiderte ich. »Man möchte meinen, sie wären in der Lage gewesen, das Schlauchboot zu treffen.«

»Vielleicht«, sagte Ben.

»Die Gewehre haben auf uns gezeigt, als sie schossen«, sagte ich. »Vielleicht haben sie ja über unsere Köpfe gezielt – aber es hat nicht danach ausgesehen.«

»Wenn sie uns Angst einjagen wollten, ist ihnen das auf jeden Fall gut gelungen«, meinte Ben. »Ich werde für den Rest meines Lebens Albträume wegen dieser beiden Schüsse haben. Hat sich jemand in die Hosen geschissen?«

Wir lachten.

Während der nächsten Stunde setzten wir unsere Fahrt wortlos fort und hielten besorgt Ausschau, ob wir auf dem Wasser oder am Ufer verfolgt wurden. Wir versuchten, in der Mitte des Flusses zu bleiben, damit uns niemand vom Ufer aus überraschen konnte.

Als am rechten Flussufer eine kleine Ansammlung Häuser auftauchte, steuerte ich ganz nach links, um auf Nummer sicher zu gehen. Ich wurde meine Angst einfach nicht los. Am Ufer erschienen kleine Gestalten. Ich hörte die Leute schreien, verstand aber nicht, was sie sagten, weil sie zu weit weg waren.

Ich ruderte weiter.

Wieder ertönte das Krachen von Gewehrschüssen. Dieses Mal kam es jedoch aus größerer Entfernung und von hinten. Ich konnte nicht sehen, wer feuerte. Es war mir auch egal. Ich ruderte einfach weiter.

»Ich hasse das!«, sagte ich und versuchte immer mehr Geschwindigkeit aus den Rudern herauszuholen. Als ich über die Schulter blickte, sah ich, dass am Ufer einiger Aufruhr herrschte. Scheiße. Die Männer hasteten zu zwei Barkassen, die aussahen, als wären sie motorisiert.

»Warum lassen sie uns nicht in Ruhe?!«, schrie ich.

Scott und Ben beobachteten, wie immer mehr Männer aus den Häusern stürzten und in die Boote kletterten. Ich zerrte an den Rudern und versuchte, den Abstand zwischen uns mit Hilfe der Strömung zu vergrößern.

»Lieber Gott, bitte mach, dass die Boote keine Motoren haben«, sagte Scott.

Im nächsten Augenblick erreichte uns ein ohrenbetäubender Lärm, als die Außenborder zum Leben erwachten.

»Nein!«, brüllte ich.

Ich sah das erste Boot mit sieben oder acht bewaffneten Männern an Bord und einem fächerförmigen Strudel im Kielwasser auf uns zurasen. Die Sonne hing gelb am bilderbuchblauen Himmel, der Wald schimmerte in einer Million Grüntönen, und der Fluss sah aus wie Zuckersirup. Das konnte einfach nicht wahr sein. Es schien, als habe sich die Zeit verlangsamt. Ich zog an den Rudern.

Die erste Salve kam völlig überraschend. Im Gegensatz zum vorigen Gewehrfeuer ging den Schüssen diesmal keine scharfe Explosion voraus. Stattdessen hörte ich nur ein Prasseln wie von Feuerwerkskörpern oder von Popkorn, das in heißes Öl fällt. Ich brauchte einen Moment, um zu verstehen, woran das lag: Die Schützen verwendeten keine alten Karabiner, sondern halbautomatische Gewehre.

Eine weitere Salve auf die Breitseite gab uns den Rest. Ich tauchte in den Fluss, und Ben und Scott hechteten gleichzeitig über den Seitenwulst des Boots. Wir klammerten uns am Schlauchboot fest und hielten es zwischen uns und das nahende Schnellboot.

Der Beschuss dauerte an.

Ich ging davon aus, dass sie über das Boot hinwegschossen, da es noch nicht geplatzt war. Doch das war der einzige klare Gedanke, den ich fassen konnte. Wir duckten uns alle drei in panischer Angst hinter dem Schlauchboot, als die Barkasse auf unsere Seite gefahren kam.

Wir hielten, so gut es ging, die Hände hoch, während wir mit den Beinen im Wasser strampelten. Ein halbes Dutzend Soldaten richtete die Waffen auf uns. Ich sah jetzt, dass sie die Abzeichen der peruanischen Armee trugen – und damit zu den Guten gehörten, so hoffte ich.

»Schwimmt ans Ufer!«, forderte uns der befehlshabende Offizier auf.

Wir schwammen auf das Feldlager zu, um das wir zuvor einen großen Bogen gemacht hatten. Die Soldaten hielten das Schlauchboot fest und zogen es hinter sich her.

Als wir am Ufer angekommen waren, wurden wir von dem Kommandanten befragt. Was hatten wir auf diesem Flussabschnitt zu suchen? Er hielt uns für Mitglieder des Leuchtenden Pfads. Unser mit Stämmen, Rohren, Lianen und blauem Plastik verziertes Boot sah tatsächlich verdächtig aus.

Nachdem wir ihm unser Vorhaben erklärt hatten, beruhigte er sich. Sie hatten nicht auf uns geschossen, um uns zu töten, versicherte er uns.

»Sind flussaufwärts noch mehr von Ihren Männern?«, erkundigte sich Ben.

Der Kommandant sah ihn verdutzt an.

»Wir wurden etwa zehn Kilometer flussaufwärts von mehreren Männern unter Beschuss genommen.«

Der Offizier schüttelte den Kopf. »Das waren nicht unsere Soldaten. Wie sahen sie denn aus?«

Wir waren nicht nahe genug herangekommen, um einen genauen Blick auf sie werfen zu können.

Der Kommandant saugte die Wangen ein und fragte: »War der Anführer auffallend hager?«

Auch das hatten wir nicht erkennen können.

»Sie gehören wahrscheinlich zum Sendero Luminoso«, vermutete er. »Vielleicht handelt es sich sogar um die Bande, der wir seit einigen Monaten auf den Fersen sind.«

»Macht nichts«, fügte er hinzu und war mit einem Mal wie verwandelt. Er wollte unbedingt mehr über unser Abenteuer erfahren und bot an, uns zu helfen, sofern er konnte. Den Zwischenfall auf dem Fluss fand er nicht weiter tragisch. Nicht der Rede wert.

»Ihr könnt hier unter dem Schutz meiner Männer übernachten«, teilte er uns wohlwollend mit. »Ihr solltet nicht allein im Dschungel campieren.«

Die meisten Soldaten sahen aus, als seien sie nicht älter als 15 Jahre. Sie waren unterschiedlich gekleidet, und manche trugen farbenfrohe Halstücher – wie die Mitglieder einer Straßengang in Los Angeles. Sie erinnerten eher an Banditen oder Söldner als an rechtschaffene Militärangehörige. Nicht zu denken, dass diese Kinder mit halbautomatischen Gewehren über unsere Köpfe hinweg geschossen hatten!

Wir machten das Schlauchboot unmittelbar unterhalb der Baracken an der sumpfigen Uferböschung fest. Alle Häuser bestanden aus Bambusrohr und waren mit Palmblättern gedeckt. Durch die Fensteröffnungen wehte die warme tropische Brise. Mehrere Pferche mit Schweinen und Kühen sorgten für das leibliche Wohl der Soldaten. Außerhalb der Umzäunung befanden sich Bunker, damit der Stützpunkt gegen Übergriffe von Land verteidigt werden konnte.

Am höchsten Punkt des Geländes stand ein achteckiges Gebäude, durch dessen Fenster man einen 360-Grad-Ausblick auf den Dschungel hatte. Von hier aus war unser Schlauchboot oder jedes andere Wasserfahrzeug zu sehen, das stromabwärts unterwegs war. In dem Gebäude wurden wir erneut befragt, diesmal von einem blassen Mann, der angab, für das Feldlager verantwortlich zu sein. Er stellte uns zahlreiche Fragen: Welche Nationalitäten hatten wir? Was hatten wir auf dem Fluss zu suchen? Wohin waren wir unterwegs? Er wurde nicht lockerer, und er lächelte auch nicht. Ich fühlte mich nicht wohl in meiner Haut. Wenn einer von uns etwas sagte, ohne gefragt worden zu sein, warf er dem Betreffenden einen eisigen Blick zu.

»Ihr habt also vor, noch weiter flussabwärts zu fahren«, stellte er resigniert fest. »In dieser Gegend wimmelt es von Rebellen. Wir haben viele gute Männer verloren. Glaubt ihr etwa, dass sie euch ihr Territorium ungehindert durchqueren lassen?«

Ich wusste nicht, was ich denken sollte. Ich wusste nur, dass ich für den Rest meines Lebens keinen Gewehrschuss mehr hören wollte – und dieser Mann behauptete, dass uns das Schlimmste noch bevorstand.

»Was denken Sie?«, fragte ihn Ben. »Wir wissen nicht, was wir zu erwarten haben.«

Der Offizier zuckte mit den Achseln. »Entweder ihr schafft es, oder …« Er fuhr sich mit dem Zeigefinger quer über die Kehle.

Damit war unser Gespräch beendet. Er erhob sich und deutete nach draußen auf den Paradeplatz. »Ihr könnt euer Zelt dort aufstellen.«

56. Tag: 7. November 1999

Wir verließen den Militärstützpunkt eine Stunde vor Sonnenaufgang. Die Soldaten warnten uns davor, bei Nacht zu fahren. Es sei die gefährlichste Zeit, sagten sie, da die Rebellen vor allem im Schutz der Dunkelheit tätig waren.

Wir schliefen unruhig und hatten ein ungutes Gefühl, als wir uns in den Fluss abstießen. Ein granatroter Streifen über dem östlichen Horizont war der einzige Vorbote der nahenden Morgendämmerung. Wir hatten gehofft, dass uns die Soldaten anbieten würden, uns zu eskortieren, doch das taten sie nicht – und wir baten sie auch nicht darum.

Ben und Scott sahen erschöpfter und mitgenommener aus, als ich sie je gesehen hatte. Sie saßen da und spähten in die Dunkelheit. Weiß Gott, welche bösen Geister sie dort erwarteten. Ich selbst sah vermutlich keinen Deut besser aus, doch das Rudern ermöglichte mir, einen großen Teil meiner Angst durch körperliche Anstrengung abzubauen.

Die Ruder gaben mittlerweile bei jedem Schlag einen langen, lauten Quietschton von sich. Während der Regenwald wieder Farbe annahm und die Stunden vergingen, bewegten wir uns quietschend flussabwärts. Es gelang mir nicht, mich zu entspannen. Mit jeder Stunde, die ohne Zwischenfall verstrich, steigerte sich die Spannung noch. Das Tageslicht hatte die Schatten vom Fluss verbannt, jedoch nicht aus meinen Gedanken. Hinter jeder Kurve rechnete ich damit, auf jemanden zu stoßen, der mit einem Gewehr bewaffnet war.

Um zwei Uhr kamen wir zu einem weiteren Militärkontrollpunkt. Wir waren über dieses Lager informiert worden, und die dort stationierten Soldaten erwarteten uns ebenfalls, da sie über Funk mit ihren Kameraden flussaufwärts gesprochen hatten. Wir machten nur für ein paar Minuten dort Halt, gerade lange genug, um mit einer Hand voll Soldaten Höflichkeiten auszutauschen.

Als wir weiterfuhren, gingen mir wieder morbide Gedanken durch den Kopf. Vor meiner Abreise aus Kanada hatte ich von mehreren Abenteurern gelesen, die beim Erkunden der ruhigen Gewässer des unteren Amazonas ums Leben gekommen waren. 1989 wurden zwei Amerikaner von Indianern angegriffen – einer wurde dabei getötet, der andere schwer verletzt. Drei weitere Reisende – zwei Franzosen und ein Peruaner – wurden zwei Jahre später ermordet. 1997 raubte ein offensichtlich korrupter Armeeoffizier eine Gruppe japanischer Abenteurer aus und ließ sie anschließend hinrichten.

In Verbindung mit dem, was wir selbst erlebt hatten, ließen mir diese Geschichten das Blut in den Adern gefrieren. Ich musste an meine Abschiedsparty denken und an den Telefonanruf, den ich von einem Peruaner bekommen hatte. Er hatte einen Artikel über unsere geplante Expedition gelesen und mich ausfindig gemacht. »Seien Sie vorsichtig«, warnte er mich. »Ich lebe inzwischen in Kanada und liebe dieses Land. Hier kann man sich überall in Sicherheit fühlen, und niemand nimmt jemand anderem für ein Paar Joggingschuhe das Leben. Aber in Peru ist das anders.« Damals hatte ich die Warnung mit einem Scherz und einem Lachen abgetan. Jetzt hielt ich den Mann für einen Propheten des Schicksals.

Die Stunden verstrichen, und nichts geschah. Die Ruder quietschten, die Vegetation war weiterhin dicht und üppig, und niemand schoss auf uns. Die Soldaten hatten uns gesagt, dass wir irgendwann einen dritten Militärkontrollpunkt erreichen würden, der das Ende des gesetzlosen Gebiets markierte. Bis wir in der 400 Kilometer entfernten Stadt Atalaya ankämen, wäre die Gefahr allerdings noch nicht vollständig vorüber.

Gegen vier Uhr erreichten wir den dritten Kontrollpunkt. Der Kommandant kam zum Fluss, um uns zu begrüßen, und befahl einer Gruppe junger Rekruten, unser Boot zu bewachen. Die Soldaten, bei denen es sich überwiegend um Mestizen handelte, stammten aus allen möglichen Gegenden Perus. Ihre Gesichter und ihre moderne Kleidung bildeten einen krassen Gegensatz zu den einheimischen Indianern, die in der Nähe der Baracken saßen oder herumschlenderten. Mit ihren bemalten Gesichtern, Pfeil und Bogen über der Schulter und Kleidung aus geklopfter Baumrinde und Tierhäuten sahen sie aus, als stammten sie aus einer anderen Epoche.

Die Armee hatte oben auf einem Hügel einen Fußballplatz gebaut, auf dem die Soldaten gerade ein improvisiertes Match gegen ein indianisches Team austrugen. Die Art und Weise, wie beide Mannschaften mit dem Ball umgingen, war beeindruckend. Wir sahen eine Zeit lang zu, und die Indianer schossen ein wunderbares Tor. Das Spiel ließ uns kurzzeitig unsere Beklommenheit vergessen, ehe wir uns auf den Rückweg zum Boot machten.

Fünf Minuten nachdem wir losgefahren waren, griff ich nach meinem Messer, das normalerweise in einem der Balsastämme steckte. Es war verschwunden. Als ich in Panik nach der digitalen Videokamera sah, stellte ich fest, dass die Trockentasche offen stand. Die gepolsterte Tasche war da, aber die Kamera war fort.

»Hast du die Videokamera woanders hingeräumt?«, fragte ich Scott.

Er schüttelte den Kopf.

»Sie wurde gestohlen. Ben, halt das Boot an!«

Ben ruderte das Schlauchboot zum Ufer. Wir mussten wieder zurück. Ich hatte das schreckliche Gefühl in der Magengegend, dass ich die Kamera nie wiedersehen würde. So viel zu dem Dokumentarfilm, den wir produzieren wollten.

Ben und ich marschierten am Flussufer entlang zu den Baracken zurück und trafen den Kommandanten am Aussichtspunkt an. »Meine Videokamera«, sagte ich, »meine Kamera wurde gestohlen.« Sie sagten doch, Ihre Männer würden unser Boot bewachen.«

Der Kommandant sah mich mitfühlend an: Was konnte er tun?

»Ich weiß nicht, wer die Kamera gestohlen hat«, sagte ich. »Es könnte einer von den Jungs gewesen sein, die das Boot bewacht haben, oder sie haben kurz nicht aufgepasst, und irgendjemand hat die Situation ausgenutzt.«

Er rief die Rekruten zu sich, die das Schlauchboot beaufsichtigt hatten, und verhörte sie auf Spanisch. Er sprach schnell, und ich verstand nur wenig von dem, was gesagt wurde.

Dann wandte sich der Kommandant an uns: »Meine Männer haben meinen Befehl missachtet und sich das Fußballspiel angesehen. Vermutlich hat irgendjemand aus dem Ort Ihre Kamera gestohlen. Ich werde sehen, ob wir sie finden können. Warten Sie hier.«

Wir warteten fast eine Stunde. Schließlich kamen mehrere Soldaten den Hügel herauf, und ich konnte erkennen, dass sie etwas bei sich trugen. Als sie sich näherten, sah ich, dass es sich um meine Kamera handelte.

»Wir haben Ihre Kamera gefunden«, sagte der Kommandant und reichte mir das Sony-Gerät.

Er gab keine Erklärung ab, und ich fragte nicht weiter nach. Ich war einfach froh, mein Baby wiederzuhaben.

Wir kehrten zum Schlauchboot zurück und fuhren noch ein kurzes Stück flussabwärts, ehe wir unser Lager aufschlugen. Unsere Angst war beinahe greifbar. Wir fürchteten uns vor dem, was im Dschungel lauerte, und vor dem, was auf dem Fluss unterwegs war. Wir bemühten uns, so unauffällig wie möglich zu sein, und zogen das leuchtend rote Schlauchboot ans Ufer, wo wir es im Bambus-Dickicht versteckten.

Unsere Zelte tarnten wir ebenfalls mit Zweigen. Wir kochten vor Einbruch der Dämmerung, damit das kleine Feuer wieder verloschen war, ehe sein Schein unsere Anwesenheit verriet. Da Geräusche über dem Wasser unendlich weit zu hören sind, unterhielten wir uns nur flüsternd.

Ohne Feuer rückten die Insekten in Scharen an – Moskitos, Kakerlaken, Stechmücken, Sandfliegen, Motten, Ameisen, Spinnen, Bienen, Zecken, Sandflöhe, Wespen und tausende Arten Käfer. Sie summten und surrten vor unseren Augen hin und her und bissen uns in die Füße. Wir legten uns um sieben Uhr schlafen, doch die Nacht war nicht erholsam. Die Insekten knabberten an uns, und wir wurden von vagen Ängsten geplagt, wie sie auch Kinder in ihren Träumen heimsuchen.

57. Tag: 8. November 1999

Beim ersten Tageslicht machten wir uns auf den Weg. Um zehn Uhr erspähten wir zwei Männer, die in einem vier Meter langen Kanu saßen und fischten. Sie waren unbewaffnet, und wir beschlossen, uns zu nähern.

»*Hola*«, rief ich ihnen zu.

Sie starrten uns an. Derjenige von beiden, der mit einem halben Kürbis Wasser aus dem Boot schöpfte, hielt inne. Ich entdeckte nicht einmal einen Schimmer von Erkennen in seinen Augen. Beide Männer waren bis auf ihre zerfetzten Sportshorts nackt.

»Wie weit ist es nach Atalaya?«, erkundigte sich Ben.

Der Mann schüttelte den Kopf und fuhr fort, das Boot mit kurzen, schnellen Bewegungen auszuschöpfen. Sein Begleiter drehte das Kanu in unsere Richtung. Als die beiden Boote Seite an Seite lagen, warf er dem Mann, der Wasser geschöpft hatte, das Paddel zu und griff nach unserer Bugleine. Die beiden Männer zogen uns langsam in Richtung Ufer.

Wir sahen uns verwirrt an. »Wohin bringt ihr uns?«, fragte ich.

Keiner der beiden Indianer gab eine Antwort.

Da sie nur zu zweit waren und zudem in einem wackeligen Boot saßen, hätten wir sie zu dritt überwältigen können. Scott und Ben zuckten mit den Achseln. »Warten wir ab, was sie vorhaben«, sagte Ben.

Am Ufer tauchte ein ärmliches Dorf auf. Männer und Frauen, die Bananen trugen, blieben stehen, andere legten Angelruten beiseite oder hielten beim Decken von Dächern inne und widmeten uns ihre Aufmerksamkeit.

Die beiden Indianer zogen uns neben einer Reihe Kanus an Land. Sie waren an Bambusstangen festgebunden, die im Schlamm steckten. Der Dorfparkplatz.

Eine Menschenmenge versammelte sich. Die meisten Dorfbewohner waren mit Gewehren bewaffnet, die übrigen trugen Macheten oder Pfeil und Bogen.

»Was habt ihr mit uns vor?«, erkundigte sich Ben.

»Wir warten auf den Chief«, erwiderte ein einarmiger Mann und fuchtelte dabei mit seiner Machete.

Wir setzten uns wortlos hin und wurden von zwei Dutzend

Einheimischen beobachtet. Manche trugen lange schwarze Mäntel, so genannte *cushmas*, aus Baumwolle oder Kapok. Es war schwer zu beurteilen, worum es sich bei dem glänzenden, aber trotzdem schmuddelig wirkenden Material handelte. Einige trugen nur verblichene Shorts. Die meisten waren barfuß, und alle traten nervös von einem Bein auf das andere und fummelten an ihren Waffen herum, während sie unser Boot und unsere Ausrüstung taxierten.

Nach einigen Minuten teilte sich die Menge, und ein kleiner Mann mit einem riesigen Gewehr tauchte auf.

»Wer seid ihr?«, fragte er.

»Touristen«, entgegnete ich. »Wir wollen den Fluss auf seiner gesamten Länge in unserem Schlauchboot befahren.«

»Arbeitet ihr für den Sendero Luminoso?«, wollte er wissen.

»Nein«, antwortete ich. »Wir möchten friedlich flussabwärts fahren.«

»Aber jeder hat ein Gewehr«, fügte Ben hinzu. »Überall Gewehre, Gewehre, Gewehre. Gewehre sind nicht gut.«

Der Chief, der denselben Topfhaarschnitt trug wie alle anderen, streichelte seine Schusswaffe. »Gewehre schützen uns vor dem Sendero Luminoso.«

Er sprach mit uns, als halte er uns für geistig zurückgeblieben.

»Arbeitet ihr für die amerikanische Regierung?«

»Nein. Wir sind hier, um auf eigene Faust euer wunderschönes Land zu erkunden.«

Der Chief hielt inne. Ein Murmeln ging durch die Menge.

»Habt ihr denn keine Farmen und Familien in eurer Heimat?«, fragte der Chief verwirrt.

»Nein, wir haben keine Familien.«

Der Chief wurde ungeduldig. Seine Befragung führte zu keinem Ergebnis.

»Und ihr steckt sicher nicht mit dem Sendero Luminoso unter einer Decke?«

Wir schüttelten den Kopf.

»Wir müssen eure Taschen durchsuchen«, sagte er.

Ein Mann trat vor und gab uns mit einer Bewegung seines Gewehrlaufs zu verstehen, dass wir aus dem Boot klettern sollten. Wir folgten seiner Aufforderung.

Zwei Männer luden unsere Taschen aus dem Boot und leerten sie eine nach der anderen aus. Das Kamerastativ beunruhigte sie am meisten. Die Männer sprachen miteinander. Einer nahm das Stativ und hielt es wie ein Gewehr. Der andere winkte dem Chief.

»Ist das eine Waffe? Ein Gewehr?«

Ich verneinte und tat so, als fotografierte ich.

»Warum haltet ihr die Kamera nicht in der Hand?«, fragte der Chief.

Ich war nicht imstande, es ihm begreiflich zu machen. Die Männer setzten die Durchsuchung unseres restlichen Gepäcks fort.

»Kann ich eure Erlaubnis sehen, dass ihr den Fluss befahren dürft?«

»Wir haben keine Erlaubnis«, antwortete ich. »Wir haben die Armee danach gefragt, und sie sagten uns, dass man keine Erlaubnis braucht.«

»Ihr braucht eine Erlaubnis«, erwiderte der Chief.

»Wir haben aber keine«, sagte Ben.

»Dann kann ich euch nicht weiterfahren lassen«, sagte der Chief.

»Und was sollen wir dann machen?«, fragte ich und bemühte mich, ruhig zu bleiben.

»Wir behalten euer Boot und euer Gepäck hier, und ihr könnt nach San Francisco zurückgehen und euch die Erlaubnis besorgen.«

»Wie sollen wir denn zurückgehen?«, platzte Ben heraus. »Der Dschungel ist undurchdringlich, es gibt keine Straßen, keine Wege und es sind hunderte von Kilometern!«

Der Chief zuckte mit den Schultern. »Das ist nicht mein Problem.«

Ich hielt Ben zurück.

»Wir brauchen keine Erlaubnis, Chief«, sagte ich. »Jeder, den wir gefragt haben, hat uns gesagt, dass wir keine brauchen. Warum lassen Sie uns nicht gehen? Das kann Ihnen doch völlig egal sein.«

Hinter der Menge tauchte ein weiterer Mann auf und bahnte sich den Weg nach vorn. Er trug lange Baumwollhosen, ein Hemd mit Knöpfen, und sein Haar war ordentlich gekämmt. Er war ganz offensichtlich ein Mestize. Zu unserer Überraschung sprach er Englisch.

»Ich bin Lehrer«, sagte er. »Ich wohne in Atalaya, aber ich arbeite hier als Lehrer. Woher kommt ihr?«

»Ich komme aus Südafrika«, sagte Scott, »und die anderen beiden aus Kanada und Australien.«

Der Lehrer genoss offenbar großen Respekt. Alle standen schweigend da, als er mit uns sprach, sogar der Chief.

»Ich habe in der Schule drei Jahre lang Englisch gelernt«, erklärte der Lehrer. »Und ich suche immer nach einer Gelegenheit, Englisch zu sprechen. Doch die bekomme ich nicht oft.« Er grinste.

»Der Chief will uns nicht weiterfahren lassen, weil wir keine Erlaubnis haben«, sagte ich ihm. »Wir brauchen aber keine Erlaubnis, und selbst wenn wir eine brauchen würden, könnten wir unmöglich durch den Dschungel zurück nach San Francisco marschieren.«

Der Lehrer nickte. »Ihr würdet wahrscheinlich nicht lebend am Leuchtenden Pfad vorbeikommen. Das wäre keine gute Idee.«

»Könnten Sie das dem Chief sagen?«, bat ihn Scott.

Der Lehrer wandte sich an den Chief. Nachdem er ein paar Minuten lang mit ihm gesprochen hatte, drehte er sich wieder zu uns um.

»Der Chief möchte wissen, ob ihr ihm Munition oder Geld als Geschenk geben könnt.«

Wir hatten keines von beiden. Unsere Geldreserven waren fast völlig erschöpft, und die nächste Bank war erst in der Stadt Pucallpa. Munition hatten wir noch nie besessen. Ich schüttelte den Kopf.

Es folgte eine lange Diskussion zwischen dem Chief und dem Lehrer.

»Wir könnten ihm einige Kleidungsstücke schenken«, bot ich an.

Der Chief schüttelte den Kopf. Er hatte kein Interesse an unseren schimmligen Klamotten.

»Der Chief erlaubt euch weiterzufahren«, sagte der Lehrer plötzlich.

Wir dankten ihm für seine Hilfe, warfen unsere Taschen zurück ins Schlauchboot und ruderten los, ehe er es sich noch einmal anders überlegte. Wir hatten zwei stressige Stunden hinter uns, und ich fragte mich, wie die Sache ohne die Hilfe des Lehrers ausgegangen wäre.

Das feuchtheiße Wetter ließ einen Dunstschleier entstehen, der schwer auf dem Regenwald und dem Fluss ruhte und Wasser und Himmel miteinander verschmelzen ließ. Scott war mit dem Rudern an der Reihe, und seine kräftigen Züge wühlten das Wasser auf. Man hatte uns erzählt, dass Atalaya das Ende der Guerilla-Hochburg und das Ende der Gewehre markierte. Ich zweifelte daran, ob das tatsächlich stimmte. Da im Dschungel offenbar jeder ein Gewehr besaß, schien es unwahrscheinlich, dass sie mit einem Mal völlig verschwinden würden.

Nach unserer langen Nervenprobe mit dem Dorfchief mieden wir die Menschen auf dem Fluss und hielten uns von den winzigen Ansiedlungen fern, die wir gelegentlich in Lichtungen im Regenwald erblickten. Mehrere Male versammelten sich Männer am Ufer und winkten uns zu sich. Wir ruderten weiter.

Am Nachmittag zogen schwarze Wolken heran, die einen kalten, stechenden Regen und ein Gewitter brachten. Die Temperatur sank rapide, und wir waren bald durchnässt und durchgefroren. Scott und ich kauerten uns unter der blauen Plastikplane zusammen, um Körperwärme zu speichern. Ich rollte mich eng zusammen und wartete, dass die Zeit verstrich. Etwa eine Stunde vor

Einbruch der Dunkelheit landete Ben das Schlauchboot auf einer Sandbank.

Wir stellten die beiden Zelte nebeneinander auf und legten die Plane über sie, sodass eine kleine überdachte Fläche entstand. Dann bereiteten wir eine Mahlzeit aus chinesischen Nudeln, Thunfisch und Kartoffeln zum Abendessen zu.

58. Tag: 9. November 1999

Als ich am folgenden Morgen aus dem Zelt kroch, stellte ich fest, dass wir von Indianern umzingelt waren, die ein kleines Waffenarsenal bei sich trugen. Sie hatten bereits seit einiger Zeit im strömenden Regen gestanden und waren tropfnass. Ihr schwarzes Haar hing ihnen ins Gesicht und ließ sie aussehen wie ertrunkene Ratten.

»*Hola*«, sagte ich.

»*Hola*«, erwiderte derjenige, der mir am nächsten stand.

Nachdem wir uns ein wenig unterhalten hatten, ließ die Spannung nach. Wir hatten die Männer ebenso beunruhigt wie sie uns. Im Gegensatz zu den Indianern flussaufwärts wollten sie uns nicht aufhalten. Sie wünschten uns Glück und verschwanden im sintflutartigen Regen.

Der Fluss war über Nacht angestiegen, hatte sich mahagonibraun verfärbt und war übersät mit Strudeln und stehenden Wellen. Die schäumenden Wassermassen waren kein Vergleich zu dem, was wir bereits hinter uns hatten, stellten aber mit unserem schwerfälligen Ruderrahmen durchaus eine Herausforderung dar. Da die schweren Sachen außen auf den Bambus-Auslegern befestigt waren, hatte sich der Schwerpunkt des Schlauchboots drastisch verlagert. Da es sich nun wesentlich leichter kippen ließ, mussten wir alle Manöver vorsichtiger ausführen, hatten aber keine größeren Probleme.

Gegen zwei Uhr passierten wir den Zusammenfluss mit dem Mantaro, der wie fast alle anderen Nebenflüsse von Westen in den Apurímac mündet. Wo sich der Mantaro und der Apurímac vereinigen, haben Geografen dem Fluss einen neuen Namen gegeben: Río Ene.

Wir sagten dem Apurímac, der uns inzwischen vertraut war, Lebewohl und setzten unsere Fahrt auf dem Ene fort. Seine Strömung war kräftig und schnell und trug uns rasch in Richtung Atalaya. An einer Stelle schnürten die Felswände den Ene ein und ließen seine Fließgeschwindigkeit auf etwa sechs Knoten ansteigen. Die Wassermassen brodelten und kochten, und wir sahen einige große Strudel, doch nichts, was dem Schlauchboot hätte gefährlich werden können.

Hinter der steilen, mit Regenwald bewachsenen Böschung waren hügelige Wiesen zu sehen, und das Hochland in der Ferne war von einem dunkelgrünen Teppich bedeckt. Wir begegneten fast niemandem auf dem Fluss, und am Abend campierten wir ein weiteres Mal auf einer abgeschiedenen Sandbank.

59. Tag: 10. November 1999

Als wir aufwachten, begrüßten uns strahlender Sonnenschein, wärmere Temperaturen und unberührter Dschungel. Doch das war nur von kurzer Dauer. Der Perene und der Ene vereinigten sich und bildeten den Tambo, einen Fluss von der Größe des Fraser River in British Columbia oder des Columbia River im Staat Washington. Wir wussten, dass es nicht mehr weit bis nach Atalaya war. Am Flussufer tauchten immer mehr Menschen auf, und ihre Gesichter waren nicht mehr finster. Sie winkten uns mit einem breiten Lächeln zu, als sie in ihren Motorbooten an uns vorbeisausten. Nur wenige von ihnen waren bewaffnet. Und dann sahen wir die Stadt.

Atalaya zeigte sein Gesicht in Form von wackeligen Häusern entlang des Flussufers, von denen einige auf Pfählen über der Strömung balancierten. Wir hielten bei einem kleinen schwimmenden Steg an, der am Ufer befestigt war. Dort war ein ganzes Sortiment ortsüblicher Boote festgemacht – Kanus, hölzerne *lanchas* und Schnellboote. Der Hafen von Atalaya ist der letzte, den man vom Atlantik aus erreichen kann, wenn man das Amazonas-Flusssystem stromaufwärts fährt. Motorisierte Schlepper und Lastkähne bewältigen die 6000 Kilometer mit Leichtigkeit. Mit Stromschnellen mussten wir nicht mehr rechnen. Von jetzt an würde die Fahrt ruhig verlaufen – abgesehen vom Wetter und vom Faktor Mensch.

60. bis 64. Tag: 11. bis 15. November 1999

Es gelang uns nicht, irgendwelche Landkarten aufzutreiben, aber alle Leute, mit denen wir sprachen, erzählten uns, dass der Fluss bis zum Atlantik brettflach sei. Zwischen Atalaya und Pucallpa, einer 600 Kilometer flussabwärts gelegenen Stadt mit 200 000 Einwohnern, sagten sie, gebe es einige kleine Dörfer und Ortschaften. Trotzdem beschlossen wir, uns nicht darauf zu verlassen, dass wir dort einkaufen konnten.

Da wir keine Stromschnellen mehr zu befürchten hatten, spielte Gewicht im Grunde genommen keine Rolle. Wir investierten unsere letzten 30 Dollar in bar in Essensvorräte und kauften Kartoffeln, Kohl, Karotten, Rote Bete, Bananen und Orangen. Außerdem ersetzten wir die Bambus-Ruderschäfte, die ständig splitterten und abbrachen, durch Hartholzpflöcke. Das Hartholz war zwar schwerer und weniger biegsam, brach jedoch seltener aufgrund von Materialermüdung. Unser Sonnenzelt wurde weiterentwickelt, und wir warfen das Bambusgerüst fort. An seiner Stelle befestigten wir die beiden langen Stangen unseres Kuppelzelts und banden die Zeltplane daran fest. *Voilà*! Ein stromlinienförmiger Sonnenschutz. Die Zeltplane ließ sich schnell und problemlos entfernen, wenn der Wind auffrischte.

Bestens vorbereitet und mit genügend Proviant ausgerüstet begaben wir uns wieder auf den Fluss. An meinen Händen hatten sich vom Rudern inzwischen dicke, lederartige Schwielen gebildet. So konnte ich unbegrenzt rudern, ohne Schmerzen zu verspüren. Auch der Rest meines Körpers schien sich an die physische Anstrengung gewöhnt zu haben. Gelenk- und Muskelschmerzen gehörten der Vergangenheit an.

Ungefähr fünf Kilometer unterhalb von Atalaya vereinigt sich der Tambo mit dem Urubamba und bildet den Ucayali. Von dort an war der Fluss eine wahre Autobahn. Seine Ufer glichen einer Steppdecke aus kleinen Farmen, Dörfern und Sägewerken. Wir sahen alle möglichen Häuser und Baracken inmitten von Waldflächen, die nach ein- oder sogar zweimaligem Abholzen wieder nachgewachsen waren. Der Verkehr auf dem Fluss nahm zu: Kanus, kleine Motorboote, Lastkähne, Schiffe mit flachem Aluminiumrumpf und Lieferboote. Die Normalität kehrte ein und vertrieb die Angst, die in der »Roten Zone« geherrscht hatte.

Wir waren noch immer tausende Kilometer vom Meer entfernt, doch es zeigten sich bereits erste Anzeichen für das Ende unserer Reise. Die ersten Vorboten waren graue und rosafarbene Delphine. Wir hörten sie nach Luft schnappen, ehe wir den ersten erblickten. Hin und wieder durchbrachen sie die Wasseroberfläche, holten kurz Luft und tauchten wieder ab in die schlammigen Tiefen des Wassers. Sie klangen wie eine Horde Sechstklässler, die Furzgeräusche imitieren.

Die grauen Delphine waren klein und glatt und ähnelten den Meeresdelphinen, die ich gesehen hatte, als ich auf dem Pazifik gesegelt war. Die rosafarbenen waren runzelig und erinnerten an Weißwale. Angeblich sind sie blind – Sehvermögen war in der trüben Suppe, in der sie lebten, ohnehin überflüssig. Wie Fledermäuse verfügen Delphine über Sonarortung, die sie Wissenschaftlern zufolge zur Orientierung und zur Nahrungssuche einsetzen.

Aus demselben Grund hatten auch die meisten Fische auf den örtlichen Märkten Barteln – das Flusswasser besitzt bestenfalls die Farbe von Holzkohle. Süßwasserdelphine sind weltweit nur in einem chinesischen See und in vier Flüssen anzutreffen: im Ganges, im Río de la Plata, im Orinoco und im Amazonas. Den Tieren werden aphrodisische Eigenschaften nachgesagt. In einheimischen Legenden heißt es, dass ein getrocknetes und zerriebenes Delphinauge im Essen Frauen lüstern mache und dass männliche

Delphine imstande seien, wie Zeus ihre Gestalt zu verwandeln, an Land zu gehen und Jungfrauen zu verführen.

Am ersten Abend nach unserem Zwischenstopp in Atalaya fanden wir einen äußerst sumpfigen, flachen Platz zum Campieren. Ben bereitete das Abendessen zu, während Scott und ich versuchten, eine kleine undichte Stelle in unserem Schlauchboot ausfindig zu machen. Es verlor Luft, und wir mussten es alle drei oder vier Stunden aufpumpen. Höchstwahrscheinlich war der Schaden von einem der Dorne verursacht worden, mit denen anscheinend alle einheimischen Pflanzen ausgerüstet waren.

Wir ließen die Luft aus dem Schlauchboot wie aus einem Fahrradreifen, bauten die inneren Luftkammern aus und pumpten sie wieder auf, nachdem wir sie mit Seifenlauge eingerieben hatten. Als wir die undichte Stelle nach einer Stunde noch immer nicht gefunden hatten, gaben wir auf. Wir bauten das Schlauchboot wieder zusammen und pumpten es auf. Bis das Loch gefunden war, mussten wir es wohl oder übel regelmäßig aufpumpen.

Beim Abendessen – es gab Kartoffeln und Bataten mit Tomaten-Zwiebel-Sauce – erregte ein lautes Platschen unsere Aufmerksamkeit. Ben richtete seine Taschenlampe auf den Fluss, und zwei glühend rote Kohlen leuchteten zurück. Ein Kaiman. Ganz in der Nähe glühten zwei weitere Rubine unmittelbar über der Wasseroberfläche.

Wir schliefen unruhig.

Die Stunden verstrichen schnell, als sich das Boot langsam, aber gleichmäßig flussabwärts bewegte – Ruderschlag um Ruderschlag. Der Fluss bahnte sich durch zahllose Kehren, Gabelungen und Schleifen mäandernd seinen Weg durch den Regenwald. Von Zeit zu Zeit fanden wir uns in Irrgärten aus zahllosen Bäumen wieder, in denen sich sogar die Strömung zu verlieren schien. Jede Gabelung war ein Glücksspiel. Ohne Karte waren wir den Flussgöttern auf Gedeih und Verderb ausgeliefert.

Da wir mit einem Mal nicht mehr ausgelastet waren, verbrachten wir zu viel Zeit mit Nachdenken und Psychoanalyse. Inzwischen mussten wir nicht mehr von früh bis spät ums Überleben kämpfen. Es war genau wie in der Menschheitsgeschichte – mit dem Ackerbau und der Freizeit kamen die Philosophie und Neurosen. So fiel mir beispielsweise an Scott auf, dass er unglaublich sprunghaft war. Er schmiedete ständig neue Pläne und setzte sich immer andere Ziele, die er erreichen wollte. Bei manchen handelte es sich um großartige Ideen, doch am nächsten Tag hatte er sie bereits wieder vergessen und sich etwas Neues in den Kopf gesetzt. Das trieb mich in den Wahnsinn.

Wir lernten eine Gruppe Dänen kennen, die mit dem Bau eines großen Boots beschäftigt waren. Sie hatten fünf Jahre in der Hitze des Dschungels gearbeitet, und ihr Boot war eine Augenweide. Sie hatten nur die erlesensten Holzsorten des Regenwalds verwendet und waren noch ungefähr einen Monat vom Stapellauf des Boots entfernt. Ihre Begeisterung über ihr fast vollendetes Projekt war ansteckend. Scott erzählte uns, dass auch er ein großes Boot bauen wolle. Ich bin mit Sicherheit der letzte Mensch auf der Welt, der anderen die Pläne verderben möchte, denn ich bin der Meinung, dass man alles schaffen kann, was man sich in den Kopf gesetzt hat. Scott war durchaus in der Lage, ein großes Boot zu bauen. Alles, was es dazu bedarf, ist Motivation, Ausdauer und Zielstrebigkeit. Doch in Scotts Fall wusste ich, dass dieses Vorhaben bald in Vergessenheit geraten würde. Und so war es.

Bei Ben war es genau umgekehrt – er war ein zu großer Realist. Während der Wildwasseretappe unserer Reise brachten Scott und ich Stunden damit zu, Pläne fürs Flachwasser zu schmieden. Wir zeichneten zahllose Skizzen und Entwürfe, wie wir das Schlauchboot effizienter und wohnlicher gestalten konnten. Ich brachte sogar einen Plan für einen Kajak mit Bambusrahmen und Polyurethan-Verkleidung zu Papier. Ben warf einen Blick auf die Skizze und verdrehte die Augen. Viel zu weit hergeholt, meinte er. Als es so weit war, beteiligte er sich jedoch eifrig an der Umrüstung und aalte sich anschließend im zusätzlichen Komfort, den die Veränderungen mit sich brachten. Allerdings wäre er nie von selbst auf die Idee gekommen. Ich bin fast das genaue Gegenteil. Wenn es absurd klingt, warum nicht? Das ist meine Einstellung. Bens bodenständiger Pragmatismus ging mir manchmal auf die Nerven.

Ich machte mir nicht die Mühe, Ben und Scott zu fragen, was sie von mir hielten, aber ich möchte wetten, dass auch ich während unserer gemeinsamen Zeit einige Dinge tat, die ihnen auf den Wecker fielen. Selbst drei Heilige hätten sich schwer getan, nicht hin und wieder aneinander zu geraten, wenn sie in einem winzigen Schlauchboot den Amazonas befahren hätten. Es war beinahe ein Wunder, dass wir keine ernsthaften Meinungsverschiedenheiten hatten. Unsere Freundschaft wurde von Tag zu Tag enger.

Die Monotonie der endlosen grünen Dschungelwand, unser wachsender Unmut und der zunehmende Zeitdruck veranlassten uns, rund um die Uhr zu rudern. Unsere Rückflüge von Rio de Janeiro waren genau sechs Monate nach unserer Ankunft in Südamerika gebucht. Sie konnten nicht umgebucht werden, und wir konnten es uns nicht leisten, sie zu verpassen. Mit unserer gegenwärtigen Geschwindigkeit würden wir nicht rechtzeitig ankommen.

Um ehrlich zu sein, hatten wir auch Angst vor der Tierwelt. Die Kaimane waren bei weitem nicht das Schlimmste. Unsere Chancen, von giftigen Insekten, Spinnen, Schlangen oder Skorpionen gebissen zu werden, nahmen mit jeder Übernachtung am Ufer exponential zu. Der Amazonas ist nun einmal die Heimat der giftigsten Vipern der Welt – des Buschmeisters, auch *shushupe* genannt, und der Lanzenotter. Doch am meisten machten uns die Insekten zu schaffen.

Ich hatte noch nie so viele Insekten gesehen. Jeden Abend hüpften hunderte von ihnen auf uns herum. Es gab sie in allen Formen, Größen und Farben. Manche sahen wirklich spektakulär aus und schillerten im smaragdfarbenen Licht wie glänzende blauschwarze Diademe. Andere waren nichts sagende Krabbeltierchen. Trotzdem fällt einem ein 15 Zentimeter langer Kakerlak eher ins Auge als sein häuslicher Verwandter.

Wir wurden häufig von Ameisen gebissen. Jedes Mal, wenn wir auf der Stelle standen, fielen sie über unsere Füße her und kletterten an unseren Beinen hoch. Unser Feuer lockte Millionen von Fluginsekten an. Unweigerlich landeten viele von ihnen in unserem Essen und unserem Kaffee. Irgendwann langten wir an einem Punkt an, wo es uns gleichgültig war, Motten mitzuessen, und wir ihre Kadaver nicht mehr aus unserem Haferbrei oder unserer Suppe entfernten. Eine Extraportion Protein, dachten wir. Wir hätten ebenso gut in Thailand sein können, wo süßsaure, gezuckerte und pikante Insektengerichte als Spezialität gelten.

Wenn wir auch nachts ruderten, so rechneten wir uns aus, würden wir die zwei Stunden sparen, die wir jeden Tag zum Auf- und Abbauen unseres Lagers brauchten. Das war nicht mehr erforderlich, wenn wir ununterbrochen auf dem Schlauchboot wohnten. Der Hauptgrund für unsere Entscheidung, rund um die Uhr zu rudern, waren allerdings die Moskitos, eine gefräßige fliegende Plage. Jeden Abend, wenn wir ans Ufer kamen, hörten wir das unheilvolle Summen von Millionen der fliegenden Blutsauger, die sich vom stinkenden Waldboden erhoben. Ihr Surren war ohrenbetäubend, und sie bedeckten wie ein dunkler Mantel jedes Stück blanke Haut. Nichts hielt sie in Schach. Auch auf dem Fluss zu bleiben war keine echte Lösung.

Wir beschlossen, uns von Einbruch der Dämmerung an bis neun Uhr stündlich abzuwechseln und dann während der Nacht in Drei-Stunden-Schichten zu rudern. Wir änderten die Reihenfolge jede Nacht, damit nicht immer derselbe die Schicht von Mitternacht bis drei Uhr übernehmen musste. Jeder bekam nachts sechs Stunden Schlaf. Allerdings bedurfte es einiger Gewöhnung, überhaupt schlafen zu können. Im Boot war kein Platz zum Hinlegen. Über die Seitenwülste verliefen quer zwei Balsastämme. Wir benutzten unsere Rettungswesten als Kopfkissen und schliefen mit einem Stamm unter dem Genick und dem anderen knapp unterhalb der Hüfte. So konnten wir es uns einigermaßen bequem machen.

Die blaue Plastikplane schnitten wir in Stücke und verwendeten sie als Bettdecke. Sie speicherte nicht nur etwas Wärme während der überraschend kühlen Nächte, sondern schützte uns auch vor dem Regen, der mehrmals täglich fiel. Ich wusste, dass es für die Bezeichnung »Regenwald« einen Grund gab.

Die Schlafsäcke zu benutzen war völlig sinnlos. In dem feuchten Klima war alles nach kürzester Zeit durchnässt und fing an zu modern und zu schimmeln. Unsere Bekleidung verfaulte. Wenn man sie im Fluss wusch, wurde der Geruch verrottender Vegetation nur noch intensiver.

Pilzinfektionen gediehen, und unsere Füße waren mit rötlichen Entzündungen übersät. Ben erwischte es am schlimmsten. Irgendwann konnte er nicht mehr auftreten, und seine Fußsohlen sahen aus wie Schweizer Käse.

Wir schätzten, dass wir genug Gas zum Kochen an Bord hatten, um bis Pucallpa über die Runden zu kommen – vorausgesetzt, wir gingen sparsam damit um.

Als unsere erste Nacht auf dem Fluss hereinbrach und das Licht schwächer wurde, saß ich am Ruder. Scott bereitete das Abendessen auf dem Gaskocher zu, den er am Tisch festgebunden hatte. Kurze Zeit später war es stockfinster. Nachdem sich meine Augen an die Dunkelheit gewöhnt hatten, war ich mit Müh und Not in der Lage, die Uferumrisse auszumachen.

Obwohl wir wussten, dass der Fluss flach war, taten wir uns schwer, die unbegründete Angst zu unterdrücken, dass irgendwo in der pechschwarzen Nacht ein Wasserfall oder ein heftiger Strudel lauern könnte. Gelegentlich hörten wir ein Gurgeln, wenn sich der Fluss über eine Verblockung aus halb versunkenen Baumstämmen wälzte oder ein Stück Uferböschung mit sich riss. Während der heftigen Regenfälle schwammen oft Erdklumpen, entwurzelte Bäume und Schutt in der Strömung. Bei Tageslicht konnte man solchen Gefahren leicht ausweichen, doch in der Dunkelheit waren sie potenziell tödlich.

Das Frustrierendste am nächtlichen Rudern war, dafür zu sorgen, dass der Bug flussabwärts zeigte. Die schemenhaften Uferumrisse allein reichten nicht aus, um einschätzen zu können, in welche Richtung die Strömung floss – vor allem dann nicht, wenn sich das Boot drehte, während man kurz aussetzte, um etwas zu trinken oder zu pinkeln, oder weil man in der Dunkelheit versehentlich im Kreis gerudert war. Einmal ruderte ich stundenlang in die falsche Richtung, ehe ich meinen Irrtum bemerkte.

Trotz aller Unannehmlichkeiten, der langsam vergehenden Zeit, gelegentlichem Abkommen vom Kurs und des allgegenwärtigen Risikos kamen wir schnell stromabwärts voran. Außerdem reisten wir beinahe insektenfrei. Allein dafür lohnten sich die Strapazen und die Schufterei.

65. Tag: 16. November 1999

Fünf Tage nachdem wir Atalaya den Rücken gekehrt hatten, kamen kurz vor Sonnenaufgang die Lichter von Pucallpa in Sicht. Ben ruderte, Scott schlief, und ich lag da und beobachtete, wie sich die weiß leuchtenden Lichtquellen näherten. Pucallpa war noch mindestens zehn Kilometer entfernt, aber der Wind trug bereits den lieblichen Duft der Zivilisation zu uns – eine Mischung aus Diesel, Petroleum, Verfall und Exkrementen.

Gerüche sind außerordentlich beziehungsreich. Ich erinnerte mich daran, wie sehr ich mir beim Segeln meines Geruchssinns bewusst geworden war, besonders bei meiner Ankunft auf Hivaoa in Französisch-Polynesien, der ersten tropischen Insel, auf die ich nach der Überquerung des Pazifiks von Mexiko aus stieß.

Auf dem Meer ist die Luft, abgesehen vom Geruch des eigenen Boots, normalerweise geruchlos. Ich werde nie den magischen Moment vergessen, als ich die Insel noch nicht am Horizont sehen konnte, aber plötzlich der Duft von Bougainvillea, Jasminblüten und Zitrusfrüchten vermischt mit dem Moschusgeruch regennasser Wälder in der Luft hing – Hivaoas natürliches Parfum. Im Gegensatz dazu verpesteten die menschengemachten Inseln der Zivilisation im Dschungel die Luft mit dem Gestank von Geld und dem Mief von Massenkonsum. Was für ein Unterschied zum Duft des nachtblühenden Jasmins, der hin und wieder über den Fluss getragen wurde.

In Pucallpa, einem hässlichen Fleck auf dem saftig grünen Teppich des Amazonas-Walds, war Tourismus aufgrund eines Sägewerks und einer Erdölraffinerie, die 24 Stunden am Tag pumpte, wirtschaftlich von keiner großen Bedeutung. Pucallpa war ein scheußlicher Hafen am Ende einer schmalen Straße, die dort nach der strapaziösen Durchquerung der Anden und des Amazonas-Dschungels versiegte. Wir wollten nicht lange bleiben.

»Pucallpa, endlich«, flüsterte Ben. »Erinnerst du dich noch, dass wir in Kanada immer gesagt haben, in Pucallpa wäre die Sache so gut wie gelaufen? Schon komisch, dass es jetzt Wirklichkeit geworden ist.« Er war völlig fasziniert.

»Gratuliere, mein Freund«, sagte ich und streckte ihm die Hand hin. »Jetzt haben wir nur noch 5200 Kilometer vor uns.«

Ben hörte auf zu rudern, um mir die Hand zu schütteln. Scott wachte auf. Er rieb sich die Augen und grinste. »Ich rieche Sublimes!«

Über den Himmel ergoss sich cremig-gelbes Tageslicht, und verkommen und trostlos tauchte die Stadt vor unseren Augen auf. Hunderte schmuddeliger Häuser balancierten auf Stützen am Flussufer. Am Wasserrand schwamm auf großen Baumstämmen eine unregelmäßige Reihe von Schindel-, Bambus- und Blechbaracken. Die ersten Menschen, die wir nach draußen kommen sahen, schnitten dem Tag Grimassen und schöpften mit Eimern Wasser aus dem Fluss. Andere kamen ins Freie, um zu urinieren, ihren Darm zu entleeren oder sich die Zähne zu putzen. Der Amazonas war wahrhaftig ein Lebenselixier.

Ben steuerte das Schlauchboot auf mehrere große, gewerblich genutzte Boote zu, die am Ufer festgemacht waren. Ein Matrose winkte uns vom Deck eines Frachtschiffs mit Stahlrumpf zu, der den Namen *Destroyer* trug. Er zeigte auf die Seite des Schiffs, das einer Schute ähnlich sah, und bedeutete uns, dass wir dort festmachen konnten. Wir banden das Schlauchboot an der verölten, abblätternden Flanke des 30 Meter langen Frachtschiffs fest. Die Luft stank nach Motorenöl, verfaultem Fisch und Diesel.

Die holprigen, unbefestigten Straßen waren voller Motorräder. Auf jedes Auto kamen 25 Zweiräder. Wir hielten ein dreirädriges Taxi an, das mich an eine großartige James-Bond-Verfolgungsjagd in den Straßen einer indischen Stadt erinnerte. Der Fahrer packte die Gelegenheit beim Schopf, uns seine Fähigkeiten als Stuntman zu beweisen, und schlängelte sich durch den morgendlichen Stoßverkehr wie durch einen Slalomkurs.

Als wir uns dem Stadtzentrum näherten, das einem Bienenhaus glich, verwandelten sich die unbefestigten Straßen in asphaltierte. Es wimmelte von Menschen, Marktbuden, schmuddeligen Läden und Straßenverkäufern. Inmitten des Getümmels stand das eine oder andere moderne Bürogebäude.

Da wir aus dem Desaster mit dem Butangaskocher gelernt hatten, kauften wir für 28 Sol – weniger als zehn Dollar – einen Petroleumkocher. Wenn man ihn voll aufdrehte, dröhnte er wie ein Raumschiff mit Raketenantrieb und kochte alles binnen Minuten. Petroleum war billig und überall zu haben. Ein Zehn-Liter-Kanister kostete vier Dollar – und reichte einen Monat, behauptete der Verkäufer. (Im Gegensatz dazu reichte eine Butangaspatrone für vier Dollar gerade einmal für ein Essen zu dritt.) Mit einem guten Kocher konnten wir so lange auf dem Fluss bleiben, wie wir wollten.

Am Abend leisteten wir der sechsköpfigen Besatzung der *Destroyer* Gesellschaft, die uns einlud, einen mit ihnen zu trinken. Der Frachter war eines der vielen Handelsschiffe, die das Amazonas-Flusssystem regelmäßig befuhren. Nach der ersten Flasche Rum erhob sich Frederiko, der Koch, räusperte sich und sang wunderschöne peruanische Volkslieder – eine bewegende Darbietung und eine rührende Geste. Die flackernde Sturmlaterne und der Rum brachten die dunklen Gesichter, auf denen in der feuchten Hitze der Schweiß perlte, zum Glühen. Die durch die unerwartete Geselligkeit hervorgerufene Wärme ließ sie regelrecht leuchten.

Alle waren glücklich, und ich empfand eine stillschweigende Kameradschaft mit den Seeleuten. In Augenblicken wie diesem verstand ich, warum mein Vater sein ganzes Leben in der Nähe von Docks und Seemännern verbrachte hatte. Die Atmosphäre hatte fast schon etwas Spirituelles. Geteilte Zeit, geteilte Erfahrungen. Männer, die gemeinsam dem einfachen Vergnügen frönen, sich Gesellschaft zu leisten. Eine Geschichte, die erzählt wird, ein Witz, über den gelacht wird, ein Lied, das gesungen wird. Ein übersinnlicher Moment in einem Leben bar jeglicher Heiligkeit. Vielleicht lag es aber auch nur am Rum.

Ich erwachte auf dem stählernen Deck der *Destroyer*, unmittelbar oberhalb des Schlauchboots. Selbst ohne Unterlage oder Bettzeug stellte das harte Metall, verglichen mit den unbequemen Verwindungen, die das Schlauchboot erforderte, einen Luxus dar.

Wir hatten vor, ohne Zwischenstopp bis nach Iquitos zu fahren, das etwa 900 Kilometer entfernt war. Um die Strömung so gut wie möglich auszunutzen, fuhren wir in der Mitte des Flusses, der inzwischen ungefähr fünf Kilometer breit war.

Einer der Nachteile unseres nächtlichen Reisens bestand darin, dass wir das Gefühl hatten, von dem Land, das wir durchquerten, isoliert zu sein. Die Ufer waren kaum mehr als ein verschwommener Streifen, der Wasser und Himmel entlang des Horizonts trennte. Wir erfuhren nichts über die Menschen oder die Landschaft, die wir passierten, und zu spät wurde mir bewusst, wie viel ergiebiger unser Trip mit besserer Vorbereitung hätte werden können. Es war ein Gedanke, der aus meinen Erfahrungen erwachsen war, mit dem ich allerdings nicht gerechnet hatte: bei einer solchen Reise mehr auf Details zu achten und nicht nur so viel Spaß wie möglich im Sommerurlaub zu haben.

Wir hatten ohne großen Erfolg versucht, unsere Expedition einigen potenziellen Sponsoren anzupreisen. Vielleicht wären die Leute jetzt weniger skeptisch, nachdem wir die Schwarzseher überrascht hatten, die Prognosen widerlegt hatten und uns dem Ziel näherten.

Wir versuchten, uns mit jedem Fischer zu unterhalten, der uns begegnete. Wenn es uns gelang, uns verständlich zu machen, luden wir die Männer ein, an Bord zu kommen, und tischten ihnen eine der Spezialitäten auf, die wir mittlerweile auf dem Kocher zusammenbrauen konnten. Mit unserem üppigen Vorrat an Petroleum produzierten wir Pfannkuchen, Gebäck, Karamellsauce, Pizza, Reispudding, Sauerteigfladen und Bananenmarmelade.

Innerhalb von Minuten verwandelte sich der strahlend blaue, sonnige Nachmittag in eine tropische Hölle – mit horizontalem Regen, Sturm und bedrohlich schwarzem Himmel. Der Fluss wurde aufgepeitscht, und die gewaltigen Wellen warfen das Schlauchboot umher wie einen Korken. Es war unmöglich voranzukommen. Bei Einbruch der Nacht hingen die dicken Regenwolken noch immer am Himmel und verdeckten Mond und Sterne. Mit Ausnahme des einen oder anderen Blitzes, der die Wasseroberfläche erhellte, ruderten wir in völliger Dunkelheit. Donnerschläge krachten auf den Fluss nieder und betäubten uns. An Schlaf war nicht zu denken. Ich lag da, zog mir die Plastikplane eng um die Schultern und sah meiner Schicht und den Stunden, in denen ich durch die eisige Sintflut rudern musste, mit Angst entgegen.

Während solcher nächtlichen Stürme war es extrem gefährlich, im Schlauchboot flussabwärts zu fahren. Die lehmige Uferböschung türmte sich neben dem Wasser etwa acht Meter hoch auf, und die gefräßige Strömung, die ohnehin schon von Schlamm verdickt war, verschlang regelmäßig große Brocken des sandigen Lehms, einschließlich der darauf wachsenden Bäume und Büsche. Riesige Klumpen Erde und Wald stürzten in den Fluss. Unter einen solchen Erdrutsch zu geraten hätte den sicheren Tod bedeutet.

Ein Blitz erleuchtete die Gefahr. Ich war zu nahe ans Ufer geraten und ruderte wie wild, um wieder wegzukommen. Minuten später hörte ich das Donnern, mit dem Tonnen von Dreck und Schotter in den Fluss stürzten.

Nach meiner Schicht versuchte ich einzuschlafen – nass, frierend und mit klappernden Zähnen. Etwas Trockenes anzuziehen war völlig sinnlos, da ich nach kürzester Zeit wieder durchnässt gewesen wäre. Regenbekleidung erfüllte auch nicht ihren Zweck, sondern schuf einen fruchtbaren Lebensraum für Bakterien und wirkte wie ein Brutkasten für die Entzündungen und Infektionen, mit denen wir uns bereits abgefunden hatten.

Trotz aller Unannehmlichkeiten, die die Amazonas-Stürme mit sich brachten, zog ich sie jederzeit der »Roten Zone« vor.

Ich schwamm täglich in dem trüben Wasser, und zwar immer dann, wenn es stürmte, da das Boot sonst zu schnell unterwegs war, als dass ich mit ihm hätte mithalten können. Ich genoss es, die verschiedenen Muskeln zu trainieren, die man zum Schwimmen benutzen muss. Ben und Scott zogen es vor zu duschen, indem sie sich mit Wasser übergossen, das sie mit einem Kochtopf aus dem Fluss schöpften.

Scott versuchte sein Glück beim Angeln mit einer Schnur und einem Haken, die wir in Pucallpa gekauft hatten. Als Köder verwendete er ein Stück eines Fischs, der in unser Boot gehüpft und dort verendet war. Er zog die Angelschnur hinter dem Schlauchboot her. Im Handumdrehen ging ein Ruck durch die Schnur, und als Scott sie von Hand einholte, zog er einen kleinen Fisch aus dem Wasser, der aussah wie ein Hai mit Barteln. Er warf ihn zurück in den Fluss, um etwas zu fangen, das sich besser zum Verzehr eignete, erwischte jedoch wieder ein Exemplar derselben hässlichen Spezies Wels. Nachdem er vier dieser Bewohner des trüben Amazonas aus dem Wasser gefischt hatte, gab er auf.

»In diesem Fluss leben tausende von Fischarten, und ich fange viermal hintereinander dieselbe Sorte«, maulte Scott. »Der Fisch, der zu uns ins Boot gehüpft ist, sieht ziemlich lecker aus. Schade, dass er schon fault.«

Er stellte die Schachfiguren auf das Brett. »Spielen wir?«

75. Tag: 26. November 1999

Um zehn Uhr abends erreichten wir den größten Zusammenfluss Perus – die Vereinigung des Marañón mit dem Ucayali. Hier beginnt offiziell der Amazonas (obwohl ihn die Einheimischen Solimões nennen). Ben und Scott schliefen fest. Ich weckte sie nicht, als dieser Meilenstein an uns vorüberzog.

Als der Tag anbrach, sah ich, wie sich der Fluss verändert hatte: Er war doppelt so breit wie zuvor und maß schätzungsweise drei Kilometer von Ufer zu Ufer. Hier war er wahrhaftig El Río Mar, der Meer-Fluss. Man konnte kaum zum anderen Ufer sehen. Wir hätten uns ebenso gut auf einem großen See befinden können.

Den Hafen von Iquitos schützt eine 17 Kilometer lange Insel mit dem Namen Padre, die sich vor der Stadt erstreckt und den Fluss teilt. Wir manövrierten ohne Probleme in das schmutzige Hafenbecken und machten das Schlauchboot an einem ausrangierten Lastkahn fest.

Dann schliefen wir ein.

77. bis 83. Tag: 28. November bis 4. Dezember 1999

Wir wollten eine Woche in Iquitos bleiben und uns ein billiges Hotel gönnen. Die Stadt ist das Handelszentrum der peruanischen Regenwaldregion und besitzt eine ungefähr anderthalb Kilometer lange Uferpromenade, deren einstiger Glanz langsam verblasst. Der Fluss kann hier während der Regenzeit um bis zu zehn Meter ansteigen.

Iquitos wurde Mitte des 19. Jahrhunderts gegründet und wuchs erst mit dem Kautschukboom um die Jahrhundertwende. Dann ließen neuer Wohlstand, Verschwendung und extravaganter Geschmack die Stadt regelrecht explodieren. Wie weithin bekannt, wurde seinerzeit ein eisernes, von Gustave Eiffel für die Weltausstellung 1898 in Paris entworfenes Gebäude in Einzelteilen mit dem Schiff aus Europa hierhin transportiert. Auf die stürmische Nachfrage nach Öl in den 1970er-Jahren folgte der Kokainboom der 1980er-Jahre, und heute gehört der Schmuggel von Drogen, exotischen Tieren und Edelsteinen zu den florierenden Wirtschaftzweigen der Region.

Da wir nicht riskieren wollten, dass sich Diebe unseres Boots bemächtigten, zerlegten wir das Holzgerüst, ließen die Luft ab und luden alles auf einen ramponierten Pritschenwagen, der als Taxi diente.

Wir fanden ein Hotel mit Ausblick auf Belén, das tief gelegene Viertel im Südosten der Stadt, das auch als Venedig des Amazonas bezeichnet wird. Belén ist eine schwimmende Barackensiedlung, ein Slum, der den größten Teil des Jahres unter Wasser steht. Die Häuser balancieren auf Pfählen, und seine Bewohner bewegen sich in Kanus fort. Es gibt dort keine Kanalisation, und wenn der Pegel des Flusses niedrig ist, wie er es jetzt war, wird das Uferland zu einer Promenade aus Abwasser und Müll, die fest in der Hand von Geiern ist.

Trotzdem hat Belén Charme. Wir verbrachten mehrere Stunden mit Einkaufen auf seinen billigen, urtümlichen Märkten, auf denen alles zu haben war – von Grundnahrungsmitteln über Gürteltierpanzer und Piranhazähne bis hin zu *chuchuhuasi*, einer rumgetränkten Rinde, die als Heilmittel benutzt wird. Wir entdeckten sogar eine Bar, in der selbst gebrannter Schnaps aus Benzinkanistern in Flaschen gefüllt wurde.

Auf der anderen Seite von Iquitos hatte das 20. Jahrhundert in seiner ganzen Pracht Einzug gehalten – es gab dort Internet-Cafés, schicke Restaurants und Geldautomaten. In der vagen Hoffnung, einen Sponsor zu finden, verbrachten wir drei Tage damit, E-Mails an diverse Firmen zu schreiben. Ich dachte, dass wenigstens der Hersteller unseres Schlauchboots Interesse zeigen würde, doch dort hieß es nicht einmal: »Sie hören von uns.«

Bislang war ich davon ausgegangen, dass wir von irgendwoher Geld bekommen würden, wenn wir es erst einmal bis Iquitos geschafft hätten. In Kanada machte unsere Reise Schlagzeilen. Warum waren die Firmen nicht daran interessiert, uns finanziell zu unterstützen? Wir hatten noch 800 Dollar in der gemeinsamen Kasse und noch 5000 Kilometer zurückzulegen. Die Visa, die Ben und ich brauchten, um nach Brasilien einreisen zu können, kosteten 100 Dollar. Die Busfahrkarten am Ende der Flussfahrt würden weitere 450 Dollar verschlingen. Damit blieben uns 250 Dollar für Nahrungsmittel. Von jetzt an würde es keine Sublimes mehr geben – nur noch das Nötigste.

84. Tag: 5. Dezember 1999

Nach einer Woche in Iquitos konnten wir es kaum erwarten, wieder auf den Fluss zu kommen. Die Stadt war voller Verlockungen, die wir uns nicht leisten konnten. Wir beluden das Boot mit den billigsten Grundnahrungsmitteln: Reis, Mehl und Bohnen.

Die Regenzeit spielte uns übel mit und sorgte für katastrophale Wetterverhältnisse. Stürme und Orkane beutelten uns, und der Meer-Fluss wuchs immer weiter an, als seine Nebenflüsse ihm ihre Wassermassen zuführten: der Maniti, der Vainilla, der Orosa, der Moahuanyo, der Palameta, der Pichana, der Cochiquinas, der Santa Rosa, der Mayoruna …

87. Tag: 8. Dezember 1999

Drei Tage nachdem wir Iquitos hinter uns gelassen hatten, bot uns ein Fischer für 20 Sol sein Kanu an. Wir konnten der Verlockung, unser eigenes Kanu zu besitzen, nicht widerstehen und überreichten ihm das Geld aus unserer dürftigen Gemeinschaftskasse. Beim Erkunden des überfluteten Dschungels würde das Kanu von unschätzbarem Wert sein. Seine Stromlinienform bot wenig Wasserwiderstand, als wir es hinter uns her zogen.

Außerdem eignete es sich hervorragend als Treibanker. Während der Stürme, die manchmal von Wellen und Dünung wie auf dem Meer begleitet wurden, trieb es uns trotz aller Anstrengungen stromaufwärts. Das Kanu war unsere Rettung. Wir befestigten an seinen beiden Enden Leinen und versenkten es, sodass sich die Strömung darin wie in einem Fallschirm verfing und uns flussabwärts zog.

Das Versenken des Kanus wurde zu einem Teil der Routine bei unserer Vorbereitung auf die Stürme. Wind und Regen waren immer bereits zwei bis drei Minuten, bevor sie eintrafen, zu hören. Die Geräuschkulisse war unheimlich. Wenn sich die Sintflut durch den Regenwald bewegte, klang das zunächst wie ein Bass-Riff. Sobald wir es hörten, entfernten wir die Zeltplane, verstauten lose Ausrüstungsgegenstände und versenkten das Kanu. Dann kauerten wir uns unter der Plastikplane zusammen und warteten auf die Attacke. Das Kanu richtete den Bug gegen Wind und Wellen aus und sorgte so für angenehmeres Vorankommen. Wenn der Wind schräg wehte und uns zum Ufer drückte, konnten wir steuern, indem wir die Länge der beiden Seile veränderten, an denen das Kanu befestigt war.

88. Tag: 9. Dezember 1999

Vier Tage nachdem wir Iquitos verlassen hatten, kamen wir zu einem großen Armeestützpunkt, an dem sämtliche Wasserfahrzeuge gestoppt und kontrolliert wurden. Wir waren noch immer 60 Kilometer von der kolumbianischen Grenze entfernt. Hier war die Gruppe japanischer Abenteurer von einem ruchlosen Militäroffizier erschossen worden, der es auf ihre wertvolle Ausrüstung abgesehen hatte. Wir hatten leichte Bedenken.

Eine Gruppe Soldaten, die von einem halbwüchsigen Jungen befehligt wurde, grüßte uns. Sie begutachteten unsere Pässe, stellten ein paar grundlegende Fragen und winkten uns durch. Seid vorsichtig, warnten sie uns, an der kolumbianischen Grenze treiben viele Rauschgiftterroristen ihr Unwesen.

Auf den nächsten 80 Kilometern bildete der Amazonas die Grenze zwischen Peru und Kolumbien. Kokainhandel und Schmuggel waren hier vermutlich die einzigen Wirtschaftszweige. Jede Seite warf der anderen vor, Kriminellen, Gewaltverbrechern, Dieben, Schmugglern, Drogendealern, Terroristen und Guerilleros Unterschlupf zu bieten. Die Soldaten rieten uns, uns vom kolumbianischen Ufer fern zu halten, da wir sonst riskierten, erschossen zu werden. Außerdem warnten sie uns davor, bei Nacht zu reisen.

Wir nahmen ihre Warnungen ernst und campierten an einem Sandstrand am linken Flussufer. Überraschenderweise ließen uns die Insekten in Ruhe, und wir schliefen gut.

Am nächsten Morgen kam ein einzelner Fischer im Kanu vorbei. »Was macht ihr hier?«, fragte er uns.

»Wir haben die Nacht hier verbracht, ehe wir durch Kolumbien fahren«, erklärte Ben. »Wir haben gehört, dass Kolumbianer ziemlich aggressiv sein können.«

»Ihr seid bereits in Kolumbien«, sagte der Fischer lachend. »Ich bin Kolumbianer.« Er nahm sein Paddel und hielt es wie ein Gewehr. »Peng, peng, peng!«

Ha, ha, ha.

Nachdem er genug gelacht hatte, tauschte er Höflichkeiten mit uns aus und wünschte uns Glück. Wir paddelten schnell auf die andere Seite des Flusses und entfernten uns den ganzen Tag nie weiter als ein paar hundert Meter vom peruanischen Ufer. Am Abend vergewisserten wir uns, dass wir auf der richtigen Seite des Flusses campierten.

90. Tag: 11. Dezember 1999

Tabatinga und Leticia sind eigentlich eine große Stadt, durch deren Mitte eine Landesgrenze verläuft. Leticia gehört zu Kolumbien, Tabatinga zu Brasilien. In beiden Städten sprechen die Menschen Spanisch und Portugiesisch. Tabatinga war ärmlich, in Leticia gab es Stadtviertel mit schicken Geschäften, luxuriösen Wohnhäusern und Fünf-Sterne-Restaurants. In Tabatinga sagten die Leute, Leticia erstrahle mit Hilfe von Drogengeldern. Die Einwohner von Leticia zuckten mit den Achseln und behaupteten, sie arbeiteten härter.

Vom Wasser aus konnten wir nicht feststellen, wo die eine Stadt aufhörte und die andere begann. Tatsächlich hielten wir 20 Meter hinter der Grenze zu Brasilien an und schlenderten nach Tabatinga hinein. Als wir portugiesische Schilder entdeckten, bemerkten wir unser Versehen. Ben und ich brauchten Visa für Brasilien. Wir gingen über die Grenze nach Leticia zurück, vorbei an einem Wachposten, der auf einem Stuhl döste.

Hübsche Mädchen flitzten auf Motorrädern und Rollern an uns vorbei. Wie lange waren wir auf dem Schlauchboot gewesen? Eine nach der anderen sauste vorüber, und manche lächelten oder winkten uns zu. Ich kam mir vor wie ein Seemann, der zu lange auf dem Meer war.

Wir machten die kolumbianische Einwanderungsbehörde ausfindig, deren Tür ein bewaffneter Wachposten versperrte. Als wir ihm unsere Pässe zeigten, ließ er uns vorbei. Aus einem der Räume drang ein Stöhnkonzert. Der Wachmann klopfte an die Tür. »Sie müssen unter Umständen ein paar Minuten warten«, sagte er uns.

Kurz darauf kam ein junger Mann mit lockigem Haar und schwarzem Schnurrbart und schloss seinen Hosenschlitz. Auf seinem Gesicht perlte Schweiß. »Was wünschen Sie?«

»Eine Einreiseerlaubnis von Peru nach Kolumbien.«

Er zauberte die Formulare hervor und trommelte ungeduldig auf dem Tisch, während wir sie ausfüllten. Dann raffte er sie zusammen, stempelte unsere Pässe und kehrte in seine Liebeshöhle zurück. In weniger als drei Minuten waren die kolumbianischen Zollformalitäten erledigt. Wir hatten damit gerechnet, dass die Angelegenheit den ganzen Tag dauern würde, und zogen gut gelaunt weiter.

Für die brasilianischen Visa waren Passfotos und Fotokopien unserer Pässe erforderlich. Das Konsulat war nur wenige Stunden am Tag geöffnet, und die brasilianische Bürokratie sorgte dafür, dass wir vier Tage in Tabatinga und Leticia aufgehalten wurden. Das Konsulat ließ sich zwei Tage Zeit, unsere Visa auszustellen, und anschließend mussten wir uns auf der Polizeistation in Tabatinga eine Einreiseerlaubnis besorgen.

Zu unserer Überraschung und dem äußeren Eindruck zum Trotz konnte man in Leticia ein gutes Stück günstiger einkaufen als in Tabatinga, weshalb wir das meiste dort erledigten. Wir erfuhren, dass Frischprodukte in Brasilien preiswerter waren, und warteten mit dem Kauf.

Jeder von uns bewachte abwechselnd das Schlauchboot, während die beiden anderen in die Stadt gingen. Wir stellten unmittelbar neben dem Boot unser Zelt auf. Nachts schliefen immer zwei im Zelt, während der Dritte im Boot blieb. Das Boot unbewacht zu lassen, wäre zu riskant gewesen.

94. Tag: 15. Dezember 1999

Nach unserer ersten Nacht, die wir wieder auf dem Fluss verbracht hatten, rauschte in der Morgendämmerung ein Schnellboot der brasilianischen Staatspolizei auf uns zu. Wieder einmal waren wir völlig ahnungslos an einem Kontrollpunkt vorbeigefahren. Alle Boote, die von Kolumbien nach Brasilien fuhren, mussten dort anhalten. Woher hätten wir das wissen sollen? Die Polizisten befestigten eine Leine am Schlauchboot und zogen uns wieder flussaufwärts. Scott hielt das Kanu fest, das bei der hohen Geschwindigkeit bedenklich zu tanzen begann.

Wir erreichten einen schwimmenden Kai und wurden zu einem Mann mittleren Alters gebracht, der hinter einem Schreibtisch in der Sonne saß. Ich hatte meine Videokamera unter dem Arm, weil ich sie nicht unbeaufsichtigt im Boot zurücklassen wollte.

Unser Portugiesisch war noch schlechter als unser Spanisch, doch der Mann ließ sich davon nicht aus der Ruhe bringen. Mit Gesten und Brocken gebrochenem Spanisch fragte er, warum wir uns an dem Kontrollpunkt vorbeigeschlichen hatten.

»Wir wussten nicht, dass er existiert«, sagte ich.

Hatten wir Drogen an Bord? Kokain?

»Nein«, erwiderte ich und schüttelte energisch den Kopf.

Er schenkte meiner Antwort keine Beachtung und händigte jedem von uns ein Formular aus, das wir ausfüllen sollten. »Dann können Sie weiterfahren«, erklärte er.

Wir setzten uns alle drei hin, beantworteten rasch die üblichen Fragen nach unserem Namen, unserer Nationalität und dem Zweck unseres Aufenthalts. Bald saßen wir wieder in unserem Schlauchboot und lachten über den Zwischenfall.

96. bis 100. Tag: 17. bis 21. Dezember 1999

Als sich der Fluss gabelte, nahmen wir die vermeintlich weniger befahrene Abzweigung. Der Regenwald war wie aus dem Bilderbuch: riesige Palmen, gewaltige Laubbäume, Lianen, Tillandsien und undurchdringliches Dickicht. Zwischen den Bäumen flatterten Aras umher. Das muss ich filmen, dachte ich, und streckte die Hand nach der Kamera aus.

Weg!

Verdammt!

Wo? Scheiße. Bei der Staatspolizei vergessen.

»Ich habe die Kamera am Polizeikai liegen gelassen!«, sagte ich.

Scott und Ben sahen auf. Nachdem ich mich so sehr bemüht hatte, die Kamera zu bewachen, hatte ich sie liegen gelassen. Wir konnten nicht flussaufwärts zurückrudern – die Strömung war zu stark, und es war zu weit, um die 200 Kilometer.

»Ich hole sie«, sagte ich niedergeschlagen. »In der nächsten Stadt oder Ortschaft fahre ich mit einem Frachtschiff zurück.«

Ich hatte ein schreckliches Gefühl in der Magengrube. Scott und Ben teilten meine Bestürzung – von jetzt an nicht mehr filmen zu können, betraf uns alle.

Amaturá ist eine kleine Stadt, die wohlhabender zu sein schien als vergleichbare Städte auf der peruanischen Seite der Regenwaldregion. Die Gebäude waren solider und bestanden entweder aus Ziegeln oder aus zugeschnittenem Holz. Die meisten Straßen waren asphaltiert, und in einigen Wohnhäusern stand ein Fernseher.

Ein schmaler schwarzer Fluss floss an der Stadt vorbei und unmittelbar in den Amazonas.

Wir warteten drei Tage voller Selbstmitleid auf die Ankunft eines der vielen Frachtschiffe, die regelmäßig auf den Versorgungsrouten im Amazonas-Flusssystem unterwegs sind. Der Fahrpreis würde einen großen Teil unseres restlichen Gelds verschlingen, und es war durchaus möglich, dass die Kamera längst verschwunden war. Ich verabschiedete mich von Scott und Ben und ging an Bord des 24 Meter langen Schiffs. Diese *lancha* fuhr zwischen Manaus und Tabatinga hin und her.

Der Fluss war hier eine wahre Autobahn. Auf der Barkasse wimmelte es von Menschen, Kühen, Schweinen, Bergen von getrocknetem Fisch und allen möglichen anderen Gütern. Das Schiff hatte drei Decks, und überall, wo Platz war, waren Hängematten befestigt. Ich dachte, sie seien ein Teil des Schiffs – wie die Sitze in einem Bus. Ich ging von Hängematte zu Hängematte und fragte, ob sie besetzt waren. Die Leute warfen mir merkwürdige Blicke zu.

»*Sí, sí*«, sagten sie.

Schließlich entdeckte ich eine verlassene Hängematte und sah niemanden in ihrer Nähe. Ich kletterte hinein und schlief ein. Eine Stunde später klopfte mir jemand auf die Schulter. Ein runzeliger, weißhaariger Mann starrte mich an. »Sie liegen in meiner Hängematte«, sagte er.

»*Excuse.*«

Ich murmelte eine Entschuldigung, und er begriff, dass es sich um ein Versehen handelte. Er erklärte mir, dass die Passagiere ihre eigenen Hängematten mit an Bord brachten. Als ich aus der seinen herausklettern wollte, sagte er mir, dass ich liegen bleiben dürfte.

»Ich habe noch eine zweite, für alle Fälle«, sagte er und streckte mir die Hand entgegen. »Ich bin Marcos.«

Die Fahrt zum Kontrollpunkt dauerte 25 Stunden, da das Boot unterwegs bei zahlreichen Ortschaften anhielt, um auf- oder abzuladen, Passagiere an Bord zu nehmen oder Passagiere aussteigen zu lassen. Auf der Barkasse wurden Frühstück, Mittagessen und Abendessen serviert. Drei brasilianische Kinder, die mir ein paar Brocken Portugiesisch beibringen wollten, sagten mir, was auf dem Speiseplan stand. Zum Mittagessen gab es frischen Fisch. Die gesellige Atmosphäre an Bord hob meine Stimmung.

»Heute gibt es Huhn zum Abendessen!«, erzählte mir einer der Jungen aufgeregt.

Ich blickte zur Kombüse und stellte fest, dass die Hühner verschwunden waren, die dort zuvor mit Schnüren um die Beine festgebunden gewesen waren.

Um zwei Uhr kamen wir am Polizeikai an. Der Kapitän legte seine Papiere zur Kontrolle vor, und das Schiff wurde nach einem flüchtigen Blick abgefertigt. Ich winkte meinen neuen Freunden zum Abschied zu und wandte mich dann an den Dienst habenden Polizisten. Heute war es ein anderer.

Langsam, mit Gesten und einigen Brocken Spanisch und Portugiesisch erklärte ich meine missliche Lage. Der Polizist blickte verdutzt drein, stand abrupt auf und ging zu einem kleinen Schuppen am äußersten Ende des Kais. Auf einem Regalbrett standen zwei schwarze Taschen. Der Polizist deutete auf sie.

Ich schüttelte den Kopf.

Er zuckte mit den Achseln. Ich spürte Übelkeit in mir aufsteigen. Es hatte mich 20 Dollar gekostet, flussaufwärts zu fahren, und es würde mich noch einmal 20 Dollar kosten, wieder nach Amaturá zurückzukehren – Ausgaben, die wir uns nicht leisten konnten. Alles in allem hatte uns das Missgeschick die Kamera und eine Woche Zeit gekostet.

Ich erkundigte mich, wann das nächste Schiff stromabwärts ging.

Ich hatte Glück, meinte der Polizist, das nächste Boot würde gegen drei Uhr morgens kommen.

Die polizeilichen Vorschriften gestatteten es mir nicht, den Kai auf eigene Faust zu verlassen. Also musste ich hungrig und durstig auf die Rückfahrt warten.

Wie auf Kommando fing es an zu regnen, und der Polizist hastete in den Mannschaftsraum. Ich saß allein im strömenden Regen, war tropfnass und fror.

Gegen sechs Uhr abends tuckerte ein Kanu mit Motor auf den Kai zu. Ein Indianer und seine Familie kauerten unter blauen Plastikplanen – die gleichen, die auch wir benutzten. Er kletterte auf den Kai, als der Polizist zurückkam.

Nachdem die indianische Familie weitergefahren war, erbarmte sich der Polizist meiner. Er sagte, dass hier insgesamt zehn Polizisten stationiert seien und vielleicht einer meine Kamera an sich genommen habe. Er gab mir ein Zeichen, dass ich ihm zu den Mannschaftsschlafräumen folgen solle.

Er führte mich zu einem Waschbetongebäude mit blassblau gestrichenen Wänden, in dem fünf Stockbetten standen. Durch die offene Tür sah ich mehrere Männer, die es sich auf einer durchgesessenen Couch gemütlich gemacht hatten und ein Fußballspiel im Fernsehen verfolgten.

Mein Gastgeber durchwühlte einige Matchsäcke, die überall auf dem Boden herumlagen, und forderte mich auf, dasselbe zu tun. Einige der Männer im angrenzenden Zimmer warfen einen Blick zu uns herein, als sie uns herumstöbern hörten, doch keiner sagte etwas.

Nachdem ich drei Taschen ohne Erfolg geöffnet hatte, zog ich das große Los. Bingo! Meine Kamera befand sich noch immer in der Trockentasche, die in einem Haufen schmutziger Unterwäsche steckte. Ich war erleichtert.

Der Polizist lächelte. Er schien überrascht zu sein, dass die Kamera in der Tasche eines Kollegen aufgetaucht war.

Pünktlich um drei Uhr morgens legte eine riesige, überladene Barkasse an. Sie kam aus Kolumbien, und wie ich später erfuhr, waren die meisten Passagiere auf dem Weg nach Manaus zu den Feierlichkeiten zur Jahrtausendwende. Zehn Polizisten durchsuchten zwei Stunden lang jede Tasche, Nische, Ritze und Ecke auf dem Boot. Nachdem sie die Pässe aller Passagiere kontrolliert hatten, durfte ich an Bord gehen.

Nass und triefend vom Regen suchte ich mir ein Plätzchen auf dem hölzernen Deck und rollte mich glücklich um meine Kamera zusammen.

Am nächsten Tag kam ich wieder in Amaturá an. Ben und Scott, die sich bereits damit abgefunden hatten, dass sie die Kamera nie wiedersehen würden, trauten ihren Augen nicht: Hier war ich, von einem bis zum anderen Ohr grinsend, und hatte die Kamera über der Schulter.

Ein Teil der Spannungen zwischen uns war weg. Wir kannten uns inzwischen so gut, wie ein Mensch den anderen nur kennen kann. Auf einem winzigen Schlauchboot entwickelt sich schnell Vertrautheit. Unsere Freundschaft hatte sich im Lauf unserer Reise vertieft. Ben und Scott hatten sich erst zwei Wochen vor unserer Abreise in Kanada kennen gelernt. Viele Leute hatten uns gesagt, dass drei eine schlechte Zahl sei, weil sich immer zwei gegen den Dritten verbündeten. Manchmal war das auch bei uns der Fall, aber auch diese Rivalitäten legten sich wieder. Wenn man einen Tag um den anderen in dieselben Gesichter starren muss, gehen einem irgendwann sogar Engel auf die Nerven.

Als das Ende unserer Reise nahte, empfanden wir eine Seelenverwandtschaft zwischen uns. Nachdem wir so viel durchgemacht und dem Tod so oft ins Auge gesehen hatten, konnten wir unsere Gedanken austauschen, weil wir wussten, dass wir alle drei dasselbe erlebt hatten. Wir sprachen oft darüber, wie ungern wir einen solchen Trip allein unternehmen würden – nicht weil es schwieriger, riskanter und einsamer wäre, sondern weil es dann niemanden auf der ganzen Welt gäbe, mit dem man sich anschließend unterhalten könnte und der verstehen würde, was man hinter sich hatte. Man kann Außenstehenden erzählen, wie die Reise war, ein Buch darüber schreiben oder eine Million Fotos zeigen, und sie werden verstehen, was man geleistet hat. Doch wer nicht dabei war und die Erfahrungen geteilt hat – in einem Strudel gefangen zu sein und um eine zweite Chance im Leben zu flehen, das

Krachen der Gewehre zu hören, völlig orientierungslos und ohne Wasser durch eine Wüste zu stolpern und wochenlang die betäubende Monotonie des stillen Regenwalds zu überstehen –, der kann nicht wirklich begreifen, was vor sich gegangen ist. Wir teilten etwas miteinander und mit niemand anderem, und das verband uns.

101. bis 111. Tag: 22. Dezember 1999 bis 1. Januar 2000
Wir verließen Amaturá am 22. Dezember in der Hoffnung, rechtzeitig zu den Feierlichkeiten zur Jahrtausendwende in Manaus anzukommen. Da diese Metropole im Regenwald 1,2 Millionen Einwohner hat, war davon auszugehen, dass dort eine tolle Party stattfinden würde. Wir ruderten besonders energisch, um die Neun-Tages-Frist einzuhalten.

Weihnachten feierten wir mitten auf dem Fluss, ohne auch nur einen Fuß an Land zu setzen. Wir bereiteten uns mit unseren wenigen Luxusartikeln ein Festmahl mit Spaghetti Bolognese, Kartoffelsalat und Pringles-Kartoffelchips. Als Geschenk überreichten wir uns gegenseitig jeweils eine Banane – das gleiche Geschenk, das ich auch schon zum Geburtstag bekommen hatte.

Am zweiten Weihnachtsfeiertag wurden wir von Wind, Regen und so hohen Wellen heimgesucht, dass Scott seekrank wurde und keinen Bissen hinunterbrachte. Rudern konnten wir fast überhaupt nicht, also verkrochen wir uns unter den Planen und ließen uns vom Zug der Strömung an dem versenkten Kanu flussabwärts treiben.

Unsere Nahrungsvorräte und unsere Energie gingen zur Neige, als wir um zwei Uhr nachmittags am 31. Dezember Manaus erreichten, um Silvester zu feiern.

Manaus befindet sich nicht direkt am Amazonas, sondern liegt etwa acht Kilometer flussaufwärts am Río Negro. Wir ruderten ungefähr die Hälfte der Strecke, ehe wir uns von einem Tankschiff ins Schlepptau nehmen ließen.

Eine riesige Ölraffinerie kündigte die Stadt an. Manaus ist ein »Kautschukprodukt«. Mit der Entdeckung des Latex und seinen Nutzungsmöglichkeiten im 19. Jahrhundert zogen die Gummibäume des Amazonasgebiets zehntausende von Glücksjägern aus Europa an. 1910, auf dem Höhepunkt des Booms, war Manaus die dritte Stadt in der westlichen Hemisphäre mit einem Elektrizitätsnetz. Seine 90 000 Einwohner gaben jährlich acht Millionen Dollar für Schmuck und Juwelen aus. Angeblich schickten besonders extravagante Bewohner ihre Wäsche zum Waschen nach London und ihre Kinder nach Frankreich zur Schule.

Die Verschwendungssucht jener Tage ist noch heute an der Architektur zu erkennen. Eine Hand voll viktorianischer Gebäude sind erhalten geblieben – das berühmteste ist das opulente, rosafarbene und weiße Teatro Amazonas, das die größten Stars der Welt anlocken sollte. Sogar Enrico Caruso kam. Das 1896 mit einer goldenen Kuppel und einer florentinischen Fassade aus italienischem Marmor erbaute Gebäude ist heute restauriert und verfügt über üppige Plüschsessel, samtene Logen, reich verzierte Balkone, überladene Wandgemälde und vergoldete Säulen. Es wurde bereits als »zu groß geratene italienische Keksdose« bezeichnet.

Der Mercado Municipal, der größtenteils aus Glas und Metall besteht und Les Halles in Paris nachempfunden ist, blieb ebenso erhalten wie das imposante klassizistische Zollgebäude am Hafen, ein von den Briten mit aus England importierten Materialien errichteter Ziegelbau. Die Steine haben überlebt, aber der Kautschukboom ist längst geplatzt.

1912 wurden in Indonesien Kautschukbäume angepflanzt, die ein englischer Botaniker aus Brasilien geschmuggelt hatte. Das war der Anfang vom Ende. Die Firmen, die Kautschuk von wild wachsenden Bäumen gewannen, konnten nicht mit den Gummibaumplantagen konkurrieren, und der Motor der blühenden Wirtschaft der Stadt fraß sich fest.

In dem Bemühen, Manaus wieder auf die Beine zu helfen, erklärte die brasilianische Regierung die Stadt in den 1960er-Jahren zur Freihandelszone, was zur Folge hatte, dass sie sich in ein Shopping-Mekka verwandelte, in dem alles von Autos über Schmuck bis hin zu Elektrogeräten verkauft wurde. Die Brasilianer strömten in Scharen dorthin, um Steuern und Zollgebühren zu umgehen. Im Zuge vermehrter Erdölförderung und Holzgewinnung wurde Manaus in den 1980er-Jahren erneut zu einer florierenden Stadt. Seine Einwohnerzahl näherte sich einer Million, und die Inflationsrate erreichte 200 Prozent.

Wir machten unser ausgeblichenes Schlauchboot an einem Kai unmittelbar vor der Stadt fest, in der Nähe mehrerer protziger, stark motorisierter Schnellboote. Die Familie, der die Mole gehörte, wohnte in einem schwimmenden Haus, das mit dem Rest des Kais verbunden war. Die Besitzer willigten ein, ein Auge auf das Schlauchboot und unsere Taschen zu werfen.

Wir schlüpften in unsere saubersten Klamotten und machten uns auf den Weg in die Stadt, bereit, das neue Jahrtausend zu feiern. Doch die Stadt war wie ausgestorben. Wir marschierten auf und ab, auf der Suche nach irgendwelchen Aktivitäten, und fanden einen Nachtclub mit vier Besuchern – drei davon waren müde wirkende Prostituierte, die überlegten, ob sie nicht besser Feierabend machen sollten. Mitternacht kam und ging, und es gab nicht einmal eine Unterbrechung der Tanzmusik, die das neue Jahrtausend angekündigt hätte.

»Willkommen im Jahr 2000«, sagte ich und hob mein Bierglas.

»Vielleicht ist ja irgendwo zur Feier des neuen Jahrtausends mehr los«, meinte Ben und hob sein Glas ebenfalls.

Wir gingen zum Park in der Stadtmitte und schliefen auf Betonbänken. Als ich am nächsten Morgen aufwachte, war die Stadt geschäftig und betriebsam. Menschen strömten vorbei und warfen uns gelegentlich neugierige Blicke zu.

Das Foto auf der Titelseite einer Zeitung an einem Kiosk in der Nähe zeigte feiernde Menschen. Im Hintergrund war ein Feuerwerk zu sehen. Vielleicht handelte es sich um New York. »Sieht so aus, als wäre wenigstens irgendwo auf der Welt gefeiert worden«, sagte Scott und nahm die Zeitung in die Hand, um nachzusehen, wo das Foto aufgenommen worden war. »Wisst ihr was, Leute?«, fragte er. »Das war hier!«

Wir hatten es verpasst. Während wir mit den Alkoholikern und Obdachlosen in der Innenstadt gesessen und Trübsal geblasen hatten, hatte der Rest von Manaus in Porta Negra gefeiert, einem großen Erholungsgebiet unmittelbar außerhalb der Stadtgrenzen.

»Man kann nicht jedes Mal gewinnen«, meinte Scott.

112. bis 120. Tag: 2. bis 10. Januar 2000

Wir verbrachten einige Tage in Manaus, und ich arbeitete hart an meinem Portugiesisch, indem ich mit den einheimischen Mädchen flirtete. Dann brachen wir zur letzten Etappe unserer Reise zum Atlantischen Ozean auf.

Beim Zusammenfluss des Río Negro mit dem Amazonas staunten wir einmal mehr über das natürliche Phänomen, das die Einheimischen als »Treffen der Gewässer« bezeichnen. Der Río Negro ist der sechstgrößte Fluss der Welt und führt viermal so viel Wasser wie der Mississippi. Er trifft mit Wucht auf den Solimões, wie die Einheimischen den Amazonas nennen. An vorderster Front tobt und brodelt das Wasser in einem schäumenden Wirrwarr aus Strudeln, Wellen und Turbulenzen. Dahinter schieben und drücken ununterbrochen die Wassermassen beider Flüsse.

Der Zusammenprall dieser zwei gewaltigen Wasserstraßen wäre an sich schon spektakulär, doch das Schauspiel wird durch die deutlichen Farbunterschiede noch intensiviert: Der Río Negro hat die Farbe von Espresso, der Amazonas die Farbe von Milchkaffee. Die verschiedenen Wasserläufe des Amazonas-Flusssystems sind anhand ihrer individuellen Färbung zu unterscheiden, die ein Produkt der jeweiligen Landschaft ist, durch die sich die Flüsse fressen. Die chemischen, mineralischen und organischen Stoffe, die von der Strömung weggeschwemmt werden, und der im Wasser schwimmende Schlamm verleihen jedem Flusslauf eine bestimmte Färbung. Es gibt »schwarze«, »weiße« und »klare«

Nebenflüsse des Amazonas. Die weißen, wie zum Beispiel der Apurímac, sind trübe, gelbbraune Flüsse, die in den Anden entspringen, sich von den Bergen zum Meer herabstürzen und dabei loses Gestein und unorganisches Material mitreißen. Die schwarzen, wie etwa der Río Negro, sind voll von organischem Humus, der aus der sandigen Erde im kolumbianischen und guyanischen Hochland gewaschen wird. Diese Flüsse haben normalerweise die Farbe von dunklem Tee und führen angeblich doppelt so viel Schlamm mit sich wie weiße Flüsse. Zu den klaren Flüssen, die selten wirklich klar sind, gehören der Xingu, der Tapajós und der Tocantins, die im brasilianischen Hochland entspringen – zwischen alten, erodierten Hügeln, auf denen nicht mehr viel übrig ist, was weggeschwemmt werden könnte. Jeder von ihnen trägt zum Farbspektrum beim berühmten Treffen der Gewässer in der Nähe von Manaus seinen Teil bei.

Die Strömungen des Río Negro ringen hier heftig mit der Hauptströmung des Amazonas. Auf fast zwölf Kilometern fließen die beiden gewaltigen Wasserläufe in einem zweifarbigen, schwarzen und gelblichen Gerangel Seite an Seite. Dort, wo sie miteinander verschmelzen, macht der Amazonas seinem Beinamen »Meer-Fluss« alle Ehre. Wir konnten nur mit Mühe von einer Seite des Flusses auf die andere sehen, und manchmal verschwand das gegenüberliegende Ufer vollständig. Die Flussufer waren jetzt nicht mehr unberührt, und an vielen Stellen herrschte geschäftiges Treiben. Was hier noch vom Regenwald übrig war, schien fest in Menschenhand zu sein.

Die Delphine waren glücklicherweise so zahlreich wie eh und je. Sie tollten neben unserem Boot umher und boten einen beruhigenden, ermutigenden Anblick.

Aufgrund der regelmäßigen Regenfälle und der tropischen Hitze begann unsere Kleidung am Körper zu verfaulen. Waschen half nichts gegen den fauligen Geruch, deshalb gingen wir dazu über, unsere Kleidungsstücke jeden dritten Tag zu kochen. Das tötete die Bakterien ab und beseitigte den beißenden Gestank.

121. Tag: 11. Januar 2000

Wir befanden uns jetzt mitten in der Regenzeit, und die sintflutartigen Regenfälle nahmen kein Ende. Der breite Bug unseres Schlauchboots machte es selbst mit versenktem Kanu als Treibanker unmöglich, gegen den Gegenwind anzukämpfen. Wir kamen durch Wind und Wellen kein Stück voran.

Wenn ich gerade nicht ruderte, schwamm, aß oder schlief, brütete ich ununterbrochen über meinem Portugiesisch-Sprachführer. Ich hatte mir in den Kopf gesetzt, mir jedes Wort im Index und alle Sätze und Verben auf den restlichen Seiten einzuprägen, und wendete meinen neuen Wortschatz bei allen Menschen an, die uns auf dem Fluss begegneten.

Der Fluss ließ uns auch Zeit, einfach nur über das Leben nachzudenken. Es ähnelte dem Unterwegs-Sein auf dem Meer. Wir hatten uns auf diese Expedition begeben, um alles hinter uns zu lassen, doch das hatte sich als unmöglich erwiesen. Weder dem Konsum und seinen Folgen noch unseren eigenen Wünschen und Sehnsüchten konnten wir entkommen. Ich vermisste die Möglichkeiten, die ich in Kanada hatte, und sehnte mich nach amerikanischer Popmusik, Zeitungen und zahllosen anderen Dingen. Es war ein bittersüßes Gefühl, dass sich unsere Reise dem Ende zuneigte, genau wie am Ende meiner Weltumsegelung. In letzter Zeit hatte sich in meinem Leben alles ums Raften gedreht, und ich hatte es durch und durch genossen, aber jetzt wurde es Zeit, sich zu neuen Ufern aufzumachen. Doch zu welchen?

123. Tag: 13. Januar 2000

Wir brauchten zwei Tage bis nach Santarém, der so genannten »Karibik des Amazonas«, wo der Amazonas und der Tapajós zusammenfließen. Die Region hat ihren Spitznamen dem königsblauen Wasser und den langen Sandstränden des Tapajós zu verdanken.

Wir zogen das Schlauchboot auf einen der beliebten Erholungsstrände, wo aus den Bars unter freiem Himmel Reggae und traditionelle brasilianische Musik dröhnte. Unsere Ankunft weckte Neugier bei den Leuten, und sie luden uns bereitwillig auf ein Bier ein, um unsere Geschichten zu hören.

Santarém hat sein ganz eigenes Klima, und das Wetter war heiß und sonnig. Mein Portugiesisch wurde langsam besser, und ich hatte den Eindruck, das meiste von dem, was die Leute sagten, zu verstehen, solange sie langsam sprachen und einfache Wörter benutzten. Vermutlich bedeutete das, dass ich mich jetzt auf dem intellektuellen Niveau eines geistig zurückgebliebenen Brasilianers bewegte.

Doch es war immerhin ein Anfang.

130. bis 146. Tag: 20. Januar bis 5. Februar 2000

Von der Sonne geblendet, kniff Ben die Augen zusammen. Wir hatten Santarém vor vier Tagen hinter uns gelassen. Was ihn jedoch mehr in den Augen schmerzte als das Sonnenlicht, das von der Hochglanz-Touristenkarte reflektierte, war die Tatsache, dass Letztere sich als völlig unbrauchbar erwies.

»Das ist eine Insel«, wiederholte er und deutete mit einem ungeduldigen Nicken zum rechten Ufer, das sich bis in die Ferne erstreckte.

»Wie soll denn das möglich sein?«, fragte ich spöttisch. »Diese Passage hier dürfte diese dort sein.«

Ich tippte energisch auf einen blauen Fleck auf der Karte, dann auf eine Lücke im linken Ufer.

Ben lief rot an. »Komm, dann prüf es doch mit dem verdammten Kompass nach!«, knurrte er.

Ein paar Stunden zuvor war seine Sonnenbrille über Bord gefallen, und er war ziemlich gereizt. Doch das änderte auch nichts daran, dass wir wieder einmal die Orientierung verloren hatten. Wir hatten uns in einem Labyrinth aus Kanälen verirrt und keine Ahnung, wo wir uns befanden. Selbst das Wasser schien sich nicht sicher zu sein, auf welchem Weg es zum Meer fließen sollte. Wir waren am Beginn des Amazonasdeltas angelangt, das größer ist als die meisten europäischen Länder.

Wie konnten wir glauben, dass eine Touristenkarte für fünf Dollar ihren Zweck erfüllen würde? Die Landschaft war hier ein Geflecht aus Kanälen, Gräben und natürlichen Deichen – ein Flussmündungs-Überschwemmungsgebiet oder *várzea*, das von Gezeitenströmungen bestimmt wurde. Die Küste war noch immer 400 Kilometer entfernt, und wir waren wieder einmal mit unserer Weisheit am Ende und wurden uns unserer Selbstüberschätzung schmerzlich bewusst. Nur wenn die Flut einsetzte, wurde es noch schlimmer.

Der Mondzyklus machte sich auf dem Fluss sehr deutlich bemerkbar. Der Unterschied zwischen Vollmond und Neumond entsprach dem von Tag und Nacht. Wenn der Mond nur eine Sichel war und der Himmel bewölkt, waren wir beinahe blind. Sobald der Neumond zunahm, warteten wir sehnsüchtig darauf, dass die Nächte heller wurden. Wenn schließlich Vollmond herrschte, erstrahlten Fluss und Dschungel in einem silbrigen Schimmer. An einem Abend, als die Sonne noch strahlend über dem westlichen Horizont hing, zeigte sich gegenüber im Osten bereits die leuchtend weiße Scheibe des Vollmonds am Himmel. Einige Minuten lang starrten sich beide an, ehe die Sonne hinter dem olivgrünen Dschungel verschwand und den Himmel dem nächtlichen Herrscher überließ.

Ich erwartete einen einfachen, ruhigen Streckenabschnitt. Scott weckte mich zur Mitternachtsschicht mit einem barfüßigen Stups. »Wach auf, Kumpel.«

Ich setzte mich auf. Mein Nacken und mein Rücken waren steif und wund. Scott nahm den warmen Platz ein, den ich soeben verlassen hatte. »Es ist taghell bei Vollmond«, sagte er und deckte sich zu.

Der Mond hatte den Wald in ein unheimliches Fotonegativ verwandelt – man konnte jedes einzelne Blatt in der Dschungelwand und jedes Detail auf der Wasseroberfläche klar und deutlich erkennen. Meine Finger schlüpften in die Rillen der abgegriffenen Ruderschäfte, und mein Körper verfiel in den effizienten Rhythmus, den er beim monatelangen Rudern entwickelt hatte. Schnell verging eine Stunde, während ich meine Gedanken in der surrealen Flusslandschaft schweifen ließ. Doch das Licht ließ bald nach. Ein dunkler Schatten schob sich vor den Mond und verdüsterte gut die Hälfte des Himmelskörpers. Ich sah voller Verwunderung zu, wie der Mond verschwand – verfinstert vom Schatten der Erde. Die Sterne in seiner Umgebung funkelten hell, doch der Mond war verschwunden. Vorbei war es mit der hellen Nacht!

Gegen den Flutstrom zu rudern war im Großen und Ganzen Zeitverschwendung. Unsere Hoffnungen, trotzdem voranzukommen, wurden zunichte gemacht. Wir mussten das voraussichtliche Datum unserer Ankunft ständig korrigieren. Dafür wurden wir jedoch mit einer unglaublichen Landschaft entschädigt, die anders war als alles, was wir bislang gesehen hatten. Entlang des Ufers balancierten Häuser auf Pfählen, auf dem Wasser fuhren farbenfrohe Holzboote auf und ab, und die Szenerie wurde von nicht endendem Vogelgesang untermalt.

Wir waren die Attraktion schlechthin für die Einheimischen – in erster Linie selbstversorgende Fischer, die unser Schlauchboot und seine Besatzung ungläubig betrachteten. Sie starrten uns sprachlos an, manchmal mit offenem Mund. Sie nach dem Weg zu fragen, war, wie offenbar bei allen Südamerikanern, vollkommen sinnlos. Niemand sagte: »Ich weiß es nicht.« Stattdessen wurden wir in x-beliebige Richtungen geschickt und verloren noch mehr die Orientierung.

Eines Tages sagte ein Fischer mit wettergegerbtem Gesicht zu Ben: »Ihr dürft nicht nachts auf dem Fluss fahren.«

Ben starrte auf die lange, erhabene Narbe auf der Brust des Mannes. »Warum nicht?«, fragte er und wusste im Voraus, dass wir die Antwort nicht hören wollten.

»*Peeraches com heeflez.*«

»Piraten mit Gewehren?«

»Das ist hier ein großes Problem«, sagte der Mann.

Wir hatten bereits von ihnen gehört. Sie wurden für uns zu

einem Äquivalent zum Leuchtenden Pfad, ungeachtet abweichender Ideologien.

Der Wasserstand im Flussdelta stieg und fiel mit den Gezeiten, und wir mussten alle zwölf Stunden anhalten und auf die Rückkehr des Wassers warten. Durch die zigtausend Kanäle, Gabelungen und Inseln zu navigieren war extrem schwierig. Die Strömung floss überallhin und nirgendwohin. Die Touristenkarte, die bislang auf den langen, geraden Flussabschnitten ausgereicht hatte, war jetzt völlig unbrauchbar. Widrige Gezeitenströmungen schränkten unser Tagespensum ebenfalls ein.

Doch wir hatten nirgendwo am Fluss einen derart beeindruckenden Dschungel gesehen. In imposanten, stattlichen Palmen saßen Affen und verhöhnten uns, als wir langsam an ihnen vorbeitrieben. Der Schlick unterstützte ein reiches, fruchtbares Ökosystem. Ohne Landwirtschaft und Besiedelung konnte der üppige Lebensraum ungehindert gedeihen. Jedes Mal, wenn der Fluss bei Hochwasser seine Ufer überflutete, floss das Wasser durch den dichten Wald. Wegen der täglichen Überschwemmungen war die Region ohne teure Gräben oder andere Wasserregulierungsmaßnahmen nicht zum Getreideanbau oder als Weideland geeignet.

Einmal weckte mich früh am Morgen, als Ben ruderte, das Geräusch eines Dieselmotors, das immer näher kam. Drei Fischer, die nur Unterhosen trugen, näherten sich in einer heruntergekommenen hölzernen Schute. Sie fuhren bis auf sechs Meter an uns heran.

»*Bom dia*«, rief ihnen Ben zu.

»*Bom dia*«, erwiderte der Mann, der das Boot steuerte.

Die Schute umkreiste langsam unser Schlauchboot. Der Mann am Ruder kratzte sich im Schritt, während er uns anstarrte. Ich verkroch mich wieder unter meine Plastikplane. Zehn Minuten später wurde es den Männern offenbar langweilig, und sie tuckerten davon.

Später am Tag bemerkte ich zwei Männer, die uns in einem Kanu folgten. Sie schienen näher zu kommen, also ruderte ich energischer. Als ich kurz darauf noch einmal zu den Männern blickte, sah ich, dass auch sie ihr Tempo gesteigert hatten. Ich zerrte mit aller Kraft an den Rudern. Die Männer wurden noch schneller. Das gefiel mir gar nicht. Das Schlauchboot war einfach zu unhandlich. Etwa eine Stunde nachdem ich die Männer das erste Mal erspäht hatte, fuhren sie an unser Boot heran.

»*Bom dia*«, sagten sie. »Ihr seid an unseren Häusern vorbeigefahren.«

Sie wirkten sehr freundlich, aber wir waren noch immer auf der Hut vor Schwierigkeiten.

»Wir dachten, ihr hättet vielleicht gern ein paar Kokosnüsse.«

Sie überreichten uns ein Dutzend reife Kokosnüsse und verschwanden ebenso schnell, wie sie aufgetaucht waren.

Häuser auf Pfählen waren jetzt ein regelmäßiger Anblick, und jedes Mal, wenn wir anhielten, wurden wir mit herzlicher Gastfreundlichkeit begrüßt. Obwohl die Menschen nach westlichen Maßstäben arm waren, ernährten sie sich von Süßwassergarnelen, Maniokmehl, Kokosnüssen und solchen Delikatessen wie *acai*, einer köstlichen Palmbeere, die im Regenwald geerntet wird.

Bei einer Familie blieben wir einen ganzen Tag, während wir darauf warteten, dass ein heftiger Sturm vorüberzog. Sie warnten uns davor, nachts zu fahren.

»*Peeraches com heeflez.*«

Das hatten wir schon einmal gehört. Wo das Ziel so verlockend nahe war, lag kein Sinn darin, das Schicksal herauszufordern. Belém war nur noch 100 Kilometer entfernt. Wir nahmen uns den Rat unserer Gastgeber zu Herzen, machten an jedem der folgenden Abende bei einem Haus Halt und stellten uns den Besitzern vor. In der Nähe dieser Wohnungsgebiete waren wir verhältnismäßig sicher.

Am letzten Tag vor unserer Ankunft in Belém campierten wir bei einer Kirche am Flussufer. Die ganze Gemeinde kam, um uns zu begrüßen, uns frisches Obst zu bringen und uns Glück zu wünschen.

In Belém herrschte große Armut. Die Stadt ist nach dem biblischen Bethlehem benannt, und im Gasthaus war noch immer kein Zimmer frei. Die ersten Menschen ließen sich in Belém 1616 nieder, doch sein koloniales Erbe und sein historisches Flair sind längst in den Himmel ragenden Wohnhäusern zum Opfer gefallen. Die Stadt ist das Zuhause von mehr als 1,5 Millionen Menschen.

Der Atlantik war nur noch 80 Kilometer entfernt. Wir ruderten an einem verwahrlosten Industriehafen vorbei und machten im mondänen Yachthafen fest. Die Hafenbenutzung war für ausländische Boote kostenlos, also beschlossen wir, unser Glück zu versuchen.

»Wie heißt Ihre Yacht?«, fragte uns die junge Studentin im Hafenbüro auf Englisch.

»*Los Labios*«, entgegnete Ben. Wir hatten das rote Gummi-Schlauchboot »Lippen« getauft.

»Und wo sind Sie losgesegelt?«, erkundigte sie sich.

»In Peru«, antwortete ich.

Sie überreichte uns ein Formular und deutete auf einer kleinen Karte auf eine Vertäuboje. Wir blieben drei Tage, ohne dafür bezahlen zu müssen, und genossen den Luxus der Einrichtungen: Duschen, Swimmingpool und Sauna. Es war eine angenehme Art und Weise, unseren Trip ausklingen zu lassen.

Unser winziges Schlauchboot, das zwischen lauter Luxusyachten festgemacht war, erregte enorme Aufmerksamkeit. In der ersten Nacht schliefen wir an Bord unseres Boots. Danach lud uns eine Gruppe spanischer Journalisten ein, auf ihrer gecharterten 15-Meter-Yacht zu wohnen, unter der Bedingung, dass sie uns interviewen und einen Bericht über unsere Reise schreiben durften. Wir nahmen ihr Angebot bereitwillig an.

Während unseres Aufenthalts in Belém bereiteten wir unser Schlauchboot aufs offene Meer vor. Die letzte Etappe im Flachwasser würde die raueste werden. Wir sägten die überstehenden Ausleger mit einer geliehenen Handsäge ab und verstauten unser gesamtes Gepäck für voraussichtlich vier Tage in einer Trockentasche.

Die Tasche stellten wir auf den Boden des Boots, um den Schwerpunkt nach unten zu verlegen. Den Rest unseres Gepäcks ließen wir bei den Journalisten. Mit blitzblankem Schlauchboot verließen wir Belém zur letzten Etappe unserer Reise – der Überquerung der 50 Kilometer breiten Marajó-Bucht.

Überraschenderweise ist die Bucht mit Süßwasser gefüllt, so groß sind die Wassermassen, die aus dem Amazonas strömen. Als wir am ersten Abend campieren wollten, weil wir uns noch immer vor Piraten fürchteten, verjagte uns der Landbesitzer mit einem Gewehr. Also ließen wir es darauf ankommen, Bekanntschaft mit Piraten zu machen.

In derselben Nacht hörte ich beim Rudern das leise Brummen eines Motors. Ich blickte mich um, konnte aber zunächst nichts entdecken. Dann bemerkte ich, dass sich eine pechschwarze Wand auf uns zu bewegte. Ich drehte das Boot in Richtung Ufer und zog voller Panik an den Rudern. Ein unbeleuchteter Lastkahn, der von hinten von einem Schlepper geschoben wurde, glitt am Heck des Schlauchboots vorbei.

Ich schrie dem Boot hinterher.

Ben und Scott wachten auf und wunderten sich, was los war.

»Schlaft weiter«, sagte ich.

Der Lastkahn hätte uns niedergemäht. Wir wären ums Leben gekommen, und niemand hätte es gemerkt.

Es war windstill, und wir warteten auf den Gezeitenwechsel. Über dem grünen Dschungel hing ein Dunstschleier und verwischte den Horizont. In der Ferne sah ich einen dunklen Streifen dicker, düsterer Wolken. Die Mündung des Amazonas erstreckte sich vor mir wie eine unendliche Wasserstraße, die alle Häfen und alle Menschen der Erde miteinander verbindet. Ich dachte an all die Männer und Frauen, die diesen Weg in der Vergangenheit zurückgelegt hatten – Einheimische, Entdecker, Abenteurer, Siedler, Kapitäne, Admiräle, Eindringlinge.

Ich stellte mir vor, wie die ersten europäischen Seeleute hier vor dem fremden Kontinent standen und nicht glauben wollten, dass sie sich in einer Flussmündung befanden. Ich malte mir aus, wie sie hier ankamen, wo das Meer die Farbe von Zinn hatte und der Himmel die Farbe von Blei und sich die grüne Wand des Regenwalds dampfend von Horizont zu Horizont erstreckte wie ein riesiges wildes Tier – ein Dschungel, der so dicht war, dass er ihren Anlege-Versuchen trotzte und das Leben derer forderte, die sich an Land wagten. Sie nahmen mit, was sie in die Finger bekamen, raubten und mordeten, wie so oft beim Vordringen in die »Finsternis«. Genau dieses habgierige Plündern prangerte Joseph Conrad vor etwas mehr als einem Jahrhundert im Kongo an. Es findet noch heute statt.

Die Eroberung der Welt ist bei näherer Betrachtung eine unschöne Angelegenheit und bedeutet in erster Linie, denjenigen etwas wegzunehmen, die eine andere Hautfarbe oder etwas flachere Nasen haben als wir, schreibt Conrad. Als wir den Amazonas hinuntertrieben, musste ich oft daran denken. Ich erinnerte mich daran, dass ich als Kind all die Geschichten über Männer gelesen hatte, die davon besessen waren, die blanken Stellen auf der Landkarte zu füllen. Ich hatte eine Vorliebe für Landkarten und gab mich oft stundenlang in Gedanken den Freuden des Entdeckens hin. Wenn ich einen besonders verlockenden Ort auf der Karte fand, legte ich den Finger darauf und sagte: »Wenn ich groß bin, fahre ich dorthin.«

Doch inzwischen gibt es keine unentdeckten Stellen mehr. Selbst diese gewaltige Schlange von einem Fluss, deren Körper sich hinter uns durch ein riesiges Land wand und deren Schwanz sich in den Tiefen des Kontinents verlor, ist kein Geheimnis mehr.

Nicht einmal dieses Flusstal, einst ein geheimnisumwitterter Ort, kann heute noch als das Ende der Welt bezeichnet werden – ebenso wenig wie London, Tokio oder der Mount Everest.

Die Ebbe setzte ein, und die sanfte Wasserstraße, der Meer-Fluss, floss düster unter dem bewölkten Himmel in eine immense Finsternis.

147. bis 150. Tag: 6. bis 9. Februar 2000

Auf der Karte betrachtet ist das Amazonasdelta ein großes Dreieck mit Ponta Taipu in der rechten unteren Ecke, wo die Küste nach Südosten in Richtung São Luis, Fortaleza und Natal abknickt. Ponta Taipu war die Endstation unserer fünfmonatigen Reise. 20 Kilometer entfernt befindet sich der Fischerort Vigia, den wir spät abends erreichten. Wir beschlossen, die Nacht dort zu verbringen, ehe wir es mit den turbulenten Gewässern der Bucht aufnahmen. Hier kamen wir zum letzten Mal in den Genuss der typischen Amazonas-Gastfreundschaft.

Mehrere Fischer näherten sich uns und schenkten uns große Fische zum Abendessen. Rico, ein untersetzter, fröhlicher Mann, bot an, uns in der Stadt herumzuführen. Wir ließen unser Boot und Gepäck mit gutem Gewissen bei seinen Freunden zurück.

Zuerst nahm er uns mit zu sich nach Hause, zeigte uns die Dusche und gab jedem von uns eine Garnitur frische Kleidung. In unseren zerrissenen, stinkenden und verblichenen Klamotten müssen wir auf Außenstehende ziemlich heruntergekommen gewirkt haben. Nach dem Abendessen mit seiner Familie ging Rico mit uns auf Kneipentour und spendierte uns ein Bier nach dem anderen. Wir blieben zwei Tage, weil ein starker Sturm sogar die Fischer an den Hafen fesselte.

Am 8. Februar verabschiedeten wir uns von Rico und seiner Familie. Ich überreichte ihm mein Multifunktionswerkzeug als Abschiedsgeschenk. Ben schenkte Ricos Kindern einige australische Gedenkmünzen.

Die Atlantikdünung baute in der Ebbeströmung riesige stehende Wellen auf, die sich stellenweise bis zu drei Meter hoch auftürmten. Unser Schlauchboot wurde wie wild auf und ab geschaukelt, und Scott wurde immer bleicher. Nach kürzester Zeit war er seekrank. Es regnete in Strömen, bis schließlich in der Ferne die verschwommenen Umrisse von Ponta Taipu sichtbar wurden. Es verschwand im Regen, wenn der Sturm zunahm, und tauchte wieder auf, wenn er nachließ. Obwohl wir nur 50 Kilometer vom Äquator entfernt waren, zitterten wir unter unseren Plastikplanen vor Kälte.

Gegen Abend erreichten wir die Landspitze und beschlossen, an einem Angelsteg festzumachen, der durch einen Erdwall vor der Meeresdünung geschützt war. Feiern wollten wir am nächsten Morgen.

Am Ufer zu campieren war nicht möglich, da dort ein wildes Durcheinander aus Mangrovenbäumen herrschte. Bei Hochwasser rollten die Wellen direkt zwischen die verkümmerten, im Wasser wachsenden Bäume. Hungrig rollten wir uns unter der Plastikplane zusammen, um uns vor dem kalten Regen und dem Wind zu schützen. Um zehn Uhr hatte die Flut den Schutzwall unter sich begraben, und die Dünung rollte an. Gegen Mitternacht stürzte sich die Brandung auf das seichte Wasser, und die Wellen brachen über uns herein. Der massive Holzsteg bog sich bedenklich. Ich begann, mir Sorgen zu machen, dass er nachgeben könnte und wir in den Mangrovenwald gespült würden. Die Wellen stürzten auf das Boot und durchnässten uns trotz Plastikplane. Ich fühlte mich wie ein Häufchen Elend. Ich schlief schlecht und wälzte mich ständig hin und her.

»Wacht auf, Leute!« Das war Scott.

Ich sah auf die Uhr: drei Uhr morgens. Ich kroch aus meinem Plastikkokon und blickte mich um. Überall waren Lichter zu sehen. Die Flut hatte das trübe Wasser des Amazonas zurückgedrängt und das salzige, glitzernde Wasser des Atlantik in die Mündung strömen lassen. Die Gischt der glitzernden Brandung funkelte über unserem Boot.

»Wahnsinn!«, sagte Scott.

»Wir haben es geschafft«, rief ich. »Das ist der Ozean!«

Am 9. Februar, 150 Tage nachdem wir am »Punta Bonita« aufgebrochen waren, endete unsere Reise mit einem magischen Moment. Es war ein gutes Gefühl, ein verdammt gutes Gefühl.

»Dieses Glitzern ist der Atlantik!« Ich war außer mir.

Wir tauchten einen Becher in das trübe Salzwasser und ließen ihn reihum gehen. Das Wasser kratzte im Rachen. Wir hatten es geschafft. Das war's. Unser Gral. Wir banden Siegesfahnen an unsere Paddel. Wir hatten es bis zum Ozean geschafft.

Literaturhinweise

Bernasconi, Maurizio, und Marco Tenucci: *Extreme Rafting. History, Techniques, Runs*. New York 1998.

Fairfax, John: *Britannia. Rowing Alone Across the Atlantic*. New York 1971.

Graham, Robin Lee, und Derek L.T. Gill: *Mein Schiff war die Taube. Mit 16 Jahren allein um die Welt*. Bielefeld 1995.

Holman, Alan: *White River, Brown Water. A Record-Making Kayak Journey Down the Amazon*. Seattle 1985.

Kane, Joe: *Wir bezwangen den Amazonas*. München 1990.

Kirkby, Bruce: *Im leeren Viertel. Auf dem Kamel durch die arabische Wüste*. Kiel 2001.

MacInnis, Jeff, und Wade Rowland, *Eher friert die Hölle zu… Abenteuer Nordwestpassage*, Bielefeld 1994.

Mowat, Farley: *Das Boot, das nicht schwimmen wollte*. Herford 1978.

Odendaal, François: *Rafting the Amazon*. London 1992.

Rachowiecki, Rob: *Peru. A Lonely Planet Travel Survival Kit*. 4. Aufl., Victoria 2000.

Ross, Alec: *Coke Stop in Emo. The Adventures of a Long-Distance Paddle*. Toronto 1996.

Starkell, Don: *Paddle to the Amazon. The Ultimate 12.000-Mile Canoe Adventure*. Toronto 1994.

Ure, John: *Trespassers on the Amazon*. London 1986.

Dank

Ich werde oft gefragt: Wie testet man sich am besten selbst für eine Expedition? Woher weiß man, ob man der Sache gewachsen ist? Meine Antwort ist einfach: Wenn man die Vorbereitungsphase meistert, wird man wahrscheinlich auch die Reise meistern. Bei der Vorbereitung auf den Amazonas verbrachten wir viele aufreibende Monate mit Recherche, dem Erwerb neuer Fähigkeiten, dem Austüfteln der Logistik, dem Kampf mit der Bürokratie und dem mühsamen Erlernen von zwei Fremdsprachen. Unsere finanziellen Möglichkeiten waren extrem begrenzt, und unser knappes Budget bot ständig Anlass zur Sorge. Während dieser Zeit trugen viele Menschen dazu bei, uns die Reise zu erleichtern, indem sie uns auf unterschiedliche Weise ihre Unterstützung anboten.

Meine Mutter Valerie Spentzos hatte vermutlich die schwierigste Aufgabe von allen: Sie musste sich während all der Jahre, die ich auf Reisen war, Sorgen machen. Sie hat mich trotz ihrer Bedenken immer unterstützt und im Laufe der Zeit gelernt, mein Fernweh zu akzeptieren.

Ohne die Hilfe von Ian Mulgrew würde es dieses Buch nicht geben. Ich möchte ihm für seine Geduld, seinen ausgezeichneten schriftstellerischen Beistand und für sämtliche Biere danken. Unsere Zusammenarbeit war für mich eine wahrhaft lohnende Erfahrung.

Des Weiteren haben mich unterstützt (oder zum Essen eingeladen, damit ich sie in der Danksagung erwähne): George Spentzos, Jane Spentzos, Patricia Spentzos, Betti Angus, Dave Edlin, Mr. Sorenson (mein cooler Lehrer in der fünften Klasse), Steve

Besler, Dan Audet (mein dusseliger Segelkumpel), Michael Flynn, Janos Virag, Leah Bailly (meine nervtötende Mitbewohnerin, die mich mit Tee versorgte, während ich dieses Buch schrieb), Angela Legault (meine boshafte Vermieterin), Almarida Reynecke, Dena Cator und mein Vater Colin Angus.

Ich möchte mich außerdem bei einigen Firmen bedanken, die uns helfen, unsere nächste Expedition auf dem Jenissei zu verwirklichen. Riot Kayaks, der führende kanadische Kajak-Hersteller, wird uns erstklassige Boote zur Verfügung stellen, mit denen wir auch das heftigste Wildwasser bezwingen werden. Aire Rafts, Iridium Satellite Telephones und die *Globe and Mail* werden uns ebenfalls bei unserem Vorhaben unterstützen.